Ken Davis

Beim rosa Flamingo links ab

Und andere inspirierende Geschichten

Ken Davis

Beim rosa Flamingo links ab

Und andere inspirierende Geschichten

Schulte & Gerth

Die amerikanische Originalausgabe erschien im Verlag
Zondervan Publishing House, Grand Rapids, Michigan,
unter dem Titel „Lighten up!".
© 2000 by Ken Davis
© der deutschen Ausgabe 2003 Gerth Medien, Asslar
Aus dem Amerikanischen übersetzt von Roland Renz

Best.-Nr. 815 797
ISBN 3-89437-797-6
4. Auflage 2004
Umschlaggestaltung: spoon/Olaf Johannson
Titelfoto: Getty Images
Satz: Die Feder GmbH, Wetzlar
Druck und Verarbeitung: Ebner & Spiegel, Ulm
Printed in Germany

*Für meine Frau Diane,
die jeden Tag meines Lebens
erstrahlen lässt*

Dank

Ich möchte meiner Familie dafür danken, dass ihr es mit mir ausgehalten habt, als ich stundenlang am Computer über diesem Manuskript gebrütet habe. Die meisten von euch waren sehr geduldig. Wer nicht so geduldig war – ihr wisst es ja selbst. Ich habe euch lieb.

Mein besonderer Dank gilt Rob Suggs, der als Querdenker mit seinen verlegerischen Qualitäten dieses Buch sehr bereichert hat.

Schließlich danke ich den wunderbaren Menschen aus Fleisch und Blut, die Tag für Tag ihre Wirkung in meinem Leben hinterlassen. Diese Geschichten sind auch ihnen gewidmet. Mit ihrer Lebendigkeit inspirieren sie mich und machen mein Leben hell.

Inhalt

Teil 1: Leben im Licht

Kein leichter Schritt – Vorwort 14
Beim rosa Flamingo links ab 20
Zur Hinrichtung 23
Wenn es nachts im Haus rumort 28
Der alte Mann im Spiegel 33
Segensregen 37
Worte, die das Leben verändern 40
Beiß mal rein! 44
Wie gewonnen, so zerronnen 47
Wie man das Leben erledigt 51
Absolut magenhaft 54
Wer ist hier der Boss? 60
Wer langsam fährt, hat mehr vom Leben 66
Von jetzt an geht's bergab 69
Noch eine Nacht unter Fröschen 74
Verbrannte Brücken und Erdbeer-Unterwäsche . . . 78
Wer sagt, was morgen kommt? 81
Aus purer Gewohnheit 86
Bemerkenswertes von einfachen Menschen 90
„Es ist wieder daaaaaaa!" 93
Ein Lied für Papa 96
Wer hat die Freude erfunden? 100
Schutz im Sturm 104
Das Nest ist leer 109
Sagen, was man meint
    (und meinen, was man sagt) 112

Ruhe in Frieden 118
Mein Held 123
Zeichen der Zeit 129
Ist Sex ein Schimpfwort? 133
Ganz einfach! 137
Ende gut, alles gut 142
Lebendig und zum Schreien sauber 146
Nicht aufgeben 150

Teil 2: Leichter leben

Airbags und Sicherheitsgurte –
   die Welt hat sich verändert 158
Ungeahnte Möglichkeiten 163
Der Staub und die Liebe 166
Erste Klasse 172
Wach auf und lebe! 176
Der Pudding bringt es an den Tag 180
Fünfzig Dollar auf das Vaterunser 185
Sag zu, Dummkopf! 188
Ich will singen! 192
Mein bester Freund 196
Man kommt nicht weiter,
   wenn man stehen bleibt 200
Ein Dutzend verwelkte Rosen 203
Und wenn ich vor dem Aufwachen sterbe? 207
Mitgenommen 214
Ein Affe aus Messing 218
Charakterbildung 222
Nimm dein Dreirad und fahre! 227
Die drei größten Wörter auf Erden 230
Immer wieder gern erzählt 235
Keine Nachrichten sind schlechte Nachrichten . . . 240
Ohne Fleiß kein Preis 243

Die Wahrheit über Katzen und Hunde 248
Wer bin ich? 251
Gottes Frau 256
Und wenn der Hund hier gesessen hätte? 257
Feuer unterm Hintern 264
„Ich habe meinen Vater verloren!" 267
Was sollen wir Gott sagen? 273
Der unsichtbare Pullover 277
Nur Entchen und Pferdchen 284
Schon wieder verliebt 289
Hunde sündigen nicht 293
Zur rechten Zeit am rechten Ort 297
Wie man einen Grizzlybären tötet 302
Zeig mir ein Wunder! 307
Liegen lassen 310

Über den Autor 317

Teil 1

Leben im Licht

*Jesus sprach weiter zu den Leuten:
„Ich bin das Licht der Welt.
Wer mir folgt, hat das Licht,
das zum Leben führt,
und wird nicht mehr im Dunkeln tappen."*

Johannes 8,12

Kein leichter Schritt – Vorwort

Ich habe mir vorgenommen, ein Buch für niemand anderen als für Sie zu schreiben. Mit lauter wahren Geschichten über echte Menschen. Beim Lesen werden Ihnen mit Sicherheit manche Stellen auffallen, wo ich das eine oder andere Detail erfunden oder ein wenig übertrieben habe. So etwas soll den Spaß am Lesen steigern. Ab und zu habe ich Namen verändert, um die Privatsphäre der Beteiligten zu wahren.

Mir liegt etwas daran, dass mit diesem Buch echte Hoffnung und neuer Mut in Ihr Leben kommt. Spucken Sie ruhig mal vor Lachen den Kaffee aufs Parkett. Auch hoffe ich, dass Sie ab und zu nach einem Taschentuch kramen, um die Tränen aus den Augen zu wischen. Es könnte auch passieren, dass Sie gleichzeitig lachen und weinen und den Kaffee ins Taschentuch spucken. Lehnen Sie sich zurück, entspannen Sie sich und genießen das Buch. Die Einsichten aus jeder Geschichte hier taugen immer noch dazu, Sie aufzurütteln. Vor allem hoffe ich, dass diese Geschichten Ihnen die Last des Lebens leichter und den Tag heller werden lassen.

Einen Großteil meines Lebens habe ich erfolglos versucht, unrealistischen Erwartungen gerecht zu werden – und dann so zu tun, als hätte ich es geschafft. Ich steckte knietief im schlechten Gewissen, im Chaos. Sollte ich etwa der Einzige sein, der sich bei dem Werdegang, den Gott mir zugedacht hat, Hinfaller erlaubte? All die anderen hatten doch wohl noch alle Tassen im Schrank. Sogar meine Freunde erhielten den Anschein aufrecht, sie hätten alles im Griff.

Dann aber kam es gelegentlich vor, dass mal der eine, mal der andere bei sich aufräumte. Solche Augenblicke der Ehrlichkeit waren niemals ernüchternd. Es waren nie Bäder im Selbstmitleid, Nabelschauen und Schlammschlachten, wie man zu erwarten meint. Vielmehr bestätigte sich so manche wichtige Einsicht auf erfrischende Weise. Demnach war ich *keine* Verirrung der Natur. Die anderen Menschen steckten tatsächlich noch in der Entwicklungsphase, genau so wie ich.

Außerdem war ich von der Entdeckung begeistert, dass Gott bei unvollkommenen Menschen am Werk ist. Wenn man feststellt, dass ein Mensch anfängt ehrlich zu werden, schöpft man Hoffnung. Wenn sich Gott tatsächlich um unvollkommene Menschen kümmert, dann hat er auch für mich etwas übrig. Es macht Mut, wenn man merkt, dass er nicht nur Macht hat, sondern mir auch – nach und nach – bei der Veränderung hilft. Dieser allmähliche Wandel kann erst dann anfangen, wenn wir den Mitmenschen Einblick in unser Leben geben. Genau das mache ich mit dem Buch, das Sie in der Hand halten.

Meine Freundin Carol Maxwell erzählte mir von der Begegnung mit einer alkoholisierten Bekannten. Carol hat immer Wert auf richtig gute Beziehungen gelegt. Oberflächliche Gespräche und Freundschaften bringen ihr nichts. Eines Abends schlenderte dann also auf einer Party ihre Bekannte mit verschwommenem Blick und ihrem Drink daher und fragte sie: „Na, wie geht's?" Ohne Carols Antwort abzuwarten, drehte sie sich um und winkte jemand anderem zu.

Das war Carol zu viel. Statt höflich zu reagieren, wurde sie sauer. Sie lächelte und antwortete in normalem Plauderton: „Hänschen klein ging allein in die weite Welt hinein."

Ihrer Bekannten war nichts aufgefallen. Sie hatte überhaupt nicht zugehört. Sie fasste Carol am Arm und meinte: „Wie schön!" Dann ging sie in die nächste Ecke, zum nächsten Gesicht, zur nächsten sinnlosen Unterhaltung.

Hänschen klein? Warum nicht? Carol hätte ausführlich erzählen können, dass sie ihren Mann umgebracht und häppchenweise in den Müll befördert hätte. Die Reaktion wäre die gleiche gewesen: „Wie schön!" Klar, wer etwas angesäuselt ist, gibt eine wunderbare Zielscheibe ab; trotzdem sind wir alle Opfer der gleichen gesellschaftlichen Beziehungslosigkeit. Warum nur fehlt uns wohl die Zeit oder der Mut, uns mit unseren Mitmenschen auf sinnvolle Weise auseinanderzusetzen?

Machen Sie doch einmal folgenden einfachen Test. Bleiben sie am Sonntagmorgen nach dem Gottesdienst eine Weile vor der Kirche stehen. Wahrscheinlich treffen Sie auf einen Zeitgenossen wie Bill Jones, der nicht mehr weiß, wo vorne und hinten ist. Seine Ehe steht auf dem Spiel, was ihn anfällig für einen Seitensprung macht. Das Leben hat ihn an den berühmten Scheideweg geführt. Jetzt ist er dringend angewiesen auf jemanden, der ihm die Perspektiven seines Lebens weist und ihn vor den Abgründen warnt, die er vor sich hat.

Von Mutti fein gemacht, strömen die Leute aus der Kirche. Samuel Carter kommt auf ihn zu. Samuel wurde gerade gekündigt, und seine Tochter ist wegen Drogenkonsum von der Schule geflogen. „Wie geht's denn so, Bill?", fragt Samuel. Mit strahlendem Lächeln und festem Händedruck verdeckt er seine Unsicherheit und Angst.

„Alles klar", lügt Bill. „Und was läuft bei dir?"

„Immer die gleiche alte Leier", erwidert Samuel. Wie abgründig und leidvoll diese „Leier" ist, das verrät er nicht. Er nimmt sich gerade mal Zeit für ein bisschen Smalltalk und schließt mit herzlichen Grüßen an die Frau Gemahlin. Dann gehen die beiden Männer in aller

Unverbindlichkeit wieder ihren Weg, wo sie doch dringend aufeinander angewiesen wären.

Ich denke da an eine ganz entsetzliche Party, auf der ich einmal war, als es mir gerade sehr schlecht ging. Wenn man traurig ist, dann kann man keine Feststimmung ertragen, und ich wünschte mich ganz weit weg. Alle Menschen waren mir unbekannt. Ich fühlte mich so elend wie noch nie in meinem Leben. Erleichtert erspähte ich dann endlich einen Freund. Bestimmt würde er mir zuhören. Auch er sah mich, lächelte mir zu und bahnte sich durch die Menge den Weg zu mir.

Ich war am Boden zerstört und hatte Zuspruch bitter nötig. Was ich brauchte, war etwas Halt, damit ich aus dem Loch heraus konnte, in das ich geraten war. „Ach, wie gut, dass du da bist", sagte ich, umarmte meinen Freund und packte seine Hand so fest, wie es ging. „Wie geht's dir?"

„Wenn's mir noch besser ginge, dann wäre ich ein Zwillingspaar", meinte er strahlend.

Mein Hoffnungsfunke kippte auf der Stelle um und versank wie die Titanic. Meine Seele fühlte sich an wie ein geplatzter Luftballon. Wie konnte ich jemandem mein Herz ausschütten, der sich so obenauf fühlte, dass er einen Zwillingsklon aus sich machen könnte? Da war er wohl die falsche Adresse.

„Und selbst?", fragte er.

„Könnte gar nicht besser gehen", log ich.

Ein paar Tage später bekam ich ihn allein zu fassen. Diesmal riskierte ich es, mein Herz zu öffnen. Es zeigte sich, dass er ein echter Freund war. Er hörte mir zu, weinte mit mir und betete für mich. Dann gestand auch er mir die Wahrheit. Sein strahlendes Auftreten bei der Party war nichts als ein Spiegeltrick gewesen. Hinter der fröhlichen Fassade der Sorglosigkeit tobten auch bei ihm die Konflikte. Jetzt war von Zwillingen keine Rede mehr; er war wieder das Einzelkind.

Bei der ganzen Vorspiegelei falscher Tatsachen hätten wir uns beinahe verpasst.

Von echter Verbindlichkeit abgehalten hatte uns die gleiche Ursache wie bei Carol und ihrer Bekannten oder den Männern vor der Kirche. Wir lassen uns deshalb so wenig aufeinander ein, weil wir Angst vor unserer eigenen Ehrlichkeit haben. „Lass niemand deine Schwitzflecken sehen", fordert die Reklame für Deodorants. Das taugt als guter Rat für Achselnässe, ist aber grottenschlecht für die Seele.

In dieser schwierigen Phase meines Lebens hatte ich mir das Buch eines bekannten Autors vorgenommen, Mr. Perfekt (in Wirklichkeit heißt er anders). Der Titel lautete *Sechs Stufen zur Vollkommenheit nach meinem Vorbild* (auch der Titel ist unkenntlich gemacht). Je mehr ich las, desto armseliger kam ich mir vor. Der Mann war das wahre Gegenteil von meinem Zustand. Was er von seiner Familie, seinem Glauben und seinen Erfolgen zu berichten hatte, klang makellos. Nie stritt er sich mit seiner Frau. Es gab keine Versuchung, die sich nicht augenblicklich mit einem kurzen, aber gewaltigen Gebet bannen ließ.

Ein Teil von mir reagierte mit Sarkasmus, aber die anderen Teile (wie gesagt, ich fühlte mich wie ein geplatzter Luftballon) ließen sich auf die vage Hoffnung ein, dass so ein perfektes Leben auch für mich in Aussicht stand. Am Ende stand aber keine Hoffnung, sondern ein noch viel schlechteres Gewissen und tiefe Verzweiflung. Hoffnungsvoll stimmte mich nur die Tatsache, dass ich noch nie so einen perfekten Menschen in Fleisch und Blut erlebt hatte.

Meiner Meinung nach sollte niemand ungestraft behaupten dürfen, das Leben mit allen seinen Aspekten könnte durch das Befolgen von einfachen „Stufen" gemeistert werden. Man müsste diese Leute fesseln und so lange ihre blöden Stufen auf und ab zerren, bis sie endlich mit der Wahrheit herauskommen: „Das Leben ist gar nicht so einfach!" Falls das nach Rachsucht klingt, möchte ich deutlich machen, dass dieser Racheakt natürlich in tiefer Liebe durchgeführt werden sollte.

Fast genau einen Monat nachdem ich das Buch von Mr. Perfekt weggelegt hatte, kamen peinliche Enthüllungen über ihn an die Öffentlichkeit. Ich habe keine Schadenfreude verspürt, legte den Fall aber als Beweisstück erster Güte zu den anderen Indizien, die sich im Lauf meines Lebens zur Wahrheit verdichtet haben: Es gibt keine vollkommenen Menschen.

Das Buch, das Sie in der Hand halten, ist nicht von Mr. Perfekt verfasst worden. Der Autor heißt Ken Davis, ein Sünder, der durch ein Wunder aus Gnade gerettet wurde. Wenn Sie immer noch nicht mit sich fertig sind und im Alltag mit echten Problemen zu kämpfen haben, dann ist das Buch Ihnen gewidmet. Fällt es Ihnen schwer, sich zu beherrschen, scheitern Sie an Ihren Zielen, machen Sie richtig dicke Fehler, sündigen Sie manchmal sogar absichtlich? Blättern Sie ruhig weiter. Es gibt Hoffnung, dass sich etwas ändern kann. Freuen Sie sich am Lachen und an den Einblicken, die diese Geschichten bieten.

Kopf hoch, es lohnt sich zu leben!

Beim rosa Flamingo links ab

Eigentlich klang es ganz einfach, wie meine Schwester
Carol den Weg zu ihrem Haus beschrieb:

Auf der 494 bis zur 52 Richtung Osten fahren.
Die 52 geht in Richtung Süden bis zum großen
Schild: „Douglas Trail Road". Kann man gar nicht
übersehen.
Auf dem Douglas Trail Richtung Osten bis zum
Ende – das ist dann die 36.
Die 36 Richtung Süden, bis man einen riesigen rosa
Flamingo an der Straße sieht.
Die nächste links abbiegen. Von da wohnen wir nur
ein paar Meilen entfernt auf der linken Straßenseite.

Ich hatte drei Hinweise übersehen, weswegen diese Reise
ziemlich lang wurde.

Hinweis Nummer 1 war die Straßenkarte von der
Autovermietung. Auf der einen Seite waren alle Straßen,
Zufahrten und Fahrradwege im Umkreis der Autovermietung verzeichnet. Jedes Haus war als Viereck mit
einem winzigen Bild der Familie gezeichnet, die dort
wohnte. Bei aller Begeisterung darüber, dass man sogar
erkennen konnte, wo der Rasen nicht gemäht und welcher Geräteschuppen am größten war, blieb all das ohne
Bedeutung für die Strecke durch den halben Bundesstaat.

Auf der Kartenrückseite war die ganze Welt abgebil-
det. Bei einer Karte mit so einem Maßstab war natürlich
kein Platz für Städte unter zwei Millionen Einwohnern
oder Straßen unter sechs Spuren. Für meine 250 Kilometer Strecke hätte ich eine Lupe gebraucht. Die
„Douglas Trail Road" ließ sich nicht finden. Auch keine

rosa Flamingos. Andererseits war es das erste Mal, dass ich hier eine Straßenkarte vom Mars vor mir hatte.

Hinweis Nummer 2 war die Beschwörungsformel: „Kann man gar nicht übersehen." Tut mir Leid – ich wäre durchaus in der Lage, sechs umgekippte LKWs zu übersehen, die ihre Ladung Wackelpudding verloren hatten. Als ich einmal von Colorado nach Minnesota fuhr, machte ich durch falsches Abbiegen einen Umweg von 300 Kilometern. Das riesige Schild mit der Aufschrift „Willkommen in Kansas", bebildert mit Szenen aus dem „Zauberer von Oz", war mir nicht aufgefallen.

Ich verpasste auch die Abfahrt zur Douglas Trail Road. Tatsächlich gibt es am Highway 52 drei Schilder mit dem Hinweis „Douglas Trail". Das letzte wäre das richtige gewesen, aber Carol hatte diesen Reisetipp anscheinend als nicht sinnvoll erachtet. Sie hatte wohl gedacht, mich würde eine Art inneres „Carol-Such-Radar" leiten.

Also wieder verfahren. Als ich das erste „Douglas"-Schild sah, fiel ich auf den Köder rein. Ich rief sogar an, um mir bestätigen zu lassen, dass „Douglas" das Wort war, nach dem ich suchen sollte. „Du bist schon fast hier!", kicherte meine Schwester aufgeregt. „Ich freu mich auf dich."

Ich war nicht schon fast da, und sie musste noch lange warten, bis sie mich sehen sollte. Die betreffende Douglas-Straße verlief in langen Windungen durch die endlosen Weiten von Minnesota. Kein Anzeichen menschlichen Lebens – nur schwarzbunte Rinderherden. Ich befand mich auf einer Reise in Gegenden, die noch keines Menschen Auge gesehen hatte. Nach dem erstaunten Blick der Kühe zu schließen, die mich vorbeifahren sahen, kam anscheinend ganz selten ein Auto hier vorbei. Der Titelsong von „Twilight Zone" fing an, in meinem Kopf zu dröhnen.

Nervös wurde ich, als die Kühe zu kauen aufhörten, wenn ich vorbeifuhr. Sie hängten es nicht an die große Glocke, aber sie wandten beobachtend die Köpfe nach mir. Noch als sie im Autospiegel zu winzigen Punkten geschrumpft waren, schauten sie mir beim Wiederkäuen hinterher. Mit ihrem dumpfen Rinderverstand dachten sie wohl über Mittel und Wege nach, mir beizubringen, dass ich nicht auf der Douglas Trail Road war.

Nach einer Stunde schließlich hörte die Straße auf. Doch an der Einmündung kam ich nicht auf die 56, sondern auf die 12. Aus der Karte ging hervor, dass ich immerhin noch in Amerika war, vielleicht aber bereits in Louisiana. Ich schnappte mir noch einmal das Autotelefon. Ich rief Carol an – ein Ferngespräch – und gab zu, dass ich mich verirrt hatte. Sie schlug vor: „Frag doch bei jemandem nach dem Weg." Ich sah die Straße hinauf und hinunter. Der Blick ging meilenweit. Nur Maisfelder, eine wettergegerbte Eiche und eine schwarzbunte Kuh waren zu sehen.

Die Kuh sprach nicht mit mir. Ich machte mich auf den Rückweg und fand endlich die richtige Douglas Trail Road.

Jetzt hätte ich nicht den letzten Hinweis übergehen dürfen, dass die Reise noch länger werden sollte. Es war die Anweisung, beim Anblick eines rosa Flamingos am Straßenrand abzubiegen. Mit folgendem Reisetipp, wie ich ihn gegeben hätte, runde ich die Geschichte ab:

Auf keinen Fall lebende Tiere als Wegweiser für Streckenbeschreibungen geben! Die bewegen sich. Wahrscheinlich hätte ich wissen müssen, dass gar kein echter Flamingo gemeint war. Highway 52 verbindet die Städte Minneapolis und Rochester in Minnesota. Flamingos leben und gedeihen in warmen Gegenden wie Florida. Den Flamingo habe ich nie erblickt. Die Polizei hat mir schließlich geholfen, meine Schwester zu finden, als ich bereits kurz vor dem Wahnsinn stand.

Zum Nachdenken

Die alte Redensart „Alle Straßen führen nach Rom" stimmt nicht. Die Douglas Road führt weder nach Rom noch sonst wohin. Sie führt uns zu einer einzelnen, sprachlosen, schwarzweißen Kuh.

Wenn man irgendwohin will, muss man wissen, wohin genau. Dann muss man auf den Plan schauen. Es gibt viele Menschen auf der Suche nach Gott, aber auf ihrer eigenen, ganz persönlichen Douglas Road. Jesus hat die einfache und vollkommene Beschreibung gegeben, wie man Gott findet – ohne Flamingos, ohne Umwege und ohne schlechte Autokarten.

Jesus antwortete:
Ich bin der Weg, der zur Wahrheit und zum Leben führt. Einen anderen Weg zum Vater gibt es nicht.
Johannes 14,6

Zur Hinrichtung

Ken war erst 17, als er sich freiwillig zur Armee meldete. Er war eins von zwölf Kindern und sah die Chance, etwas aus seinem Leben zu machen. Er konnte nicht wissen, dass sich die Vereinigten Staaten ein paar Monate später im Kriegszustand befinden würden.

Mit 18 befand Ken sich mitten in den Kämpfen um die Philippinen, die gegen den Ansturm der Japaner verteidigt werden mussten. Eines Tages lag er hinter einem Baumstamm und konnte nur noch zusehen, wie die feindlichen Soldaten zu Hunderten seine Stellung überrannten. Ken und sein Kamerad versteckten die Gewehre und ergaben sich. Das war der Anfang eines dreieinhalb Jahre dauernden Alptraums. Ken wurde Kriegsgefangener.

Das harte Lagerleben ruinierte seine Gesundheit ganz schnell. Den berüchtigten Bataan-Todesmarsch überlebte er zwar, wurde aber durch Malaria und Durchfall zum lebendigen Wrack. Im Gefangenenlager gab es ein Recht auf Leben nur, wenn man arbeitsfähig war. Wer schwer krank oder arbeitsunfähig war, wurde erschossen oder einfach lebendig begraben. Der junge Mann wog bald weniger als 50 Kilo, setzte aber alles daran, sich wenigstens so nützlich zu machen, dass er nicht hingerichtet wurde. Es hatte keinen Zweck. In seinem Zustand war der Überlebenskampf aussichtslos.

Der Krieg neigte sich dem Ende entgegen, und die japanische Niederlage war so gut wie sicher. Mit den schwindenden Aussichten auf einen Sieg steigerte sich die Grausamkeit der Peiniger. Die Japaner exekutierten die Gefangenen jetzt nach dem Zufallsprinzip.

Eines Tages lag Ken mit vielen anderen Leidensgenossen unter dem Strohdach einer Hütte. Ein japanischer Offizier gab von einem Balkon aus Kommandos, und die Gefangenen wurden paarweise aus ihrer Unterkunft in ein Reisfeld in der Nähe gezerrt. Man schnitt die Handfesseln durch und brachte sie mit Bajonettstichen oder Kopfschüssen einen nach dem anderen um.

Als er sah, wie alle seine Freunde starben, wusste Ken, dass auch seine Zeit gekommen war. Bei Einbruch der

Dunkelheit ließ der japanische Offizier wieder einen schrillen Befehl hören. Ken und ein Freund wurden aus der Hütte geschleppt und ins Reisfeld gestoßen. Er kniete im Schlamm und wartete auf das Unvermeidliche. Wieder kam ein Befehl von der Hütte, danach gab es eine Explosion in seinem Kopf. Ken fiel nach vorn ins schmutzige Wasser.

Er war nicht erschossen, sondern mit dem Gewehrkolben niedergeschlagen worden. Die Sonne war untergegangen, und die Japaner führten aus irgendeinem Grund nach Sonnenuntergang keine Hinrichtungen durch. Als Ken wieder zu Bewusstsein kam, war ihm klar, dass er seine letzte Nacht auf Erden erlebte. Die nächsten Hinrichtungen waren so sicher wie der Sonnenaufgang am Morgen.

In dieser schlaflosen Nacht sah Ken sein Leben wie einen Film ablaufen. Er blickte in das Gesicht seiner Mutter. Er erinnerte sich, wie sein Vater mit ihm sprach, ein ernster Mensch und Prediger der Nazarenerkirche. Er dachte an seine Brüder, von denen einige auf den Kriegsschauplätzen Europas kämpften. Ken sagte ihnen im Stillen Lebewohl.

Auch seine Sünden fielen ihm ein. Jede einzelne trat ihm vor Augen, von den kleinen Dummheiten bis hin zu Taten, für die er sich schämte. Doch das schlechte Gewissen schwand dahin. Es machte einer starken Woge des Friedens Platz, die sich in ihm erhob und ihn durchströmte. Ihm war plötzlich ganz stark gegenwärtig, wie er als kleiner Junge sein ganzes Vertrauen Jesus Christus geschenkt hatte. Er erinnerte sich daran, was Jesus für seine Sünden getan hatte. Er hatte ihn gerettet und ihm vergeben.

Als Ken die Sonne aufgehen sah, war ein Wunder geschehen. Im Angesicht des Todes hatte er keine Angst.

Er hatte seinen Frieden mit Gott gemacht. Er stand ganz unter dem Eindruck der gerade erlebten Erfahrung von Gottes Gnade und Vergebung.

Die kühle Morgenstille wurde vom Befehl des Exekutionsoffiziers gebrochen. Ken hörte die Schritte der Wachen. Sie rissen ihn hoch. Dann führten sie ihn zurück ins Lager.

Die Hinrichtungen waren eingestellt worden.

Ken sollte lebend aus einem der blutigsten Kriege der Geschichte heimkehren. Mehr als sein bloßes Leben war ihm nicht geblieben. Am Tag der Befreiung war er nur noch Haut und Knochen, todkrank und halbverhungert. Er wog noch 40 Kilo. Er war so schwach, dass er Hilfe brauchte, um den LKW zu besteigen, der ihn in die Freiheit brachte.

Diese Geschichte kenne ich auswendig. Ihr Held ist mein Vater, Ken Davis Senior. Was an der ganzen Erzählung am meisten beeindruckt, ist die Art, wie er die Ereignisse gewichtet. Er betont nicht so sehr, wie Gott ihn vor den Bajonetten und Kugeln der feindlichen Soldaten bewahrte, sondern dass er ihn von seiner Sünde befreite. Wenn Gott die Sünden vergeben konnte, die sich damals in der Nacht vor ihm aufbauten, dann hätten ihn weder die scharfen Klingen noch die tödlichen Schüsse von dieser Liebe trennen können.

Mein Vater war körperlich sehr mitgenommen; Mangelernährung und Malaria hatten sich verheerend auf ihn ausgewirkt. Die Ärzte, die ihn untersuchten, kamen zum Schluss, dass er nicht sehr alt werden würde. Auf keinen Fall werde er Kinder haben, sagten sie ihm.

Das ist jetzt mehr als ein halbes Jahrhundert her. Mein Vater ist unterschätzt worden. Er ist 75 Jahre alt. Ich bin eins der fünf Kinder, die er angeblich nicht haben konnte. Ich halte mir besonders die eine Erfahrung von seinen faszinierenden Berichten aus dem Gefangenenlager vor Augen: In den dunklen, entsetzlichen Momenten angesichts des Todes erlebte mein Vater eine echte übernatürliche Begegnung mit der Gnade Gottes. Als der Friede einzog, wurde die Angst vertrieben.

Zum Nachdenken

Viele Jahre nach diesem Erlebnis meines Vaters wurde ich selbst von Hoffnungslosigkeit und Verzweiflung angegriffen. Die Situation war ganz anders, aber ich hatte letzten Endes mit dem gleichen Feind zu tun. Das schlechte Gewissen hielt mir immer wieder die alten Sünden vor. Die möglichen Konsequenzen hätten auch die gleichen sein können.

Doch was damals meinen Vater befreit hatte, brach auch meine Fesseln. Wenn Sie Gott vertrauen, dass er Ihnen bedingungslos vergibt und Sie liebt, können Sie den gleichen Frieden erfahren. Mit welchem Feind, welchen Kämpfen und welcher zerstörerischen Sünde Sie zu tun haben, spielt dabei keine Rolle.

Kann uns dann noch etwas von Christus und seiner Liebe trennen? Etwa Leiden, Not, Verfolgung, Hunger, Entbehrung, Gefahr oder Tod? Denn es heißt ja: „Weil wir zu dir gehören, sind wir ständig in Todesgefahr. Wir werden angesehen wie Schafe, die man bedenkenlos abschlachten kann. Nein, mitten in all dem triumphieren wir mit Hilfe dessen, der uns seine Liebe erwiesen hat. Ich bin gewiss, dass uns nichts von dieser Liebe trennen kann: weder Tod noch Leben, weder Engel noch andere Mächte, weder Gegenwärtiges noch Zukünftiges, weder etwas im

Himmel noch etwas in der Hölle. Durch Jesus Christus,
unseren Herrn, hat Gott uns seine Liebe geschenkt.
Darum gibt es in der ganzen Welt nichts,
was uns jemals von Gottes Liebe trennen kann.
Römerbrief 8,35–39

Wenn es nachts im Haus rumort

Mit meiner Frau Diane stimmt was nicht.

Vor ein paar Tagen weckte sie mich mitten in der Nacht aus dem tiefsten Schlaf. „Hör mal!", flüsterte sie ganz erschrocken. Ich war sofort wach. Mit weit aufgerissenen Augen starrte ich in die Dunkelheit. „Da, schon wieder", zischte sie.

Mein Herz klopfte. Ich konnte immer noch nichts hören oder sehen. Meine Augen traten fast aus den Höhlen. Ich wartete nur darauf, dass ein Schuss losging oder eine Axt auf uns niedersauste.

„Es ist in der Garage", sagte Diane und drückte meinen Arm so fest, dass kein Blut mehr in die Finger kam. Halbherzig versuchte ich, ihr ein paar Informationen zu entlocken: „Was . . . wie?"

„Pst!", unterbrach sie mich. „Wenn es nun ein entflohener Sträfling ist?"

Jetzt war der Damm der Fantasie gebrochen. „Hat er vielleicht eine Kettensäge?", stöhnte sie auf. Die Finger meiner linken Hand waren inzwischen kalt und wohl auch blau. Plötzlich gab sie mir einen heftigen kleinen Schubs und warf mich mit dem Befehl aus dem Bett: „Geh nachgucken!"

„Hab ich dich richtig verstanden?", flüsterte ich. „Du glaubst, dass jemand in der Garage ist?"

„Ja", antwortete sie. „Ich hab da ein Geräusch gehört."

„Und du meinst, er ist ein entflohener Sträfling", mutmaßte ich.

„Ja – und wenn er nun aus so einer Irrenanstalt geflohen ist?" Sie hörte sich weinerlich an.

„Und du bist dir ziemlich sicher, dass er eine Kettensäge hat."

„Klar! Wie in den Horrorfilmen! Vielleicht will er uns aufschlitzen?"

„Und dann willst du, dass ich mich ihm stelle", grummelte ich, „dazu noch in Unterwäsche?"

Was konnte ich eigentlich ausrichten? Ich sah mich in der Unterwäsche vor einem bulligen Irren mit Kettensäge stehen und rufen: „He, Sie da! Runter mit der Kettensäge und raus hier!" Was tun, wenn er nicht reagierte? Den Gummizug meiner Unterhose auf den Bauch klatschen lassen und ihn zu Tode erschrecken?

Vielleicht glauben Sie, dass ich Diane in ein falsches Licht rücke. Stimmt nicht. Ich bin eher zu fair. Sie tickt nicht ganz richtig, und genau so liebe ich sie. Mit Sicherheit sind wir unter anderem deshalb schon 30 Jahre verheiratet, weil wir miteinander über solche Sachen lachen können.

Diane hat mir nie befohlen, endlich mit den Geschichten aufzuhören, die ich seit Jahren vor versammeltem Publikum über sie erzähle. Es gibt Begebenheiten, die ich nie preisgeben würde, aber die von eben gehört nicht dazu. Ein paar Hundert Männer und Frauen haben mir seitdem anvertraut, dass sie bei sich zu Hause Ähnliches erleben.

Eines Abends erzählte ich die Kettensägengeschichte

vor einem besonders großen Publikum. Als ich mich wieder setzte, hatte Diane einen hysterischen Lachkrampf. „Was ist bloß in dich gefahren?", fragte ich sie.

„Ich hab nur daran gedacht", keuchte sie, „wie du in Unterwäsche aussiehst. Ich glaube, damit würdest du den Mann mit der Kettensäge wirklich in die Flucht schlagen." Das saß!

Schon nach einem Jahr Ehe konnte ich nicht mehr nachrechnen, wie viel Schlaf ich bereits durch diese Worte eingebüßt habe: „Hast du das gehört?" Immer stellte sich heraus, dass es eine liebestolle Katze war, die unter dem Schlafzimmerfenster rumorte, oder irgendein Tierchen war zufällig in der Garage eingeschlossen. Noch nie ist es der Kerl mit der Kettensäge gewesen.

Alle negativen Gefühle gedeihen im Dunkeln besonders wirkungsvoll. Alle Probleme wirken noch finsterer. Wenn ich wach liege, denke ich über Abgabetermine für Manuskripte oder über persönliche Probleme nach. Die Dunkelheit macht die Sorge größer, bis sie sich scheinbar nicht mehr meistern lässt. Im Dunkeln treiben Schuldgefühle und Angst wilde Blüten.

Die Morgendämmerung aber lässt neue Hoffnung keimen. Die Zukunft hellt sich auf. Der Kettensägenmörder ist nur noch ein amüsanter Zwischenfall. Alpträume und nächtliches Rumoren haben in der Frische des Morgens keine Macht mehr über uns. Der Ankläger schleicht sich davon. Die Dunkelheit lässt das Böse größer wirken und ist der ideale Nährboden für negatives Denken. Suchen wir doch das Licht auf, wenn wir die Dunkelheit fürchten!

Einmal stand eine Frau vor Jesus, die mitten in einen ganz realen Alptraum geraten war. Ihre Angreifer waren nicht mit Kettensägen, aber mit Steinen bewaffnet. Sie war beim Ehebruch erwischt worden. Und jetzt warteten sie nur darauf, Steine auf sie zu werfen, bis kein Leben mehr in ihr war. So stand sie da: hilflos, verschreckt und schuldbeladen. Das Gesetz selbst verlangte diesen gewaltsamen Tod durch Steinigung. Die Dunkelheit hatte alles Licht ausgelöscht. Alles war herausgekommen. Keine Hoffnung mehr:

Da führten die Gesetzeslehrer und Pharisäer eine Frau herbei, die beim Ehebruch ertappt worden war. Sie stellten sie so, dass sie von allen gesehen wurde. Dann sagten sie zu Jesus: „Diese Frau wurde ertappt, als sie gerade Ehebruch beging. In unserem Gesetz schreibt Mose vor, dass eine solche Frau gesteinigt werden muss. Was sagst du dazu?"
Johannes 8,3–5

Inmitten von Dunkelheit und Schrecken – geradezu ein Blick in die Hölle – brach die Hoffnung wie ein Lichtstrahl in die Szene. Es war das Licht der Gnade und Vergebung in Gestalt eines Menschen. Nie hatte sie so einen Menschen erlebt. Es war Jesus Christus, der den Anklägern entgegenblickte.

Die Männer wollten Jesus nicht mit Steinen, wohl aber mit ihren Fragen treffen. Schließlich richtete er sich auf und hielt seine einfache Aufforderung dagegen:

Wer von euch noch nie gesündigt hat,
der soll den ersten Stein auf sie werfen.
Johannes 8,7

Der Hoffnungsstrahl wurde heller. Seine Wärme bannte die nächtlichen Ungeheuer:

Als sie das hörten, zog sich einer nach dem anderen zurück; die Älteren gingen zuerst. Zuletzt war Jesus

allein mit der Frau, die immer noch dort stand.
Er richtete sich wieder auf und fragte sie: „Wo sind sie
geblieben? Ist keiner mehr da, um dich zu verurteilen?"
„Keiner, Herr", antwortete sie.
„Gut", sagte Jesus, „ich will dich auch nicht
verurteilen. Du kannst gehen; aber tu es nicht wieder!"
Johannes 8,9–11

Erst vor ein paar Augenblicken war diese Frau dem Tod
nahe gewesen. Jetzt war im Licht von Liebe und
Vergebung ein neues Leben mehr als eine bloße
Möglichkeit. Sie konnte sich in alle dunklen Ecken
wagen; der Schrecken der Nacht war vergangen.

Zum Nachdenken

Versuchen Sie gerade, im Dunkeln Entscheidungen zu
treffen? Müssen Sie feststellen, dass ein schlechtes
Gewissen Sie fest im Griff hat? Sind Sie einem
Kettensägenmassaker ausgesetzt und haben nichts als
ihre Unterwäsche an? Es wird Zeit, ins Licht zu kommen. Als die Ankläger der Frau ihre Steine fallen gelassen hatten und weggegangen waren, als die Frau mit der
Erfahrung der Vergebung gereinigt in ein neues Leben
entlassen war, sprach Jesus als nächstes diese Worte aus:

Ich bin das Licht der Welt. Wer mir folgt, hat das
Licht, das zum Leben führt, und wird nicht mehr im
Dunkeln tappen.
Johannes 8,12

Der alte Mann im Spiegel

Ein Klassentreffen ist ein seltsames, erschreckendes Ereignis. Zehn Jahre waren vergangen, seit ich diese Menschen zuletzt gesehen hatte. Die meisten alten Klassenkameraden waren gekommen. Auch viele unserer Lehrer von früher. Da stand ich nun und war verblüfft, wie sehr die anderen alle gealtert waren.

Meine lebenssprühenden jungen Mitschüler waren in meinem geistigen Archiv seit damals immer 16 geblieben. Die Erinnerung an sie passte ganz bestimmt nicht zu den antiken Museumsstücken, die hier ausgestellt waren. Der sportlich kurze Haarschnitt war hochglanzpolierten Mönchstonsuren gewichen. Gesichter glatt wie Babypopos waren jetzt von Krähenfüßen durchkreuzt. Junge, straffe Körper waren aufgegangen wie Hefeteig.

Wir waren keine Welpen mehr, sondern alte Hunde. Früher hatten wir physikalische Phänomene wie Schwerkraft und Erosion in der Schule gepaukt; jetzt erlebten wir sie an uns selbst. Komisch, was die letzten 10 Jahre am niedlichen kleinen Muttermal angerichtet hatten, mit dem das Lächeln meines Traumgirls noch reizender gewirkt hatte. Zehn Jahre natürlicher Verwüstung stachen mir gleich ins Auge. Ich hatte echtes Mitleid für diese armen Seelen.

Da kam mir das Undenkbare in den Sinn. Konnte es wohl sein, dass auch *ich* unter den Spuren der Zeit litt? Ich lief in den Umkleideraum und untersuchte mein eigenes Gesicht. Sah ich wirklich so alt und verlebt aus wie meine Klassenkameraden? Ich konnte nicht nachvollziehen, dass ich mich so sehr verändert hatte. Als ich um die Ecke in den Duschraum lugte, merkte ich, dass eines überhaupt nicht anders war als sonst – der Geruch hier im Umkleideraum. Ich nahm einen tiefen Atemzug davon und gedachte der Basketballspiele, des billigen Shampoos und der stets verlegten Knieschützer von ehedem.

Da – ein nicht identifizierbarer Geruch, der den verstörenden Gedanken aufkommen ließ, dass sich einer der Knieschützer-Träger in einem Geheimfach des Umkleideraums im Prozess der Mumifizierung befand. Sofort erinnerte ich mich an den Tag, als wir Richard Dixon einen Streich gespielt und ihn in ein Schließfach gesperrt hatten. Mir kam in den Sinn, dass er eigentlich von niemandem wieder rausgelassen worden war.

Der Spiegel war genauso stumpf und rissig wie damals, als ich zuletzt hineingeschaut hatte. Mein Gesicht war zerstückelt wie ein Bild von Picasso. Ich fand ein Stück, das groß genug war, beide Augen am gleichen Kopf abzubilden. Was für eine Genugtuung! Ich sah noch aus wie ich. Während alle meine Klassenkameraden stark gealtert waren, fühlte ich mich immer noch so jung wie damals bei der Abschlussfeier.

Doch als ich ging, schlummerte da so eine Ahnung in mir, dass die anderen mich nicht ganz so sahen. Tatsache ist, dass ich im Grunde wusste, wie alt ich wirklich aussah. Allerdings hatte ich die Veränderungen meines Aussehens allmählich, im Lauf der Zeit, kommen sehen. Sozusagen in Zeitlupe. Dadurch verlieren auch Autounfälle und Lawinen ihre Bedrohlichkeit.

Von den hellsten Köpfen hatte so mancher mit dem letzten Schultag seinem Bildungsdrang abgesagt. Andere, damals eher unterdurchschnittliche Schüler, waren zu brillanten Karrieren durchgestartet. Das einstige Mauerblümchen war jetzt eine erfolgreiche Verkaufschefin. Ein anderer Typ, früher das Selbstbewusstsein in Person, verriet seine Unsicherheit damit, dass er sich extra für diesen Tag einen Luxuswagen gemietet hatte. Eine hübsche junge Frau war damals eine Spätzünderin gewesen, die wir alle geärgert hatten. Von alten Leidenschaften war nur noch kalte Asche übrig. Manche Klassenkameraden hatten sich zugrunde gerichtet, andere waren aufgeblüht. Andere wieder waren kein bisschen anders geworden, auf jeden Fall nicht reifer. Die alte Hackordnung galt noch immer und wir verfielen allesamt wieder in unsere alten Verhaltensmuster.

Beim 20-jährigen Klassentreffen wurde ich dann mit anderen Einstellungen zum Leben konfrontiert. Die verzweifelte Angeberei hatte sich gelegt. Den meisten von uns ging es mehr um Familie und alte Freundschaften als um neue Hochstapeleien. An diesem Abend habe ich stundenlang mit den alten Freunden geredet und Beziehungen in ungeahnter Weise vertieft.

Wie schade, dass solche Freundschaften in der Schule nie zustande gekommen sind. Nach all diesen Jahren erinnere ich mich weniger an die, die immer im Vordergrund standen. Bei mir sind es vielmehr die Menschen, die mich zum Guten beeinflusst haben. Zum Beispiel Mary Ellen, die Tochter des Schulleiters. Sie hat mich immer mit Freundlichkeit und Respekt behandelt. Immer hatte sie Zeit zu reden, zu helfen und zu lächeln. Ich denke auch an Diane Drew. Ihr ansteckendes Lachen, ihr praktischer Rat war für alle da, egal ob arm oder reich. Ich erinnere mich an Roger Gruben, den Super-Sportler, der sich nicht zu schade war für eine Freundschaft mit Ken Davis, ein hoffnungsloses Antitalent in jeder Sportart.

Beim Rückblick auf meine Schulzeit hatte ich mich immer als Opfer gesehen, das den grausamen Scherzen der Mitschüler ausgesetzt war. Nach dem 20-jährigen Klassentreffen aber veränderte sich dieses Bild. Meine eigenen Minderwertigkeitsgefühle und die verschrobene Perspektive von meinem Platz in der Welt ließen eine Freundschaft mit mir im Rückblick als etwas ziemlich Armseliges erscheinen. Selbstsüchtig strebte ich damals nach Bestätigung, hatte aber im Gegenzug nicht viel zu bieten. Eine Beziehung mit mir war eine Einbahnstraße, in der sich alles nach mir richten musste. Die anderen waren gar nicht gemein zu mir gewesen. Was ich mir da ausgedacht hatte, war nichts als Illusion.

Heute spielt es keine Rolle mehr, wer im Football-Team mitspielte, einen Redewettbewerb gewann oder wer in welche Clique gehörte. Aus heutiger Sicht wünschte ich mir, ich hätte mehr geben, mehr lächeln, mehr helfen können. Ich hätte mich mit denen abgeben können, die auf meine Hilfe angewiesen waren.

Zum Nachdenken

Meine Klasse hat das 30-jährige Treffen ausgelassen. Als ich dieses Kapitel geschrieben hatte, rief Linda an, mit der ich mich schon in der Schulzeit gut verstanden hatte. Sie plant das 35-jährige, und ich freue mich schon darauf. Wird bestimmt Spaß machen, in den Spiegel vom Umkleideraum zu schauen und den alten Knacker zu sehen, der mich anguckt. Inzwischen weiß ich etwas, das ich vorher nicht gewusst hatte. Es geht um etwas, das mir hilft, die anderen mit viel wacheren Augen zu sehen. Es hilft mir auch, ein besserer Freund zu sein. Nie wieder werde ich mich als unglückliches Opfer sehen.

Und das weiß ich: Gott hat mich als mageren kleinen Kerl damals in der Schule lieb gehabt, und heute liebt er den alten Knacker, der sich im abgeblätterten Spiegel anschaut.

Gucken Sie mal in den Spiegel. Von Ihnen denkt er ganz genau so.

Seht doch, wie sehr uns der Vater geliebt hat!
Seine Liebe ist so groß, dass er uns seine Kinder nennt.
Und wir sind es wirklich!
1. Johannesbrief 3,1

Segensregen

Den ganzen Tag musste ich schon an Jerry denken. Warum nicht mal zum Telefon greifen und ihn anrufen?

Als ich die Nummer wählte, hatte Jerry gerade vorgehabt, mich anzurufen. Er war ziemlich down. Er ist Pastor einer Kleinstadtkirche, die immer größer wird. Gott hat seine Arbeit in vieler Hinsicht gesegnet, doch jetzt machte sich Opposition breit. Die Kritik an ihm war grausam und sehr persönlich.

Jerry stand ein Treffen mit vier verärgerten Familien aus der Gemeinde bevor. Sie hatten vor, aus der Kirche auszutreten, allerdings nicht ohne ein paar gepfefferte Abschiedssalven. Das Anliegen der Leute war sicherlich berechtigt, aber die negative Haltung und der persönliche Angriff stimmte Jerry auf verletzende Worte ein. Er wusste, um welche Beschuldigungen es ging, und bereitete sich auf die Verteidigung vor. Besonders selbstbewusst fühlte er sich nicht. Er reagierte auf den Ärger, wie es bei ungerechter Kritik nun mal üblich ist. In solchen Situationen kommt auf einmal das Gefühl der eigenen Unzulänglichkeit hoch. Der eigene Wert steht auf dem

Prüfstand: „Habe ich überhaupt das Zeug, Pastor zu sein? Bin ich ein Versager?"

„Was soll ich bloß tun?", fragte Jerry mich.

Ich bin der letzte Mensch auf Erden, der einem Pastor Rat geben könnte. Verzweifelt überlegte ich mir eine Antwort, die ihm bei seiner Verteidigung helfen würde. Dann fiel mir etwas ganz anderes ein. Eigentlich kam mir eine alte Melodie in den Sinn: „Regen des Segens", ein Lied, das wir in meiner Kinderzeit in der Kirche gesungen hatten.

Zu der Melodie gesellte sich ein geistiges Bild, bei dem ich laut lachen musste. Ich stellte mir vor, wie die verletzten, kritischen und ungnädigen Herrschaften im Wasser wateten, im See des Segens und der Gnade. „Lass es auf sie regnen", platzte es aus mir heraus. „Flute sie mit einem See aus Liebe. Wenn du dich entschuldigen musst, dann tu dir keinen Zwang an. Wenn ungerechte Kritik angebracht wird, dann verteidige dich nicht. Versuch nicht, sie in der Kirche zu halten, Jerry. Bete mit ihnen. Bete dafür, dass sie einen Pastor finden, bei dem sie sich wohl fühlen, eine Kirche, mit deren Methoden sie einverstanden sind, und einen Jugendpastor, der nie die Grenzen des Anstands überschreitet. (Das war einer der gewichtigsten Steine des Anstoßes.) Danach, Jerry, kannst du sie mit einer Flut deines Segens ziehen lassen. Der eine Mensch, der von allen am ungerechtesten kritisiert und am falschesten angeklagt wurde, hat nie versucht, sich zu verteidigen. Als er am Kreuz blutete, hat er die Soldaten mit Segen überschüttet. Er rief: ‚Vergib ihnen! Sie wissen nicht, was sie tun.'"

Jerry war mehr als erleichtert, weil er die Last der Selbstverteidigung abschütteln konnte. Er brauchte sich nicht mit einem Streit abzuquälen, den er nicht gewinnen konnte. Streit und Verteidigung haben in solchen

Situationen noch nie geholfen. Ich habe noch nie gehört, dass verärgerte Kirchenmitglieder auf ihren Austritt verzichteten, weil der Pastor die besseren Argumente hatte. Im Gegenteil, solche Diskussionen vertiefen nur den Graben und polarisieren die Parteien. Aus meiner Sicht hatte Jerry zwei Optionen:

Wenn die Kritik berechtigt war, musste er hinhören und daraus lernen.

Wenn es um boshafte Attacken ging, musste er seine Angreifer mit Gnade und Liebe überschütten.

„Regen des Segens? Nein, mach eine Flut daraus", sagte ich. „Wenn du nach dem Treffen die Bürotür aufmachst, werden sie mit einem Wasserschwall hinausgeschwemmt. Es wird dich an eine Szene aus ‚Titanic' erinnern. Die werden schwimmen müssen, um über Wasser zu bleiben. Wahrscheinlich bleibt es beim Gemeindewechsel, aber diesen Schwall vergessen sie nie. Was sollen sie auch gegen so eine großzügige Reaktion sagen? ‚Du sollst uns nicht lieben? Du sollst uns nicht segnen? Du sollst uns nicht mit der Gnade gehen lassen?'"

Jerry dankte mir für meinen Anruf und den Ratschlag. Ich legte auf, blieb erst mal still sitzen und sonnte mich in dem brillanten Rat, den ich gerade gegeben hatte. Dann läutete das Telefon, genauso schrill wie die Stimme am anderen Ende. Ich schrak zusammen. „Ich habe vor mehr als einem Monat ein Video bei Ihnen bestellt und hab es noch immer nicht bekommen! Ich dachte, Sie hätten eine christliche Organisation. Wie können Sie sich Christ nennen und Ihre Geschäfte so schlampig führen?"

Schneller als gedacht: Eine Chance, meine Predigt auf meine eigene Situation anzuwenden. Ich fasste mich, holte tief Luft ... und stauchte die Dame gehörig zusammen ...

Zum Nachdenken

*Verschafft euch nicht selbst euer Recht, liebe Freunde,
sondern überlasst das dem Strafgericht Gottes.
Denn es heißt: „Ich, der Herr, habe mir die Vergeltung
vorbehalten, ich selbst werde sie bestrafen."
Handelt nach dem Wort in den heiligen Schriften:
„Wenn dein Feind hungrig ist, dann gib ihm zu essen,
und wenn er Durst hat, dann gib ihm zu trinken.
Damit wirst du ihn beschämen."*
Römer 12,19–20

Worte, die das Leben verändern

Ich saß auf einem kleinen Stuhl. Mir gegenüber, hinter dem Lehrerpult, saß Francis W. Peterson, die Schreckliche.

Mrs. Peterson war meine Englischlehrerin. Die schmächtige Frau hatte die 50 bereits überschritten und war winzig. Was ihr an Körpergröße fehlte, machte sie mit ihrer Fähigkeit wett, sich Respekt zu verschaffen. Mrs. Peterson hatte mühelos ihre Klasse mit hormongesteuerten Heranwachsenden im Griff.

Ich hatte sie bei ihren Versuchen gestört, bei uns Teenagern so etwas wie Wertschätzung für Shakespeare zu erwecken. Jetzt stand mir die Höchststrafe für mein Handeln bevor. Es ging mir schlecht. Ich musste eine Stunde lang absolut still sitzen, ohne einen einzigen Piep.

Aus meiner Sicht war die Strafe ungerecht. Meine Lehrerin hatte geflucht. 1963 war es weder Lehrern noch

Schülern gestattet, im Schulbereich zu fluchen. Doch Frances W. Peterson hatte es sich erlaubt. Ich hatte mich gerade in meine eigene Welt zurückgezogen und von der sensationellen Linda Gustafson geträumt, als ich meine Lehrerin das böse Wort sagen hörte: „Fort, fort, verdammter Fleck!"

Das ging ihr ganz ohne Scham von den Lippen. Den waghalsigen Ausdruck begriff ich als Aufbruch in eine neue, freizügigere Ära. Daher unterbreitete ich der Klasse weitere verbotene Adjektive, die Shakespeare hätte erwägen können.

Die Strafe folgte auf dem Fuß. Ich wusste, dass ich zu weit gegangen war und schämte mich für meinen respektlosen Versuch, witzig zu sein. Ich mochte Mrs. Peterson. Bei allem Ernst im Unterricht konnte nicht verborgen bleiben, dass sie für ihre Schüler wirklich etwas übrig hatte. Meine korrekte Lagebeurteilung war in den Hintergrund getreten, weil ich bei meinen Mitschülern Eindruck schinden wollte.

Als ich sie nun die Klassenarbeiten korrigieren sah, war ich mir ganz sicher, dass es weitere Strafmaßnahmen geben würde. Jetzt war Mrs. Peterson mit der Arbeit fertig. Ich starrte auf die schlanken Finger, als sie den Füller zuschraubte und die Hände faltete.

„Kenneth Davis", sagte sie mit einer Stimme, die mich in ihre Augen zu schauen zwang. Ich erhob meinen Blick, und sie fixierte mich mit jenem Blick, der mich fragte: „Was hast du dir dabei gedacht?" Fast unmerklich schüttelte sie den Kopf und ließ ihr berüchtigtes *ts, ts* hören. Lieber hätte ich einen Schlag mit dem Lineal bekommen, als mit diesem Laut und dem enttäuschten Blick bedacht zu werden. Ich wartete auf das Strafmaß. Vermutlich sollte ich bis zu meiner Volljährigkeit zur Verbannung aus dem Reich der Menschen verurteilt werden. Mit Sicherheit würde ich von der Schule abgehen müssen.

Sie überraschte mich gründlich. „Gott hat dir eine Gabe verliehen", sagte sie. „Du hast einen wunderbaren Sinn für Humor." Bevor ich darauf reagieren konnte, fuhr sie fort: „Du hast diese Gabe eingesetzt, um Chaos in die Klasse zu bringen, aber das wird anders werden. Ich möchte, dass du dich zum Rhetorikkurs anmeldest."

Ich hatte keine Lust, Reden zu halten. Das war unrepräsentativ. Alle meine Freunde trugen Collegejacken mit Baseball- und Hockeyschlägern an den Schultern. Mit eingestickten Lippen an der Jacke wollte ich nicht in der Schule herumlaufen. Lieber wäre ich Sportler geworden, denn in meinem Bekanntenkreis zählte nur Sportlichkeit. Mein ganzes Leben lang war ich wegen meiner Unsportlichkeit runtergemacht und ausgeschlossen worden. Das Leben hatte mir den Willen zum Wettkampf in die Wiege gelegt, mich aber mit zwei linken Händen und Füßen ausgestattet!

Francis W. Peterson beharrte darauf und schließlich schaffte sie es, mich zum Rhetorikkurs zu überreden. Ich gewann fast jeden Wettbewerb, an dem ich teilnahm. Damit war einem wunderbaren Beruf Tür und Tor geöffnet. Letzten Endes durfte ich dadurch in der ganzen Welt umherreisen und hatte die Chance, Millionen von Menschen mit meinen Worten zu inspirieren und ihnen Mut zu machen. Durch die Vorträge wiederum öffneten sich weitere Türen: Ich konnte Bücher schreiben und im Fernsehen auftreten.

Dass ich zu dieser einmaligen und großartigen Berufung fand, wurde durch eine Person möglich gemacht – eine Person, die mein Potential erkannte und den Mut hatte, es als Gabe von Gott zu bezeichnen. Sie kümmerte sich darum, dass ich meine Möglichkeiten zur

Entfaltung brachte. Ich war nicht nur sonderbar; ich war besonders begabt. Aus der erwarteten Strafe war ein Geschenk geworden, die wundersame Förderung meiner Begabung.

25 Jahre nach meinem Schulabschluss bin ich Francis W. Peterson noch einmal begegnet. Ich habe ihr einen Blumenstrauß überreicht und mich von Herzen bedankt. Dann schilderte ich ihr, wie ihre Ermutigung und Begleitung den Kurs meines Lebens verändert hatten.

Ein Sportler werde ich nie sein. Ich bin auch keine Intelligenzbestie oder ein großer Geistlicher. Doch dank ihrer Liebe und Förderung griff ich nach einem Traum, der mich in ein reiches Leben und zu meiner Berufung führte. Immer noch will ich dieser einzigartige, seltsame Mensch sein, als den mich Gott geschaffen hat. Immer noch will ich meine Talente einsetzen, meinen Mitmenschen die Wahrheit zu sagen und sie anzuspornen, dass sie ihr ganzes Potenzial ausschöpfen können. Das alles deswegen, weil jemand mir zu sagen wagte: „Gott hat dir eine Gabe gegeben."

Danke, Mrs. Peterson.

Zum Nachdenken

Man findet in neue Bahnen, wenn man ermutigt wird. Denken Sie einmal über ihre Vergangenheit nach. Wer hat Ihnen Mut gemacht? Waren es die Eltern, ein Lehrer, ein Trainer, ein Pastor oder Mitarbeiter in der Kirche? Vielleicht war es auch ein ganz fremder Mensch. Manchmal reicht ein einziges Wort.

Mit nur sechs Worten – „Gott hat dir eine Gabe gegeben" – hat Mrs. Peterson in mir eine Flamme des Selbstvertrauens und der Sehnsucht entzündet, die zur

Kursänderung meines Lebens beitrug. Gewöhnen Sie sich an, auf Chancen zu achten, ihre Angehörigen oder Fremde zu ermutigen. Erwarten Sie keine Reaktion oder gar eine Belohnung. Tun Sie's einfach.

Sprechen Sie die Worte aus, die Leben verändern.

Beiß mal rein!

Ich mag die alten Gruselfilme. Die klassischen Horrorstreifen waren überdreht und kitschig und schafften es trotzdem, Angst zu machen – besonders die mit den Vampiren. Irgendwie hatten die Filmemacher eine leise Botschaft der Hoffnung eingebaut, die vielen heutigen Filmen mit ihrem düsteren Realismus abgeht.

Werfen Sie jetzt dieses Buch bitte nicht gleich in den Müll. Ich stehe nicht auf Okkultismus. Hören Sie mich bis zu Ende an. Dann können Sie es immer noch in den Müll werfen.

Erstens glaube ich nicht, dass es so etwas wie Vampire gibt. Selbst wenn, würden Sie niemandem mit durchschnittlicher Intelligenz ernsthaft schaden können. Jeder könnte dem Beißangriff mit der Einhaltung folgender einfacher Regeln entgehen. Hier also meine Regeln des gesunden Menschenverstands zum Schutz vor Vampiren:

1. Bleiben Sie dem Aufenthaltsort von Vampiren fern, besonders nachts. In den kitschigen Filmen ereignet sich das Entsetzliche immer dann, wenn der Held sich entschließt, die Schlafstätte der Vampire näher zu untersuchen. Kein Wunder, dass es zu Gewalt-

ausbrüchen kommt! Wenn man Sie aus dem tiefsten Schlaf reißen würde, dann hätten auch Sie allen Grund, bissig zu reagieren.

2. Machen Sie Expeditionen ins Reich des Feindes nur am Vormittag! Jeder Blödmann weiß, dass die Monster bei Sonnenlicht gar nichts machen können. Ich begreife absolut nicht, wieso sich die Leute im Film immer erst eine Viertelstunde vor Sonnenuntergang in die Höhle schleichen. Selbst Schuld!

3. Sprechen Sie der italienischen Küche zu, packen Sie immer ein paar extra Antipasti in die Tasche. Aus irgendeinem Grund hassen Vampire Knoblauch. Ich selbst mag Knoblauch. Der Knoblauchgehalt in meinem Blut ist so exorbitant hoch, dass ich nicht mal von Vampiren träume. Wenn Sie also die Absicht haben, auf Fledermausjagd zu gehen, wäre es angesagt, sich ein paar Tage lang nicht die Zähne zu putzen.

4. Nicht einschlafen. (Bitte nicht aufhören zu lesen, das hat alles seinen Sinn. Vertrauen Sie mir, lesen Sie weiter.)

5. Nicht aufmachen, wenn draußen vor dem Fenster Fledermäuse flattern.

6. Immer einen Spiegel dabei haben. Lassen Sie sich auf niemanden ein, den man nicht im Spiegel sehen kann.

7. Halten sie sich von Jungfrauen fern. Vampire haben ein äußerst ungesundes Interesse an Jungfrauen.

8. Lassen Sie sich nicht auf Menschen ein, die zischen.

9. Nie ohne Kreuz aus dem Haus gehen.

Das Kreuz ist der Trumpf. In den alten Vampirfilmen steckt eine unleugbare Macht im Kreuz. Ein einziger Mensch könnte mit dem hoch erhobenen Kreuz eine ganze Horde Vampire auf Abstand halten. Das

Vampirfleisch fängt an zu brennen, wenn es mit dem Kreuz in Berührung kommt. Gegen den Anblick des Kreuzes kommt das Böse nicht an.

Es gibt keine Vampire, aber tagtäglich zischen uns Dämonen an und wollen uns an die Gurgel. Sie heißen Wut, Gier, Selbstsucht, Versuchung und Stolz. Sie flattern ständig vor unseren Fenstern und trachten danach, uns mit ihrem Fluch zu treffen. Wir reagieren mit dem ewig gleichen Singsang: „Ich will es auch nie wieder tun . . . Ich werde meine Kinder nie mehr so anschreien . . . Ich lasse mich nie wieder auf diese Versuchung ein . . . Ich will auch alles anders machen." Manchmal sind wir dumm genug, uns genau da herumzutreiben, wo die bekämpften Versuchungen lauern. Damit verstoßen wir gegen die erste Regel zum Schutz vor Vampiren: *Bleiben Sie dem Aufenthaltsort von Vampiren fern.*

Zum Nachdenken

Die größtmögliche Sicherheit, die höchste Effektivität gegen Ihre persönlichen Vampire ist das Kreuz. Politische Maßnahmen und Gesetze, Verhaltenstraining und Sündenmanagement müssen früher oder später versagen. Was am Kreuz geschah, hat dem Bösen in seiner heimtückischsten Form den Stachel gezogen – dem Tod selbst.

„Tod, wo ist dein Sieg? Tod, wo ist deine Macht?"
Die Macht des Todes kommt von der Sünde.
Die Sünde aber hat ihre Kraft aus dem Gesetz.
Dank sei Gott, dass er uns durch Jesus Christus,
unseren Herrn, den Sieg schenkt.
1. Korintherbrief 15,55–57

Wie gewonnen, so zerronnen

Zum Jahrtausendwechsel geriet die halbe Menschheit in Panik: Es gab Experten, die der Meinung waren, dass Zehntausende von Computern zu Silvester 2000 genau um Mitternacht in Streik treten würden.

Viele davon regelten Militäroperationen, die Flugsicherheit, die Steuerverwaltung und die Sozialversicherungen. So mancher glaubte, dass die Computer von Banken und Geldautomaten um Punkt 00:00 Uhr den Geist aufgeben und ein internationales Chaos produzieren würden. Wie Sie wissen, handelte es sich um das sogenannte Y2K-Problem.

Der einzige Computer, mit dem ich jemals richtig souverän umgehen konnte, ist ein Spielzeug von Fisher Price. Kennen Sie ihn? Man durfte ihn sogar mit in die Badewanne nehmen. Ich bin eben nicht so ein Cyber-Space-Zauberer, aber im Wesentlichen lässt sich das Problem wie folgt erklären. Als man anfing, Computer zu bauen, hatte jemand eine pfiffige Idee. Man konnte wertvollen Platz im Arbeitsspeicher sparen, genau zwei Zahlen. Deshalb wurden aus Sparsamkeitsgründen nur zwei Zahlen für das Jahr verwendet, also 81 für 1981, 97 für 1997 und so weiter.

Das klappte ganz gut, und in der Chefetage klopfte man sich fröhlich auf die Schultern und gratulierte einander – vorläufig. Plötzlich aber gab es einen kollektiven Schrei des Entsetzens. Es stellte sich heraus, dass jemand (wir wollen keine Namen nennen, aber ich war es bestimmt nicht) den Jahrtausendwechsel vergessen hatte, das große Ereignis, das hinter einem der nächsten Kalenderblätter lauerte.

Daher war also zu befürchten, dass Schlag Mitternacht am 31. Dezember 1999 die zeitempfindlichen Computer zu Millionen statt auf das Jahr 2000 auf das Jahr 00 umgestellt würden. Ihre Festplatte, so sehr sie sich bewährt hatte beim Berechnen der Weltwirtschaftsdaten oder beim Kalkulieren kernphysikalischer Prozesse, würde sich am Kopf kratzen und zu dem Schluss kommen, dass nunmehr das Jahr 1900 angebrochen sei. Die Experten jedenfalls prophezeiten ein großes digitales Heulen, Jammern und Schaltkreisknirschen.

Die Vorhersagen reichten von leichten Unbequemlichkeiten bis hin zur internationalen Katastrophe. Wie wir alle wissen, ist eigentlich gar nichts passiert. Und doch: Nach Mitternacht am 31. Dezember 1999 war nichts mehr so, wie es war.

Warum? Weil das unabhängig vom Jahr-2000-Problem zutrifft. Wir leben, als ob der Status Quo ewig bestehen bliebe, obwohl alles um uns her sich andauernd ändert. Viele Veränderungen geschehen so langsam, dass sie uns nicht auffallen. Genauso ist es mit dem menschlichen Faktor, der uns das Jahr-2000-Problem überhaupt eingebrockt hat.

Ich persönlich glaube, dass dieses internationale Medienereignis uns die Augen für die einfache Wahrheit geöffnet hat, dass nichts auf Erden von Dauer ist. Der Wandel ist die einzige Konstante. Diese Tatsache ignorieren wir mit sturem Sinn, egal, wie oft das Leben sie uns um die Ohren schlägt. In Amerika, dem Land der Verheißung, erwachen wir jeden Morgen neu mit der Vorstellung, dass alles, woran wir uns heute erfreuen, auch morgen noch da sein wird. Und was ist in Wirklichkeit? Das hat der 11. September mehr als deutlich gezeigt. Für das Morgen gibt es keine Garantien. Fragen Sie die Bevölkerung im Kosovo oder in Russland oder Israel. Fragen Sie Eltern, die bei einem Verkehrsunfall ihr Kind verloren haben.

Darum ist es so wichtig, jede Minute unserer Existenz zu nutzen. Die Familie, von der Sie umgeben sind, ist vielleicht schon morgen nicht mehr da. Die Arbeit, der Sie Ihre Zukunft und ein Stück Ihrer Identität verdanken, kann von einem zum anderen Moment verloren sein. Ihre Gesundheit, das Bankkonto und das Zuhause können augenblicklich entschwinden. Gestern Abend habe ich gesehen, wie Tausende Einwohner von Texas wie gelähmt zusehen mussten, dass ihre Häuser von unerwarteten Fluten fortgeschwemmt wurden. So etwas war nie zuvor geschehen, aber jetzt passierte es ihnen.

Einmal habe ich mit einer Gruppe von Unternehmern folgende Übung gemacht. Ich ließ sie auf fünf Zetteln die fünf wichtigsten Dinge ihres Lebens aufschreiben. Sie falteten die Zettel zusammen und hielten sie fest in der Hand. Dann kam die Information, dass eine finanzielle Katastrophe die Wirtschaft vernichtet habe; jeder habe sein Vermögen verloren. Ich ging mit einem Papierkorb durch die Reihen und forderte die Gruppe auf, alle Schätze zu zerknüllen und wegzuwerfen, die für einen finanziellen Kollaps anfällig seien.

Diese Prozedur wurde dreimal wiederholt, wobei die Faktoren Krankheit, Feuer oder der Tod eines Angehörigen an die Reihe kamen. Es war faszinierend, wie fest die ganz vergänglichen Güter in der Hand gehalten wurden. Schließlich hatten viele nur noch einen Zettel in der Hand. Ich bestand darauf, dass auch dieser abgegeben werden müsse, wenn irgendeine Katastrophe ihnen die Sache entreißen könne. Was als lockere Übung begonnen hatte, wurde zur ernüchternden Konfrontation mit den Themen: „Wer bin ich? Was macht mein Leben lebenswert?"

Es gab jede Menge organisatorische Maßnahmen, um sich auf das eventuelle Eintreten des Computerproblems zum Jahrtausendwechsel einzustellen. Aber die wichtigsten Vorbereitungen sind auf der geistlichen Ebene zu treffen. Letzten Endes gibt es für gar nichts auf Erden eine Garantie – auch nicht für meine Familie. Ich muss verstehen lernen, dass es im Leben um mehr als diese Welt und ihr „handgreifliches" Wohl und Wehe geht.

Es geht um die Hoffnung auf das ewige Leben. Wie könnte ohne diese Hoffnung irgendetwas einen Sinn haben? Machen Sie einmal einen Gang über den Friedhof. Die Grabsteine geben Zeugnis von vergessenen Namen, von Gesichtern, die im Lauf der Zeit erloschen sind. Doch die eingravierten, verwitterten Nachrufe sind nicht das letzte Wort, und darin liegt die eine wesentliche Hoffnung der Menschheit. Wer auf Christus vertraut hat, darf in Richtung Horizont blicken. Diese Menschen warten auf eine Welt, in der ihnen nichts, aber auch gar nichts weggenommen werden kann.

Wir müssen lernen, gewisse Dinge loszulassen und uns stärker an etwas anderem festzuhalten: Freundschaft mit Gott, die Stärke unserer Liebe zu ihm. Die ewige Gewissheit befähigt uns, mit greifbaren Verlusten fertig zu werden. Wenn wir in ihm leben, dann können wir aus jeder irdischen Minute das Beste machen und angstfrei in die Ungewissheit schreiten. Jahrtausende kommen und gehen. Warum sollten sich die Bürger des Himmels darüber Sorgen machen?

Zum Nachdenken:

Was steht auf dem letzten Stück Papier in Ihrer Hand?

*Die Welt und alles, was Menschen in ihr haben wollen,
ist vergänglich.*
Wer aber tut, was Gott will, wird ewig leben.
1. Johannesbrief 2,17

Wie man das Leben erledigt

Ich fuhr aus der Garage und machte mitten auf der
Straße eine Vollbremsung. Ich hatte meinen Terminkalender vergessen.

Ohne dieses Buch bin ich gelähmt; keine Ahnung, wo
vorne und hinten ist. Der Terminkalender regiert meine
Welt – ich lebe nur noch danach. Ursprünglich hatte er
den Zweck, mir Überblick und Kontrolle zu verschaffen.
Natürlich läuft es darauf hinaus, dass ich von ihm kont-
rolliert werde.

Da saß ich nun und grübelte nach, wie ich ohne meinen Terminkalender leben sollte. Jetzt fiel mir etwas
Wichtiges ein. Ich merkte, dass ich mir das Leben total
verplant hatte. So sehr hielt ich mich an meinen
Tagesablauf, dass ich Menschen, die ich liebe, wie eine
Zitrone ausquetschte, dazu noch den Gott, der mich
liebt.

Alles fängt damit an, dass man das Leben auf diese
kleinen leeren Spalten verteilt. Es liegt in unserer menschlichen Natur, leere Räume auszufüllen. Wir bringen in
diesen Spalten unsere täglichen Aufgaben unter: Kontak-
te mit Menschen, die nötigen Anrufe und Besorgungen.
Früher oder später laufen wir als lebende Liste umher.
Alles, was mit spontanen Liebesbekundungen, erfri-

schenden Nickerchen oder Tagträumereien zu tun hat, kann niemals in die leeren Spalten finden. Ein Gebet, ein stilles Nachdenken wird nicht eingeplant – wir haben viel zu erledigen. Wir planen so viele Erledigungen in unser Leben ein, dass wir keine Zeit mehr zum Leben finden.

Dazu kommt noch ein Problem: Was passiert mit den verplanten Minuten, wenn sich ein Notfall ergibt, selbst ein kleiner? Ich kann es Ihnen sagen: Ich schiebe alles auf der Liste der Erledigungen nach vorn. Leider sind die leeren Spalten davor auch schon ausgefüllt. Also werden geheiligte Zeiten geopfert. Ich arbeite auf einmal in den stillen Abendstunden, die ich eigentlich der Entspannung im Kreis meiner Familie gewidmet hatte. Meine Frau bittet noch um Augenblicke der Aufmerksamkeit; meine Kinder versuchen es nicht einmal mehr. Gott wartet manchmal tagelang auf die Zeit, die er mit dem Ken, den er liebt, allein verbringen kann. Und ich verplane unterdessen weiter meine leeren Spalten.

Ich glaube kaum, dass Adam und Eva einen Tagesplan hatten. Wenn ja, dann wüsste ich schon gern, wie er ausgesehen hätte.

7.00 bis 8.00	Frühstück: Radieschen mit Honig
8.00 bis 10.00	großen Tieren Namen geben
10.00 bis 11.30	kleinen Pflanzen Namen geben
11.30 bis 12.00	nach dem Baum der Erkenntnis von Gut und Böse sehen
12.00 bis 13.00	Kraftnahrung essen: frisches Obst vom Baum
13.00 bis 15.00	Feigenblätter zusammennähen
15.00 bis 17.00	nach einem guten Versteck suchen
17.00 bis 19.00	Chef kommt und will plaudern
19.00 bis Ewigkeit	von der verbotenen Kraftnahrung erholen.

Wahrscheinlich haben die beiden schon etwas geplant, aber ohne Terminkalender. Ein Teil der Strafe für die Kraftnahrungs-Katastrophe war der Verlust von Frieden und Freiheit, wie sie es gewohnt waren. Von da an sollten Schmerzen beim Kindergebären, Eifersucht, Hass und – Sie ahnen es – Tagesplaner zum Alltag gehören.

Manchmal frage ich mich, ob ich nicht um des Erfolges willen so fleißig jeden Augenblick des Lebens verplane, dass mir genau das entgeht, was ich am meisten will: Zeit zum Leben.

Zeit, in der ich Hand in Hand mit meiner Frau spazieren gehe, trotz unerledigter Arbeit.

Zeit, in der ich auf dem Rücken liege und zuschaue, wie sich Wolken bilden und in Ungeheuer, Engel und Dinge verwandeln, die nur der Träumer sehen kann.

Zeit, in der ich mit Menschen rede, die ich gern habe.

Zeit, in der ich schreibe, was mir auf dem Herzen liegt.

Zeit, in der ich die Leute von gegenüber besuche, die ich noch nicht kennen gelernt habe.

Zeit zu beten – nicht in der dafür angesetzten Gebetszeit, sondern einfach deshalb, weil ich vor Dankbarkeit, Traurigkeit oder Freude überfließe.

Zeit, in der ich einfach mit Gott rede.

Zum Nachdenken

Gott hatte einen Plan, aber darin ging es um Beziehungen, nicht um Leistung. Er hat die Zeit für mehr geschaffen als für Termine. Meine Arbeit verschlingt den Löwenanteil meiner Lebenszeit. Meine größte Aufgabe liegt darin, inmitten des Schaffens und Machens Zeit zu finden – Zeit, in der ich einfach bin.

Der Stoff, aus dem das wahre Leben gemacht ist, steht nicht im Terminkalender.

Absolut magenhaft

Als ich 40 wurde, passierte mit meinem Stoffwechsel etwas Merkwürdiges. Er hielt inne. Ich brauche bloß noch den Fettgehalt bei den Zutaten von Schokoriegeln *abzulesen*, und schon habe ich ihn automatisch aufgenommen. Ich weiß, dass mein Körper ein Tempel sein soll, aber warum muss es gleich der Kölner Dom sein? Ich wäre schon mit der Größenordnung einer kleinen Dorfkirche zufrieden.

Wie konnte das geschehen? Ich war in der Schule so mager, dass eine steife Brise schon meine Sicherheit gefährdete. Niemand durfte mich mit meinen Zahnstocherbeinen in der Badehose sehen. Ich trug im Schwimmbad immer ein riesiges Handtuch um meinen Körper. Kein Wunder, dass ich kaum schwimmen konnte, weil ich immer das Handtuch mitschleppte.

Mit Fitnesstraining versuchte ich, an Statur zu gewinnen. Treu und brav machte ich Liegestütze, Kniebeugen und Bankdrücken. Sogar die isometrische Theorie der Muskelentwicklung probierte ich aus. Bei isometrischen Übungen geht es darum, dass man jeden Muskel im Körper anspannt und die Spannung so lange hält, bis man blau anläuft.

Die isometrischen Übungen praktizierte ich sogar in der Kirche. Ich legte die Hände wie beim Beten zusammen und drückte sie dann mit aller Macht gegeneinander. Mein Gesicht wurde dunkelrot. Ich merkte, dass der Pastor mich beobachtete. Er blickte mich an, als ob er sagen wollte: „Was würde Jesus tun?"

Einmal wurde ich bei den isometrischen Übungen bewusstlos. Ich holte tief Luft und spannte jeden Muskel im Körper an. Dabei lief ich rot an. Dann wurde auch alles andere rot. Schließlich verwandelte es sich in Schwarz. Tatsache ist, dass ich trotz alledem nicht ein Gramm Muskelmasse gewann. Aber diese 30 Sekunden Bewusstlosigkeit verschafften mir eine kleine Pause von der Mühe, Fleisch anzusetzen.

Auch die Esstechnik wandte ich an. Meine Mutter packte mir immer ein Schulbrot ein, das aus einem ganzen Brotlaib samt Marmeladen- und Erdnussbutterglas bestand. Wenn ich nach Hause kam, war das Frühstückspaket leer und meine Arme sahen immer noch aus wie Zahnstocher, aber mein Atem roch so nach Erdnussbutter, dass sogar ein Elefant sich geekelt hätte.

Als ich aufs College kam, fingen endlich die Hormone an zu wirken. Meine Übungen zahlten sich aus. Die Schultern wurden plötzlich breiter; echte Muskeln taten sich hervor und spielten stolz an meinen Knochen.

Leider zahlte sich auch die Fresserei aus. Frische Fettschichten verdeckten jede Muskelwölbung, die darunter zu erkennen gewesen wäre. Das Schulfrühstück war einer Kost aus Kuchen, Wurst und Pasta gewichen. Mit 25 stand der Zeiger der Waage dann auf 210 Pfund. Die ganze Masse hatte sich leider ausschließlich auf Gesicht und Schenkel gelagert. Es macht sich nicht gut, wenn das Gesicht fünfzig Pfund extra verkraften muss. Mein Hals war verschwunden, und meine Wangen sahen aus, als würde ich darin Nüsse für den Winter speichern. Laufen konnte ich auch nicht gut, weil meine Schenkel gegeneinander rieben.

Länger als sechs Monate bekam ich meine Schuhe nicht zu sehen. Es wurde Zeit, etwas zu unternehmen.

Meine erste Diät war der Anfang einer Achterbahnfahrt, die bis heute andauert. Ich habe alles Mögliche probiert. Ich habe eine beliebte Flüssigdiät getrunken, die wie Schokoladenstreusel schmeckt, und fünfzig Pfund abgenommen. Leider kann man auf Dauer nicht davon leben. Sobald man mit dem eigentlichen Essen weitermachte, kam das Gewicht zurück.

Ich habe auch die Atkins-Diät probiert, mich auf Fleisch, Fett und Proteine beschränkt und alle Kohlehydrate gemieden. Das Wort *Kohlehydrate* kommt aus dem Lateinischen und bedeutet „schmeckt sehr gut". Sechs Monate lang habe ich nur proteinhaltige Lebensmittel ohne Geschmack gegessen. Gewicht verlor ich dabei nicht, trieb aber meinen Cholesterinspiegel auf über 300. Der Arzt sagte, ich könne mein Blut als Motoröl vermarkten.

Zwischendurch ließ ich den Fettgehalt meines Körpers durch eine Unterwasserwaage analysieren. Dass ich zu dick war, wusste ich bereits – jetzt warf ich mein Geld Experten in den Rachen, die mir sagten, wie sehr ich zu dick war. Diese Nahtod-Erfahrung soll den Mediziner angeblich in die Lage versetzen, den exakten Prozentgehalt der Fette im Körper zu bestimmen. Dabei verliert man einen gewissen Gewichtsanteil auf schnelle, aber schmerzhafte Art: Die Brieftasche wird erleichtert.

Die Theorie dazu geht so: Muskeln und Knochen sinken, Fett schwimmt oben, Geld spricht Bände. Überreicht man jemandem im weißen Kittel und mit überlegener Aura 75 Dollar, dann wiegt er sein Opfer auf dem Trockenen und anschließend unter Wasser. Dann subtrahiert er die eine Zahl von der anderen und legt sich auf den Prozentsatz fest, der sich als Fett im Körper befindet.

Wenn ich zum Beispiel an Land 210 Pfund wiege und unter Wasser 30, dann können 180 Pfund schwimmen.

Heißt das, 87 Prozent meines Gewichts sind Fett? Ich als menschliche Boje? Wenn ich andererseits 230 Pfund an Land und 200 unter Wasser wiegen würde, dann wären 78 Prozent meines Körpers Muskeln und Knochen. Da wäre ich ein menschlicher Anker, der sich abstrampeln müsste, um vom Schwimmbeckenboden hoch zu kommen.

Am Tag meines Tests erleichterte das höchste Wesen in Weiß meine Brieftasche um 75 Dollar. Das waren 50 Prozent meines Nettowertes. Hätte er nur 50 Prozent meines Nettogewichtes eliminieren können!

Ein riesiger Kran ragte über dem tiefen Becken im Schwimmbad. Am Kran hing eine große Schaukel: Die Waage. Die Assistentin des höchsten Wesens schnallte mich an der Waage fest. Dann manövrierte der Mann in Weiß mich über das Becken. „Lassen Sie die ganze Luft aus ihrem Körper entweichen", befahl er. Ich fing an zu lachen. Als einziger Mann in der Familie war ich noch nie aufgefordert worden, die ganze Luft aus dem Körper zu lassen – ganz im Gegenteil, normalerweise brachte mir das einen Rüffel und „Igitt"-Geschrei ein.

Anscheinend hatte der große Weiße einen Humorgehalt von weniger als einem Prozent. Er wies mich mürrisch an, ganz auszuatmen. Es hatte keinen Sinn, ihn darauf hinzuweisen, dass Gott uns nicht dazu geschaffen hat, vor einem Tauchgang auszuatmen. Er schuf uns so, dass wir vorher tief einatmen. Und zwar, damit wir überleben.

Ich atmete aus, bis nur noch ein leises Quietschen aus meiner Lunge drang. Die Schaukel wurde plötzlich ins Wasser gesetzt. Man kann die Waage erst dann genau ablesen, wenn der Sitz aufhört zu schwingen.

Wissen Sie, wie lange es dauerte, bis das Schwingen aufhörte? Ich sage es Ihnen. In meinem sauerstoffarmen Zustand war ich mir sicher, Jesus am Ende eines langen weißen Tunnels zu sehen, der mir winkte. Auch meine Großmutter stand winkend da. Ich bewegte mich auf das warme Leuchten zu, als ich plötzlich aus dem Wasser gehievt wurde. Beim Luftholen wurde das Licht schwächer, meine Oma verschwand, und Herr Weißkittel verkündete: „Ja, sie haben zu viel Fett!"

„Ich möchte noch eine andere Meinung!", stotterte ich keuchend.

„Hässlich sind Sie auch!", grinste er. Damit war mir Diagnose und eine zweite Bewertung erteilt, und die 75 Dollar war ich los.

Sollten Sie immer noch wissen wollen, wie hoch der Fettgehalt in Ihrem Körper ist, empfehle ich meine Methode, die keinen Pfennig kostet. Wenn Sie das nächste Mal aus der Dusche steigen, nehmen Sie sich eine Stoppuhr und stellen sich total nackt vor einen Spiegel in Körpergröße. Drücken Sie auf Start und stampfen so fest wie möglich mit dem Fuß auf den Boden. Wenn das Fett nicht mehr wackelt, stoppen Sie die Uhr und lesen die Zeit ab.

Ich schaffe es in nur noch zwei Tagen, drei Stunden und sechs Minuten.

Ist es nicht komisch, wie viel Zeit, Geld und Gefühl wir voller Verzweiflung in unsere äußerliche Erscheinung investieren? Vergleichen Sie das mal mit der Mühe, die Sie für den inneren Menschen aufwenden, um Ihre Seele zu reinigen, den Charakter zu entwickeln und die Beziehung zu Gott zu pflegen.

Überschwemmen Sie mich bitte nicht mit guten Ratschlägen zu diesem Thema. In den letzten Jahren habe ich ein gewisses Maß an Erfolg gehabt und habe dem Schlimmsten Einhalt geboten. Das Geheimnis? Ganz einfach. Ich esse gesunde Lebensmittel, vernünftige Portionen und höre auf, wenn ich satt bin. Heute aber untergräbt die Zeit meinen Körper. Meine Muskeln werden nie wieder so stark sein wie früher. Meine Haut ist nicht mehr so glatt. Es gibt Merkmale an meiner äußeren Erscheinung, die ich nicht mehr ändern kann.

Ich achte auf meine Gesundheit, weigere mich aber, unangemessen viel Zeit auf die Renovierung eines Bauwerkes zu verwenden, das ich ohnehin nicht behalten kann. Jim Elliot hat sehr treffend gesagt: „Der ist kein Narr, der aufgibt, was er nicht behalten kann, um das zu gewinnen, was er nicht verlieren kann." Diesen meinen Körper kann ich nicht behalten. Ich bin für seine vernünftige Behandlung verantwortlich, mache aber kein Kultobjekt daraus.

Mr. Bower, mein Freund von gegenüber, ist gestern beerdigt worden. Er und seine liebe Frau hatten gerade ihren 74. Hochzeitstag gefeiert. Er ist 24 Jahre länger verheiratet gewesen, als ich auf der Welt bin. Mr. Bower ist 91 Jahre alt geworden. Heute, einen Tag nach seiner Beerdigung, spielt es keine Rolle mehr, in welchem Zustand sein Körper an seinem Todestag war. Es ist egal, ob er dick oder dünn war, oder wie hoch der Fettgehalt in Prozent war. Heute geht es nur noch darum, in welchem Zustand seine Seele ist.

Ich weiß nicht, wie Mr. Bower als junger Mann ausgesehen hatte. Ich weiß aber, dass er ein Kind Gottes war. Er strahlte eine Liebe und Freundlichkeit aus, die seinen tiefen Glauben erahnen ließen. Der Körper im Sarg war der eines gebrechlichen alten Mannes. Der neue Mr. Bower aber lief wie ein neugeborenes Füllen direkt in die Arme von Jesus.

Viel habe ich von der Grabrede nicht mitbekommen.

Ich dachte an den ganzen Aufwand, den ich zur Aufbesserung meines eigenen alternden Körpers treibe, und verglich damit die Zeit, in der ich mich um den Geist Christi in mir kümmere. Von dieser Beerdigung bin ich mit dem Entschluss nach Hause gekommen, nach Gottes Kraft zu streben, um freundlicher, geduldiger und liebevoller zu werden. Das wäre dann ein charakterliches Training.

Zum Nachdenken

Für diesen unseren Körper gibt es nicht viel Hoffnung, doch für die Seele ist eine Ewigkeit zu gewinnen.

Ich hoffe und erwarte voll Zuversicht, dass Gott mich nicht versagen lässt. Ich vertraue darauf, dass auch jetzt, so wie bisher, stets Christus durch mich groß gemacht wird, ob ich nun am Leben bleibe oder sterbe. Denn Leben, das ist für mich Christus; darum ist Sterben für mich nur Gewinn.
Philipperbrief 1,20–21

Wer ist hier der Boss?

Ich konnte mich nicht rühren. Ich lag ans Krankenhausbett angeschnallt. Die einzige Verbindung zur Außenwelt war ein Gewirr von Schläuchen. Die rettenden Röhren waren mit blinkenden Maschinen und Beuteln mit Flüssigkeit verbunden. Schläuche und

Maschinen waren für mich eigentlich nicht sichtbar, aber irgendwie wusste ich, dass es sie gab.

Es kam mir vor, als ob aus dem Korridor erstickte Rufe und Schreie drangen. Ich konnte keinen Rauch riechen, aber es musste ein Feuer geben. Die Feuerwehrsirene schwoll auf und ab und drang in diesem Rhythmus in mein Bewusstsein. Ich wollte unbedingt wach werden und hörte, wie eine Tür aufging. Jetzt war die Sirene in voller Lautstärke da. Nun war ich deutlich wacher als vorher. In meiner Brust pochte es wie in diesen aufgemotzten Autos mit Basslautsprechern, die jedes Fenster in ihrer Reichweite zum Klirren bringen.

Plötzlich war ich voll da. Ich war gar nicht im Krankenhaus; ich war beim Beten im Sessel eingeschlafen. Wahrscheinlich hängt es damit zusammen, dass man beim Beten knien soll. Dabei wird man von den Schmerzen in den Knien so in Spannung gehalten, dass man nicht von Schläuchen und Bränden im Krankenhaus träumt.

Schon wieder klingelte die Feuerglocke Alarm – es war das Telefon. Mein Puls schlug mir bis zum Hals. Ich kann machen, was ich will, aber ein sinnvolles Telefonat kann ich nicht führen, wenn ich aus tiefstem Schlaf erwache. Ich wischte mir ein paar Spinnweben aus dem Hirn, räusperte mich und versuchte, wenigstens ansatzweise intelligent zu wirken. Zunge und Gehirn benahmen sich, als hätten sie sich nie gekannt. Die geplante wache Reaktion – „Hallo, Ken Davis am Apparat" – hörte sich an wie: „Oh, wer-was'n-wolln'se-denn?"

Am anderen Apparat war Scott Fowler, ein hervorragender Bariton-Sänger. In den letzten Jahren haben wir oft gemeinsam auf der Bühne gestanden. Inzwischen hatte sich so etwas wie eine Freundschaft zwischen uns entwickelt. Ich mochte diesen jungen Mann wirklich gern. Trotzdem machte er einen sonderbar nervösen Eindruck, während wir uns eine Weile in Small Talk ergingen. Dann holte er plötzlich tief Luft und ließ die Katze aus dem Sack: „Ken, ich will mal ganz offen reden und dir sagen, dass ich an deiner Tochter interessiert bin."

Im Nu stoben die letzten Spinnweben fort, und Gehirn und Zunge waren wieder Alliierte. Ich war absolut wach. Der Vater in mir geriet in Alarmzustand. „Was genau verstehst du unter Interesse?", wollte ich wissen.

Scott schafft das hohe C ohne den geringsten Schweißtropfen, doch jetzt bröckelte seine Stimme wie bei einem Teenager in der Pubertät. „Ken, ich finde Taryn einfach faszinierend. Ich respektiere dich sehr und wollte mich erst rückversichern, ob es dir Recht ist, wenn ich sie mal besuche."

Ich sagte gar nichts. Vielleicht würde er glauben, ich sei nicht mehr da, wenn ich eine Weile nichts sagte. Dann würde er wahrscheinlich auflegen. Und dann wäre die ganze Sache aus der Welt. Vielleicht sollte ich die ganze Familie samt Möbeln einpacken und einen Ort ganz weit weg in den Bergen aufsuchen, wo . . . Ich hatte Pech. Er fing wieder an: „Ich würde deine Tochter gern näher kennen lernen und herausfinden, ob wir eine Beziehung anfangen könnten."

Ich schnitt ihm das Wort ab. Sein Interesse interessierte mich nicht. Er war älter als Taryn. Außerdem war er ein Musiker. Ein Altrocker war hinter meinem kleinen Mädchen her! Gibt es Schlimmeres? „Schönen Dank, Scott", sagte ich mit meiner besten Kanzlerstimme. „Du sollst wissen, dass es genau richtig war, mich um Zustimmung zu bitten, aber unter gar keinen Umständen werde ich zulassen, dass du irgendwo in der Nähe meiner Tochter Erkundungen anstellst."

Ich hatte die gesamte Autorität aufgeboten, die mir zur Verfügung stand, und ein Machtwort gesprochen. Das musste einfach mal sein.

Sie setzten sich über mein Machtwort hinweg und heirateten noch im selben Jahr. Dank der nüchternen Intervention meiner Frau Diane und des einwandfreien Charakters von Taryns entschlossenem Bewerber wurde ich überzeugt. Taryn war erst 19, als sie heiratete. Bestimmt fassen Sie sich ungläubig an den Kopf, dass ich meine Tochter so jung heiraten ließ. Sie werden darüber hinwegkommen. Es ist nun mal passiert, und die Begründung liefern folgende sechs Hauptfaktoren:

1. Taryn ist weitaus reifer, als ihre 19 Jahre vermuten lassen.
2. Scott ist ein Mann, der Gott und Taryn wirklich liebt.
3. Taryn macht sowieso, was sie will.
4. Meine Frau Diane findet, dass Scott ein Geschenk Gottes ist.
5. Ken macht alles, was Diane will.
6. Taryn macht sowieso, was sie will.

Ich kann Ihre Gedanken lesen. Sie denken: „Mensch, was für ein Weichei als Vater und Ehemann!" Sie haben Recht! Die Ehrlichkeit gebietet mir, ein paar Tatsachen zuzugeben, die für mich und meine Leser gelten.

Erstens sind wir alle schwach, Sie und ich. Wenn es um den Einfluss geht, den wir auf das Verhalten anderer Menschen ausüben, haben wir viel weniger zu sagen, als wir uns einbilden. Letztes Endes machen die Menschen meist das, was sie wollen, und nicht, was wir von ihnen erwarten. Eltern, die mit eigenwilligen oder rebellischen Kindern zu tun haben, können ein Lied davon singen.

Nur ihr ausdrückliches „Nein!" bewahrt sie davor, diese Tatsache vor Augen zu haben. Von körperlichem Zwang abgesehen ist die Zustimmung unserer Kinder, Ehepartner und Mitarbeiter eine ziemlich freiwillige Angelegenheit.

Nachdem ich Scott mitgeteilt hatte, dass er von seinen Erkundungen bei uns zu Hause absehen solle, legte ich auf. Nebenan hörte ich, wie Diane sich räusperte. Solche Nebengeräusche haben immer die Bedeutung: „Ich glaube, du hast einen Fehler gemacht."

Sie ließ sich nicht lange bitten, mit ihrer Meinung herauszurücken. Sie erinnerte mich daran, dass Taryn bald ihr Zuhause verlassen und eine eigene Wohnung haben würde. So schwer es für mich sei, das zu akzeptieren, werde sie in ein paar Monaten sowieso auf eigene Faust entscheiden. Diane meinte, dass Taryn in dieser kritischen Lebensphase von meiner Übervater-Mentalität direkt in die Arme eines Kindesentführers getrieben würde.

Sie schlug vor, Scott zu uns einzuladen, wo wir seinen Umgang mit Taryn am besten beobachten könnten. Das war ein Argument. So hätte ich ihn gleich an der Gurgel, wenn er sich unziemlich verhielt. Der Rest ist Geschichte. Wir alle haben den Kindesentführer lieb gewonnen. Heute sind die beiden glücklich verheiratet und haben vor kurzem ihren ersten Hochzeitstag gefeiert. Taryn hätte ihr ganzes Leben lang suchen können, ohne einen Besseren als gerade diesen zu finden.

Bleiben immer noch die Tatsachen bestehen: Selbst wenn wir nicht mit ihrer Wahl einverstanden gewesen wären, hätte sie selbst die letzte Entscheidung getroffen.

Nicht alle Geschichten gehen so gut aus. Ihr Kind oder Partner steht vielleicht kurz vor einer falschen Wahl. Sie wissen es ja besser als ich: Kein gut gemeinter Rat, keine verhüllte Drohung, keine tränenreiche Bitte kann verhindern, dass die letzte Entscheidung bei den Menschen selbst liegt. Wir mögen uns noch so sehr berufen fühlen, ins Leben anderer einzugreifen – am Ende haben nicht wir den Schlüssel in der Hand.

Wenn wir nun so machtlos zusehen müssen, ob die andern klug handeln oder nicht, welche Hoffnung gibt es dann für Leute, die den falschen Weg gegangen sind? Kann man hoffen, dass unsere erwachsenen Kinder irgendwann zur Vernunft kommen?

Diese Hoffnung findet sich in der zweiten Tatsache: Gott liebt Ihr Kind, Ihren Freund oder Ehepartner mehr als Sie selbst. Das ist ja das Gute: Er hat das letzte Wort. Wir können nur hilflos zusehen. Gott schaut auch zu, aber im Gegensatz zu uns ist er nicht hilflos. Er nimmt Einfluss mit einer Kraft, die unsere Mühen tief in den Schatten stellt. Der Wandel stellt sich vielleicht nicht so schnell oder glatt ein, wie wir es gern hätten. Es geht nicht nach unseren Erwartungen. Der Mensch kann immer noch entscheiden, ob er auf seine Liebe eingeht. Tatsache aber bleibt, dass Gottes Geist überzeugen und in Tiefen reichen kann, wo unsere Bemühungen scheitern müssen.

Zum Nachdenken

Manchmal ist es eine veränderte Einstellung unsererseits, die bei einem geliebten Menschen Wirkung zeigt. Sehen Sie ein, dass Ihr Einfluss begrenzt ist. Erkennen Sie die grenzenlose Liebe Gottes zu jedem, den Sie lieben. Vertrauen Sie ihm, dass er am Werk ist. Allein dadurch mildert sich schon der Ton, wenn Sie Rat geben oder manipulieren wollen. Das verschafft Ihnen die innere Freiheit, einfach Liebe zu geben. Wenn Sie sich entspannen und Gott tun lassen, was nur er tun kann, lohnt dieser Schritt des Glaubens oft schon und wirkt sich ganz stark aus.

Ihr Eltern, behandelt eure Kinder nicht so, dass sie widerspenstig werden! Erzieht sie mit Wort und Tat nach den Maßstäben, die der Herr gesetzt hat.
Epheserbrief 6,4

Wer langsam fährt, hat mehr vom Leben

Ich war letzten Sonntag unterwegs zum Flughafen. Die Frau auf der Spur neben mir kämmte sich und trug Lippenstift, Eyeliner und Mascara auf, alles während der Fahrt. Gott sei Dank, dass sie wenigstens zu Hause noch geduscht hatte.

Ich habe einen Mann allen Ernstes seine Kontaktlinsen einsetzen sehen, während er mit hundert Sachen die Autobahn unsicher machte. Ein Bremsmanöver, und die Kontaktlinsen wären fest hinter der Großhirnrinde eingebettet gewesen. Das hätte ihm vielleicht die Fähigkeit verliehen, seine eigenen Gedanken zu lesen, aber bei den Schmerzen hätte es sich nicht gelohnt.

Ein anderes Mal stand ich vor der roten Ampel und hörte ein furchtbares Reifenquietschen. Das Auto, das neben mir zum Stehen kam, war in blauen Rauch gehüllt. Alles stank nach verbranntem Gummi. Die Fahrerin war im Gesicht weiß wie ein Laken, mal abgesehen vom knallroten Lippenstiftstrich, der im Zickzack vom Mundwinkel bis zum linken Ohrläppchen ging. Der

Lippenstift selbst war immer noch in der zitternden Hand. Daraus musste sie gelernt haben, denn sie ließ es erst mal bei der Clownmaske, bis sich ein sicherer Platz zum Verbessern fand.

Ich habe gesehen, wie Leute in voller Fahrt auf der Autobahn Bücher lasen, Straßenkarten balancierten und sogar ihre Tiere frisierten. Einmal habe ich einen Mann beobachtet, wie er sich gleichzeitig rasierte und mit dem Handy telefonierte. Das Lenkrad hatte er wohl mit den Knien gehalten.

Können Sie sich noch an die Zeit erinnern, als im Auto nichts als Fahren angesagt war? Was ist aus der Gewohnheit geworden, beide Hände am Lenkrad zu halten, die eine auf zehn, die andere auf zwei Uhr? Ich habe im Radio gehört, dass inzwischen das Telefonieren im Auto für mehr Unfälle verantwortlich ist als Alkohol am Steuer. Da fragt man sich doch, was passieren könnte, wenn jemand betrunken fährt und dabei telefoniert. Ich nehme noch Wetten auf Unfälle durch Garderobewechsler und Autospiegelschminkerinnen an.

Es ist gar nicht so lange her, dass das Autofahren noch eine entspannte Freizeitbeschäftigung war. Aufmerksamkeit war allerdings angesagt. Klar, ab und zu bekam man mit, wie einer mit dem Radio um die Wette sang, am Steuerrad den Takt klopfte und mit dem Kopf wackelte wie diese Dackel auf der Hutablage. Ach ja, manchmal sah man einen ekelhaften (meine Frau verlangte, dass ich dieses Eigenschaftswort verwende) Menschen mit dem Finger in Ohr oder Nase fahren und sich den Produkten seiner Schleimhäute widmen. Nie aber wurde im Auto die Wäsche gewaschen oder im Internet gesurft. Fahren war eine willkommene Ruhepause in der Hektik des Tages.

Ich habe früher Leute gekannt, die nur zur Entspannung am Sonntag mit dem Auto ausgefahren sind. Heute gelten solche Typen als Hindernis. Jetzt aber kommt ein Phänomen auf, das man als „Verkehrswut" bezeichnen könnte. Der Begriff „Sonntagsfahrer" ist heute rein abwertend gemeint. Man riskiert, erschossen zu werden, wenn man sich Zeit lässt und die Fahrt genießt. Anscheinend hat der Typ, der sich beim Fahren rasiert und mit dem Handy telefoniert, auch noch eine Waffe auf dem Schoß.

Machen Sie doch mir zuliebe einmal ein Experiment. Bei genauerer Überlegung: Machen Sie es sich selbst zuliebe. Fahren Sie heute Abend ins Blaue, wenn der Verkehr nachlässt. Wenn möglich, lassen Sie die Stadt hinter sich, aber auch im Stadtverkehr wird die Sache funktionieren. Lassen Sie Pistolen, Rasierapparate und Telefone zu Hause. Nehmen Sie kein Make-up mit. Lassen Sie das Radio aus und halten Sie beim Fahren Umschau. Sie werden Häuser sehen, von denen Sie keine Ahnung hatten. Sie wurden gebaut, als Sie gerade telefonierten. Sie werden Menschen sehen, von deren Existenz auf diesem Planeten Sie nichts wussten. Und nun aufgepasst: Vielleicht verspüren Sie, wie sich der Puls der Stadt ein wenig verlangsamt. Sie könnten sogar einen Hauch der sanften Abendstille erhaschen, die sich wie eine Decke über das ruhig gewordene Land legt.

Erwarten Sie kein besonderes Abenteuer; es geht nur um Entspannung und Beobachtung. Ich garantiere Ihnen, Sie werden sich viel lebendiger fühlen.

Jetzt übertragen Sie die Erfahrung auf das Leben überhaupt. Wir haben zugelassen, dass die Technologie uns viel zu viel von der einfachen Schönheit des Lebens raubt. Wir gehen in jedem wachen Moment des Tages unseren Geschäften nach und verstricken uns in unseren Terminkalendern. Ich kenne einen Mann, der sogar unter der Dusche ein Schwarzes Brett hat, damit er auch hier seine Termine abhaken kann. Mit den Details seiner Termine bleibt er zwar auf der Höhe, doch verpasst er die persönlichen Kleinigkeiten, die das Leben bereichern.

Zum Nachdenken

Betrachten Sie heute Abend vor dem Schlafengehen einmal sorgfältig die Menschen, die Sie lieben. Denken Sie über die Welt nach, in der Sie leben. Nehmen Sie sich vor, das Fenster zu öffnen, langsamer zu werden und die Fahrt zu genießen.

Macht euch also keine Sorgen! Fragt nicht: „Was sollen wir essen? Was sollen wir trinken? Was sollen wir anziehen?" Damit plagen sich Menschen, die Gott nicht kennen. Euer Vater im Himmel weiß, dass ihr all das braucht. Sorgt euch zuerst darum, dass ihr euch seiner Herrschaft unterstellt und tut, was er verlangt, dann wird er euch schon mit all dem anderen versorgen.
Matthäus 6,31–33

Von jetzt an geht's bergab

Ski fahren war nicht leicht zu lernen; ich kannte nicht einmal die Skisprache. Es war mein erster Tag am Hang, als ich jemanden brüllen hörte: „Ski, Ski!" Er wollte mich warnen, dass ein Ski nach unten sauste – ganz allein.

Als ich mit dem Ski fahren anfing, gab es noch keine Sicherheitsbindungen. Wenn man einen Ski verlor, schoss er abwärts und entwickelte dabei die Geschwindigkeit einer Gewehrkugel. Ich habe schon Bilder von Skiern gesehen, die eine Autotür durchbohrt hatten. Wenn man jemand „Ski" rufen hörte, dann war man gehalten, sich umzudrehen und hangaufwärts zu schauen, damit man sah, was durchbohrt werden sollte.

Mir war diese Sprache nicht vertraut. Ich dachte, man wolle sich über meine täppischen Versuche lustig machen, bergab zu fahren. „Ski, Ski!", schrieen sie immer wieder.

„Mach ich doch!", rief ich zurück.

Später am Tag bestieg ich den Hügel und fuhr abwärts mit dem Schrei: „Rodelschlitten!" Die Leute wichen einfach in den Wald aus. Man stelle sich vor, wie so ein Ding sich in die Autotür bohren könnte.

Erste Lektion: Wenn man sich in die Fremde begibt, muss man die Sprache lernen.

Ich fand, dass ich Unterricht nehmen musste. Der Skilehrer schüchterte mich ziemlich ein. „Mein Name ist Jacques Benoit", sagte er mit sanft französischem Akzent. „Heute", fuhr er fort, „werde isch Sie unterrischten, wie man infällt."

„Entschuldigung, Mr. Benoit", unterbrach ich ihn. „Ich habe Ihnen gerade 25 Dollar bezahlt – es wäre mir sehr recht, wenn sie misch unterrischten, wie ich wieder aufstehe."

Ich verlangte mein Geld zurück und brach den Unterricht ab. Dutzende Schüler verharrten bewundernd und lernten, wie man auf Kommando graziös hinfällt. Im Lauf des Tages gerieten auch ihre Skier über Kreuz, und sie übten sich alle in den gleichen plumpen Stürzen wie ich. Mein Sturz aber machte doch den besseren Eindruck, denn ich war um 25 Dollar reicher.

Zweite Lektion: Bezahlen Sie niemals dafür, dass Sie hinfallen lernen.

Nach Abbruch der Stunde stellte ich mich mit den geübteren Skifahrern am Lift an. Ich glaube, etwas mehr Übung hätte gut getan – ich fiel sogar beim Anstehen hin. Mein Fall löste einen Dominoeffekt aus. Als ihm endlich Einhalt geboten wurde, lagen 30 unglückliche Menschen auf dem Boden. Um davon abzulenken, wer den Massensturz verursacht hatte, rief ich im Liegen: „Wer war das?"

Endlich war ich auf dem Sessellift. Sekunden später schwebte ich 100 Meter über dem Boden. Entsetzlich! Ich sah mich um und bemerkte erst dann, dass neben mir auch noch jemand saß. Ich hatte keine Ahnung, woher er gekommen war. Zwischen uns war ein Stahlrohr, das am Seil hing. Es war das einzig Feste in Reichweite. Ich wickelte mich mit meinem ganzen Körper um das Rohr. „Gott liebt Sie und hat einen wunderbaren Plan für Ihr Leben", teilte ich dem Fremden mit. „Aber das hier ist mein Rohr. Wenn Sie es anfassen, dann werden Sie heute noch Jesus begegnen."

Dritte Lektion: Nutzen Sie jede Chance, ein Segen für andere zu sein.

Als ich vom Lift stieg, fiel ich wieder um. Ich weiß nicht warum, aber man macht das Eis an der Stelle, wo man absteigt, besonders glatt. Ich rutschte auf den Hintern und versuchte verzweifelt, wieder aufzustehen. Fast war ich schon auf den Beinen, als der Nächste, der mit dem Lift ankam, gegen mich stieß. Wir beide gingen zu Boden.

Der Lift wird nie angehalten, egal was passiert. Da lag

ich im Verkehrschaos. Einer nach dem andern plumpste auf den lebendigen Wackelpudding.

„Wer war das?", schrie ich und entzog mich dem Haufen.

Ein paar Minuten später gab es neue Probleme. Ich stand am Rand einer glitzernden Skipiste und erstarrte vor Schreck. Die Piste schien geradewegs steil hinab zu stürzen und in Tiefen zu führen, die niemals gefrieren. Jetzt kamen mir weise Sprüche von Jacques Benoit in den Sinn: „Wenn Sie an einen Hang kommen, der Ihnen zu schwierig ist", hatte er gesagt, „dann müssen Sie ihn queren!"

Er hatte das französische Wort *traverser* verwendet, das hier die Bedeutung hat: „Gehen Sie querr überr den Ügel." Damit kommt man nicht so sehr in Fahrt, wie wenn die Skispitzen direkt nach unten zeigen. „Wenn Sie auf die andere Seit des Angs kommen", hatte Benoit weiter erklärt, „dann machen Sie eine Kärrtwende und querren in die andere Rischtung."

Auf diesem Hang hatte ich schon bei der ersten Kehre ein Tempo von 120 Stundenkilometern. Ich kam zum Entschluss: Keine Kehrtwenden mehr. Ich entwickelte eine Wende „Marke Eigenbau": „Hinsetzen und umdrehen." Dazu musste ich meinem Körper Positionen zumuten, von denen ich mich vielleicht nie wieder erholen würde. Wenigstens war ich zum Anhalten gekommen.

Vierte Lektion: In Zweifelsfällen erst mal hinsetzen.

Vier Stunden später war ich erst 50 Meter weiter unten. Das hätte ich nie geschafft, wenn die Skikleidung nicht so glatt gewesen wäre. Da lag ich nun. Aus jeder Pore meines Körpers tropfte Schweiß. Ich hörte ein Geräusch und schaute gerade rechtzeitig nach oben, um einen etwa Zwölfjährigen zu sehen, der in perfektem Stil den Hang hinab glitt. Sein Haar flatterte in Stromlinien, und seine Wangen waren vom Wind gerötet. „Na los, Alter!", schrie er und schoss mit athletischer Anmut auf mich zu.

Ich piekte mit dem Skistock nach ihm. „Wie wär's damit, du kleiner Schaschlikspieß!"

Fünfte Lektion: Wenn man alt ist, soll man jungen Leuten nicht beim Ski fahren zuschauen.

Aber unbedingt selbst fahren – es macht Laune und erweitert den Horizont! Natürlich ist vieles in diesem Kapitel übertrieben. Um des Witzes willen wurde hier und da etwas zurechtgebogen, aber Freude und Lebenslust bleiben unvergesslich. Menschen, die immer wieder die Grenzbereiche in ihrem Leben erkunden, finde ich besonders interessant. Sie lassen die Routine hinter sich. Sie bleiben nicht in den bequemen Gewohnheiten stecken, sondern sehen ständig neue Chancen, die Wunder Gottes in ihrem Leben zu entdecken.

Zum Nachdenken

Das Abenteuer ist nicht nur für den typischen Grenzgänger da. Der Schöpfer dieser schönen Welt hat solche Freuden auf keinen Fall nur den „Experten" vorbehalten.

Wer wie ich Sport bitter nötig hat, sollte Ski laufen. Wer unmusikalisch ist, sollte singen. Gott hat keine Stubenhocker erschaffen. Das ist durch Sessel und Fernsehgerät passiert. Machen Sie heute mal was anderes, probieren Sie was aus. Na los! Raus ans Licht! Einfach leben.

Noch eine Nacht unter Fröschen

Faszinierend, die Menschen und Geschichten aus der Bibel. Ich habe noch nie jemand kennen gelernt, der die Bibel wirklich gelesen und allen Ernstes langweilig gefunden hat. Jetzt habe ich vor, Ihnen eine von meinen Lieblingsgeschichten daraus zu erzählen. Sie ist vor Tausenden von Jahren geschrieben worden und beschreibt trotzdem mit absoluter Präzision, wie wir heute noch auf Gott reagieren. Ein Wort in dieser Geschichte sprang mich geradezu an. Schauen Sie sich die Kapitelüberschrift an, lesen Sie die Geschichte, und dann wird es auch Ihnen ins Gesicht springen.

Ein wenig Hintergrundwissen kann hier nicht schaden. Das Volk Israel war von den Ägyptern versklavt worden. Man hatte die Menschen grausam misshandelt, sprichwörtlich zu Tode arbeiten lassen. Gott hatte Mose erwählt, um sein Volk aus der Gefangenschaft zu führen. Seine Aufgabe war es, Pharao, den ägyptischen Herrscher, um Freiheit für Israel zu bitten. Gott hatte Mose mit einem wirkungsvollen Verhandlungsmittel ausgestattet: Er konnte das Land Ägypten mit furchtbaren Plagen überziehen.

Bei der ersten Plage wird jeder Tropfen Wasser im Land mit Blut verseucht. Der Gestank ist unerträglich, Krankheiten breiten sich aus, und sauberes Wasser ist nicht zu finden. Doch der sture Pharao lehnt es ab, das Volk gehen zu lassen. Die Israeliten sind ihm als billige Arbeitskräfte einfach zu nützlich. Jetzt kommt der Teil der Geschichte, der mich besonders fasziniert. Mitten in einer immer kritischeren Lage durch verseuchtes Wasser, Krankheiten und Durst befiehlt Gott Mose, die nächste Plage zu bringen:

Aaron streckte seine Hand über die Gewässer Ägyptens aus, da kamen so viele Frösche heraus, dass sie das ganze Land bedeckten. Aber die ägyptischen Magier vollbrachten mit ihren Zauberkünsten dasselbe und ließen ebenfalls in ganz Ägypten Frösche aus dem Wasser steigen. Da ließ der Pharao Mose und Aaron rufen und sagte zu ihnen: „Bittet doch den Herrn für mich, dass er mich und mein Volk von den Fröschen befreit! Dann will ich die Israeliten gehen lassen, damit sie dem Herrn ihre Opfer darbringen." Mose antwortete dem Pharao: „Ich bin bereit. Du brauchst mir nur zu sagen, wann ich für dich, deine Minister und dein Volk zum Herrn beten soll. Ich werde ihn bitten, dass die Frösche wieder aus euren Häusern verschwinden und nur im Nil noch welche zu finden sind." „Morgen", sagte der Pharao.
2. Mose 8,2–6

Da steht es: *Morgen!* Was hat der Kerl sich nur dabei gedacht? In der Bibel steht, dass die Frösche überall waren. In 2. Mose 7,28 heißt es genau: „Sie werden das Wasser verlassen und in deinen Palast kommen, sogar in dein Schlafzimmer und dein Bett. Auch in die Häuser deiner Minister und deines ganzen Volkes werden sie eindringen und werden sich in die Backtröge und Back-öfen setzen."

Pharao kann nicht einmal seinen Pferdewagen aus der Garage fahren, ohne hundert Frösche zu plätten. Auf sei-ner Pizza sitzen die Frösche. Wenn es bei ihm zu Hause auch nur entfernt so zuging wie bei mir, dann standen seine Frau und die älteste Tochter auf Stühlen und hat-ten einen Schreikrampf. Die jüngste Tochter hat keine Schachteln mehr, in denen sie die Biester sammelt und ersticken lässt, wie der Zufall so will. Frösche überall.

Und was antwortet Pharao, als Mose das Angebot macht, sie verschwinden zu lassen? Morgen! Hat er eine Schwäche für Froschschenkel? Klingen ihm die schrillen Stimmen seiner Töchter wie Musik in den Ohren? Fühlt er sich ohne Frösche im Bett einsam? Was für ein Motiv hat der Mann nur gehabt, dass er bis morgen wartet, wo er das Problem doch heute gelöst haben könnte? Warum sollen die Frösche noch eine Nacht bleiben?

So was zu lesen, ist nicht langweilig. Das ist richtig stark! Ich glaube kaum, dass Pharao sich aus Fröschen oder spitzen Frauenschreien etwas machte. Der Herrscher hatte seine Pläne. Er war auf architektonischem Gebiet sehr ehrgeizig und war deshalb auf Arbeitskräfte angewiesen. Und das ging nicht ohne Sklaven.

Wenn man genau hinschaut, dann ist Pharaos Verhalten gar nicht so ungewöhnlich. Ich kenne mich damit aus. Ich hab's auch schon so gemacht. Die Patienten in der Krebsstation rauchen ihre Zigaretten weiter – wenn es sein muss, durch den Luftröhrenschnitt in ihrem Hals. Warum? Weil eben die Angewohnheit, die ihnen den Tod bringt, auch für ein vorübergehendes Lustgefühl sorgt. Sie stellen sich auf eine weitere Nacht unter Fröschen ein. Die intelligentesten Menschen opfern Ansehen, Gesundheit und Lebensglück und halten an ihren verbotenen Beziehungen fest. Das tun sie selbst dann, wenn sie wissen, dass man ihnen auf die Schliche kommt. Selbst wenn diese Beziehung keinen Kick mehr bringt und alles im Eimer ist – lieber nehmen sie noch eine Nacht mit den Fröschen in Kauf.

Die tieftraurige junge Dame, die eines Tages in mein Büro kam, will mir nicht aus dem Sinn. Sie stand vor einem Dilemma: Eigentlich wollte sie so leben, dass es Gott gefiel, aber ihr war nicht klar, was Gott von ihr erwartete. Insbesondere machte sie sich wegen der

Beziehung zu ihrem Freund Gedanken. Sie ging seit einem halben Jahr mit ihm aus. Von Anfang an hatte er sie beleidigt und misshandelt. Nun fragte sie mich: „Soll ich den Kontakt zu ihm aufrechterhalten?"

Würden Sie sich auf solche Frösche einlassen?

Jahrelang war ich unglücklich, weil ich in einer Lüge lebte. Zu Hause und in der Kirche war ich eine andere Person als in Situationen, wenn ich mich unbeobachtet fühlte. Trotzdem hatte ich Bedenken, mich wieder an Gott zu wenden, der mich liebte und vom schlechten Gewissen und Leid befreien wollte. Ich hatte mich an die Frösche gewöhnt.

Manchmal sind wir einfach zu faul, den Froschentferner zu bestellen. Es ist so einfach, im alten Trott zu bleiben. Wir träumen davon, auf Gottes Berufung einzugehen, sind aber zufrieden mit der quakenden Mittelmäßigkeit, weil es vorläufig bequemer ist. Wir rationalisieren und wählen das schnelle Vergnügen. Dabei hoffen wir, das Problem könne verschwinden oder spontan nachlassen, wenn wir es ignorieren.

Solche Frösche verwandeln sich niemals in Prinzen. Sie vermehren sich und hüpfen in alle Lebensbereiche hinein. Sie kosten Energie, die sich zum Guten einsetzen ließe, und verpesten das Leben, das früher einmal den Duft der Hoffnung und des Tatendrangs verströmte.

Zum Nachdenken

An der Gemeinschaft mit dem lebendigen Gott gefällt mir besonders, dass er die Frösche wegrufen kann: nicht morgen, sondern heute schon, gleich jetzt. Lassen Sie die Frösche keine Minute mehr bleiben.

Darum gilt, was der Heilige Geist sagt: „Seid heute,
wenn ihr meine Stimme hört, nicht so verstockt . . . "
Alle diese Zeugen, die uns wie eine Wolke umgeben,
können uns ein Beispiel geben. Darum wollen wir uns
von allem frei machen, *was uns beschwert, besonders*
von der Sünde, die sich so leicht an uns hängt
(Frösche!). *Wir wollen durchhalten in dem Lauf, zu*
dem wir angetreten sind.
Hebräer 3,7–8; 12,1
(Hervorhebungen und Anmerkung durch den Autor)

Verbrannte Brücken und Erdbeer-Unterwäsche

Manchmal frage ich mich, was aus unserer Welt werden
soll. Ich spreche von Designer-Unterwäsche. Ich wette,
die Feigenblätter von Adam und Eva hatten keine kleinen Bildchen von Teddys oder Flaggen.

Es fing schon an, als ich noch Kind war. Damals war
es angesagt, Unterwäsche mit aufgedrucktem Wochentag
zu tragen. Auf so etwas würden wir Männer nie kommen. Bei den Abständen, in denen ich als Kind die
Unterwäsche wechselte, war Tagesunterwäsche sinnlos.
Vielleicht hätte Monatsnamen-Unterwäsche es getan.
Aber Wochentage?

Zu meinem 30. Geburtstag schenkte Diane mir ein
Unterwäscheset mit kleinen Erdbeerbildern. Ich musste
lachen – ein *großer* Fehler. Es sollte kein Scherzartikel
sein. Sie fand Erdbeerunterwäsche romantisch. Ich sollte
sie tragen, wenn ich demnächst unterwegs sein würde,

damit ich an sie denke. Ich begriff das nicht. Wieso schenkte sie mir kein Foto oder eine Grußkarte? Da wäre mir ein Bindfaden lieber gewesen, den ich mir zur Erinnerung an den Finger geknotet hätte.

Was, wenn mir etwas zustoßen sollte und ich mit der Erdbeerunterwäsche in die Notaufnahme käme? Ich zog sie bereitwillig an, fuhr aber viel vorsichtiger als je zuvor. Niemand durfte diese Erdbeeren sehen. Als ich an jenem Abend ins Hotelbett stieg, war ich versucht, Diane zu betrügen und meine bequemen Boxershorts zu tragen. Dann fiel mir der enttäuschte Blick meiner Frau ein, als ich gelacht hatte. Die Erdbeeren blieben.

Ich weiß nicht, wie lange ich schon geschlafen hatte, als mich ein Geräusch an der Tür aufschrecken ließ. In Hotels habe ich mich immer schon angreifbar gefühlt. Ich habe Angst, dass jemand ins Zimmer eindringen könnte. Ich setzte mich gerade rechtzeitig auf, um einen Schatten zu erkennen, der den Lichtstreifen unter der Tür kreuzte.

Jetzt war ich hellwach. Wer war da draußen? Leise glitt ich aus dem Bett und lugte durch das kleine Sicherheitsguckloch. Im Flur war niemand zu sehen. Vorsichtig bückte ich mich und schaute durch den Spalt unter der Tür. Nichts.

Inzwischen klopfte mir das Herz. Ich löste heimlich die Sicherheitskette, schloss die Tür auf und drückte auf die Klinke. Geräuschlos öffnete ich die Tür nur einen Spalt und schaute nach draußen. Ich sah immer noch niemand und machte die Tür weit genug auf, um den Kopf nach draußen zu stecken. Wie eine ängstliche Schildkröte blickte ich nach links und rechts, aber der Flur war völlig leer. Trotzdem war ich etwas verwirrt und besorgt, als ich die Tür wieder zuziehen wollte. Dann sah ich es: Auf dem Boden lag eine Zeitung.

Das also war zu hören gewesen: Jemand hatte eine Zeitung vor jedem Zimmer fallen gelassen. Erleichtert trat ich vor und wollte die Zeitung holen – da hörte ich das entsetzliche Geräusch.

Es war meine Tür, die ins Schloss fiel. Jetzt stand ich im Flur eines sehr schönen Hotels.

Aus dem eigenen Zimmer ausgeschlossen.

In knapp sitzender Erdbeerunterwäsche.

Einem Freund von mir ist neulich auf einer Kreuzfahrt das Gleiche passiert. Mitten in der Nacht war er aus dem Bett gestiegen und wollte zur Toilette. Er machte halb im Schlaf die Tür auf und ging hindurch. Das kleine Problem: Er stand nicht in der Toilette, sondern im Schiffsflur. Mein Freund war überhaupt nicht mehr müde, als er hörte, wie die Tür hinter ihm zufiel und ihn ausschloss.

Jetzt hatte er ein Problem. Er musste laut genug an die Tür klopfen, damit seine Frau ihn hörte, aber nicht so laut, dass er die Bewohner der anderen Kabinen weckte.

Als seine Frau ihn klopfen hörte und merkte, was passiert war, hatte sie selbst ein Problem. Sie konnte aufhören zu lachen, zur Tür gehen und ihn retten, oder sie konnte so tun, als kenne sie ihn nicht. Sie hätte sich sogar den Spaß machen können, den Sicherheitsdienst anzurufen und genießerisch den eigenen Mann erklären sehen, warum er um zwei Uhr morgens in Unterwäsche im Flur stand und bei irgendjemandem an der Tür klopfte. Sie ließ ihn dann doch in die Kabine und rettete damit wahrscheinlich ihre Ehe.

Jetzt fragen Sie sich vielleicht, wie es mir erging. Ich war allein verreist und hatte niemanden, der mir aufmachen konnte. Nach Augenblicken der Panik fing ich an zu lachen. Ich schnappte mir die Zeitung, wickelte mich hinein und machte mich auf in die Lobby. Zum Glück

80

waren die Gänge leer. Ich bekam einen zweiten Schlüssel und ließ zu, dass die Leute am Empfang sich auf meine Kosten amüsierten. Wie ich es sah, war ich heil aus der Affäre gekommen – niemand hatte die Erdbeeren gesehen.

Sie haben sich wahrscheinlich schon gedacht, dass hier keine tiefgründige Wahrheit verkündigt wird. Immerhin, ein paar Regeln des gesunden Menschenverstandes könnte man sich merken:

Man achte auf die eigenen Schritte.

Man schließe niemals die eigene Tür hinter sich. Und wenn wir schon dabei sind: Nie die Brücken hinter sich verbrennen. Wenn sich neue Chancen auftun und neue Aufgaben warten, kann es niemals richtig sein, alte Freunde und wichtige Verbindungen aufzugeben. Man weiß ja nie, wann man bei ihnen vor der Tür steht und anklopfen muss.

Zum Nachdenken

Seien wir dankbar für die kleinen Dinge des Lebens – wie zum Beispiel die Tageszeitung!

Wer sagt, was morgen kommt?

Die erste Warnung kam, als ich von einem zauberhaften Strand auf Hawaii zum Ferienhaus zurückfuhr. Ein dumpfer, nagender Schmerz in meiner Schulter zwang mich, den Sitz zu verstellen, um besser sitzen zu können.

Wir hatten jahrelang für diesen Urlaub gespart; dass mir die Muskeln schmerzten, war das Letzte, was ich mir für den Tagesablauf vorstellen konnte.

Der nächste Morgen: Ich hatte kaum geschlafen. Die Schmerzen waren kein leises Nagen mehr. Es tat so wahnsinnig weh, dass ich hätte losbrüllen können, und zwar jetzt auch am Rücken und am linken Arm. Ich konnte mich kaum bewegen. Wahrscheinlich brauchte ich einen richtigen Ruhetag. Ich ließ den Rest der Familie ihrer Wege ziehen und versuchte etwas zu schlafen.

Am Abend: Ich war so unglücklich wie selten zuvor. Mein linker Arm brannte richtig. Vom Schlafmangel ganz erschöpft versuchte ich, die Nacht zu überstehen. Es war Sonntag. Wenn ich bis zum nächsten Morgen überleben sollte, würde ich sofort zum Arzt gehen.

Zwei Uhr nachts: Jetzt schrie ich wirklich vor Schmerz. Ich musste mich kriechend ins Badezimmer begeben. Der linke Arm funktionierte nicht mehr. Bis jetzt versuchte ich all das einem eingeklemmten Nerv zuzuschreiben, weil ich dieses Jahr schon mal Probleme mit der Wirbelsäule hatte. Das hier war aber etwas viel Bedrohlicheres. Hatte ich zu lange die Warnsignale verdrängt?

Diane rief den Notarzt an und weckte die Kinder. Sie beschrieb dem Notarzt die Symptome. Der Krankenwagen wurde sofort losgeschickt. Beim Warten war ich ruhig und hellwach, aber bewegen konnte ich mich nicht.

Diane bekam fast selbst einen Herzinfarkt, weil es ihr nicht gelingen wollte, mich anzuziehen. Der Schlafanzug musste reichen. Als der Krankenwagen ankam, schafften es drei ausgewachsene Männer, meinen Körper vom Bett zu zerren, auf die Trage zu legen und mich ins Auto zu schieben. Auf den Balkons der Ferienwohnungen sah man die Gesichter der Leute, die vom ganzen Aufruhr geweckt worden waren. „Ist er schon tot?", hörte ich jemanden fragen.

Gute Frage. „Bin ich tot?", wiederholte ich. „So ist das also."

Ich wusste genug über Herzinfarkte, um die klassischen Symptome an mir zu erkennen. Eine ganze Zeit lang war ich der absolut geeignete Kandidat dafür gewesen. Mein Cholesterinspiegel stand auf über 300 – schon mehr als 200 gilt als riskant. Schlimmer noch war, dass bei mir nur geringe Spuren von HDL, dem „guten" Cholesterin, gemessen werden konnten.

Die Gaffer zogen sich in ihre Zimmer zurück, als der Krankenwagen seine 50 Kilometer lange Fahrt ins nächste Krankenhaus antrat. Angst hatte ich nicht, aber die nüchterne Erkenntnis machte sich in mir breit, dass nichts auf Erden ewig währt. Da lag ich also, hörte der jaulenden Sirene zu und machte mich darauf gefasst, dass dies tatsächlich einer meiner letzten Augenblicke sein könnte. Tröstlich war der Gedanke, dass meine ganze Familie, auch meine Töchter und Schwiegersöhne, dem Krankenwagen hinterher fuhren. Ich betete darum, dass Gott mir nah sein würde.

Die Zeit verging schnell. Bald sah ich die Deckenleuchten im Krankenhausflur vorbeihuschen. Die nächsten paar Stunden vergingen in einer raschen Folge von Bluttests, Untersuchungen, Röntgenaufnahmen und Hunderten von Fragen. Bald danach kam der Arzt ins Zimmer. „Wir haben keinen Hinweis darauf gefunden, dass Sie einen Herzinfarkt hatten", sagte er. Das Blutbild war tatsächlich normal. Ein Schaden am Herzen war nicht zu entdecken. „Was ist es denn Ihrer Meinung nach?", fragte der Arzt mich.

„Ein eingeklemmter Nerv an der Wirbelsäule", antwortete ich erleichtert. Nach diesen Worten kletterte der Arzt zu mir auf das Bett, bat mich um Entschuldigung und warf sich dann mit seinem ganzen Körpergewicht auf mich. *Seltsame Ärzte haben die hier auf Hawaii*, dachte ich noch. Ich hörte ein Krachen – und der Schmerz war wie weggeblasen. Ich setzte die Füße auf den Boden und konnte zum ersten Mal seit ein paar Tagen wieder aufrecht stehen. Es blieb nichts mehr zu tun, als mir eine muskelentspannende Spritze zu verpassen und mir zur Beruhigung der Nerven Tabletten zu verabreichen. Der Arzt stellte mir die Überweisung zu einem Chiropraktiker aus, und ab ging es nach Hause.

Ich stieg ins Auto und ab da erinnere ich mich an nichts mehr. Meine Familie dachte, ich würde sterben. Meine Hand fiel leblos hinunter, meine Augen rollten nach oben und ich schlummerte selig. Dann fing ich auch noch an zu schnarchen. Die ganzen entspannenden Medikamente waren gleichzeitig im Blut angekommen. Das hatte mich Schachmatt gesetzt. Erleichtert, dass ich noch bei Gesundheit war, hielt die Familie bei McDonalds an und ging essen, während ich schlief. Sie amüsierten sich damit, mir Strohhalme in die Nase zu stecken und meinen Körper in alle möglichen komischen Lagen zu verbiegen. Ich war so weit von dieser Welt entfernt, dass ich erst vier Stunden später wieder reagierte.

Was wäre gewesen, wenn?, fragte ich mich. Ich hatte keine Angst mehr, war aber regelrecht überwältigt von der Tatsache, dass es im Leben keine Garantien gibt.

Neulich kam ein Krankenwagen zu einem Haus in unserer Straße. In der einen Minute war der Nachbar noch unter uns – die nächste erlebte er nicht mehr.

Letzte Woche hatte ein viel versprechender junger Pastor in meiner Gemeinde seine Frau noch geküsst, als er sich verabschiedete, um einen Streit zwischen Eheleuten zu schlichten. Er kam in ihren Flur und wurde voll von einer Gewehrsalve getroffen, die einem anderen galt.

Was hat „Superman" Christopher Reeve wohl gedacht, bevor er vom Pferd fiel und sich das Genick brach? Ich weiß es nicht, aber ich garantiere, dass die Gedanken in keinem Verhältnis dazu standen, wie ungeheuer sein Leben sich ändern sollte, denn seitdem ist er komplett gelähmt.

Das Leben kann in einem Augenblick seinen Lauf ändern. Was der nächste Moment bringt, weiß keiner. Alles, was uns lieb und teuer ist, kann uns in der nächsten Stunde genommen werden. Die Opfer von Erdbeben und Flutwellen oder nächtlichen Fahrten zur Notaufnahme werden diese Tatsache bestätigen können. Sie und ich müssen uns den Windungen des Schicksals stellen. Das ist unumgänglich. Wir können weder Zeitpunkt noch Härte des Schlags voraussagen, aber sicher ist, dass er eintritt und dass wir uns darauf einstellen können.

Es war zweierlei, das mir in jener Nacht die Angst vom Leibe hielt. Erstens gab es kaum etwas zu bereuen. Nicht immer in meinem Leben war ich anständig und ehrlich gewesen. Wer mich gut kennt, weiß das. Auch Gott weiß es. Doch seine Liebe und Vergebung ließen mir keinen Raum, darüber nachzugrübeln. Meine Familie hatte erlebt, wie stark die Gnade Gottes mein Leben umkrempeln konnte. Als der Augenblick kam, wusste ich, dass ich im Frieden mit Gott und den Menschen lebte, die ich liebe.

Zweitens verspürte ich, dass es eine Hoffnung für mich gibt. Dieses Leben ist nicht alles, was mir vergönnt ist. Wenn ich das Erdendasein hinter mir habe, kann ich mich auf ein ewiges Leben freuen, das so herrlich frei ist von Versuchung, Stress und Leid. Ein Gedanke hat mich begleitet, seit ich am nächsten Morgen wach geworden bin. Jemand hatte mal zu mir gesagt: „Wir sollten jeden Tag so leben, als ob Christus gestern geboren und heute gestorben wäre, und als ob er morgen wiederkäme."

Dieses spannende Leben hätte ich gern.

Diese Intensität würde ich gern ausleben.

Diese Hoffnung möchte ich in mir tragen. Und zwar heute schon.

Zum Nachdenken

Für Sie gibt es diese Hoffnung auch. Sie kennen doch den Spruch: „Wie gewonnen, so zerronnen." Für jeden, Mann oder Frau, der sich darauf verlassen kann, dass Jesus ihm vergeben hat, gilt dieser Spruch eigentlich nicht. Wer sich mit Jesus identifiziert, kann sagen: „Was ich gewonnen habe, ist nichts gegen das, was mich morgen erwartet."

Aus purer Gewohnheit

Als ich neulich zum Flughafen fuhr, merkte ich plötzlich, dass ich schon seit 10 Kilometern auf der falschen Straße war. Ich fuhr in die entgegengesetzte Richtung. 20 Jahre lang war es richtig gewesen, zum Flughafen an der Ausfahrt nach links abzubiegen. Aber das Straßenbauamt hatte die Zufahrt umbauen lassen. Beim Linksabbiegen kam man nicht mehr zum Flughafen, sondern nach Texas. Macht sich nicht gut, da ich in Colorado wohne.

Das Flugzeug flog ohne mich los. Ich war ein Opfer der Gewohnheit geworden. Ein paar Tage später fuhr meine Frau mich vom Flughafen nach Hause, als weiter vorne Blaulichter blinkten. Wir schlichen im Schritttempo an der oben erwähnten Kreuzung vorbei. Irgendjemand hatte die Herrschaft über seinen Wagen verloren, weil er gemeint hatte, die Straßenführung sei wie immer. Diesmal hatte die Gewohnheit sogar ein Leben gekostet.

Hinter allen Gewohnheiten steckt eine ungeheure Macht – deshalb heißt es ja auch „die Macht der Gewohnheit". Die Gewohnheit kann uns hypnotisieren. Sie kann uns den Blick auf die Chancen verstellen, die sich uns bieten. Ich lege jährlich mehr als 100.000 Flugkilometer zurück. Alles, was zum Reisen gehört, vom Gepäck über das Einchecken bis zum Betreten der Maschine, ist für mich zur Routine geworden. Das ist nicht unbedingt schlecht. Wenn mich jedes einzelne Detail der Reise Aufmerksamkeit kosten würde, würde für kreative Gedanken kein Raum mehr bleiben. Die Vertrautheit mit den Umständen hilft mir, zum Flughafen zu finden, das Ticket zu kaufen und zum richtigen Flugsteig zu gehen, ohne an jede Handlung Gedanken zu verschwenden.

Andererseits kann die kleinste Veränderung für ein furchtbares Chaos sorgen, wenn ich außer der eingefleischten Gewohnheit keine Alternativen mehr sehe. Ich bin zum Beispiel daran gewöhnt, Flugzeuge von der linken Seite zu besteigen. So habe ich es mein ganzes Reiseleben lang gemacht. Alle Bordrampen werden an die linke Seite des Flugzeugs geschoben. Die Tür auf der rechten Seite nutzt die Fluglinie zum Beladen des Frachtraums mit den ungenießbaren Gummiteilen, die als Mahlzeit serviert werden. Die Treppe führt zur linken

Seite. Wenn ich erst an Bord bin, wende ich mich immer nach rechts und erblicke sofort die Sitzreihen. Ein Platz davon ist meiner.

Nur einmal war alles anders. Ich stieg an der rechten Seite ein. Nie zuvor oder danach habe ich so etwas getan. Diesmal aber ging ich die geschlossene Bordrampe entlang und erwartete genau das, was ich schon tausend Mal vorher erwarten durfte. Ich stieg ins Flugzeug, bog rechts ab – und trat direkt ins Cockpit.

Der Eindruck war unbeschreiblich. Ich stand im kürzesten Flugzeug der Welt mit nur zwei Sitzen! Beide waren Plätze an großen Fenstern. Sie waren schon von Männern in Uniformen besetzt. Ich fühlte mich so orientierungslos, dass mir schlecht wurde. Wer sich auf die Piloten erbricht, bekommt allerdings keinen Vielflieger-Rabatt. Ich wusste, dass irgendetwas nicht stimmte, brauchte aber ein paar Sekunden, um in die andere Richtung abzudrehen. Mein Sitz musste doch rechts sein, da waren sie immer schon gewesen. *Ich* war nicht falsch abgebogen. Den Fehler hatte der Flugzeughersteller gemacht – das meldete jedenfalls mein sturer Kopf.

Meine Verwirrung sorgte bei den Piloten und Stewardessen für Heiterkeit. Ich war übrigens nicht der einzige, der sich an diesem Tag hinters Licht geführt fühlte. Ich saß ziemlich weit vorn und konnte mich selbst über die erschrockenen Gesichter der anderen Passagiere amüsieren. Der Mensch ist eben wirklich ein Gewohnheitstier!

Doch gewohnheitsmäßiges Verhalten erweckt nicht immer Heiterkeit. Es tut manchmal weh zu merken, wie sehr man zum Sklaven wird, wenn man alles so wie immer macht. Es gibt in unserer Kirche Mitglieder, die Sonntag für Sonntag in der gleichen Reihe auf dem gleichen Platz sitzen. Sollten Sie unsere Kirche besuchen und zufällig so einen Platz besetzen, würden Sie schnell von eisigen Blicken vertrieben werden. Diese Leute sind unwissentlich Sklaven ihrer Gewohnheit.

Ich muss staunen, wie sehr die eingefleischten Gewohnheiten mein Leben beherrschen. Dabei sind sie nicht so leicht zu identifizieren:

- Umgangsweisen mit meiner Frau und den Kindern, die sich in so langen Zeiträumen entwickelt haben, dass ich sie als Gewohnheit gar nicht mehr wahrnehme.
- Verhaltensweisen, die mir Leid ersparen, mich aber auch davon abhalten, den ganzen Reichtum enger Beziehungen zu erleben.
- Gewohnheitsmäßiger Ärger, der mich unfreiwillig zum Sklaven von Verbitterung und Rache macht.
- Verhaltensmuster, wie ich mit Streit umgehe – oder, besser gesagt, ihn vermeide.

Über Jahre hat meine Familie mir erkennen geholfen, wie ich es durch Schweigen und Aussitzen vermeide, anderen meine Meinung zu sagen. Es gibt leider kein Gegenstück zum „Nikotinpflaster", das mir helfen könnte, von meinen Gewohnheiten in Beziehungsfragen loszukommen.

Zwei Faktoren – Gottes Gnade und die einfache Tatsache, dass ich älter werde – wirken sich mildernd auf meine Lebensumstände aus. Ich habe inzwischen die destruktiven Gewohnheiten erkannt, für die mein Blick jahrelang verstellt war. Ich habe mich auf die spannende Aufgabe eingelassen, mich zu verändern. Gewohnheitstiere werden von den Lebensumständen beherrscht. Sie sind viel zu oft blind für neue Möglichkeiten und taub für die Stimme Gottes. Es wird Zeit, aufzuwachen und zu leben.

Zum Nachdenken

Gott ist Spezialist für das Bloßstellen von Gewohnheiten. Er ist unsere einzige Chance für einen Wandel.

Durchforsche mich, Gott, sieh mir ins Herz, prüfe meine Wünsche und Gedanken! Und wenn ich in Gefahr bin, mich von dir zu entfernen, dann bring mich zurück auf den Weg zu dir!
Psalm 139,23–24

Bemerkenswertes von einfachen Menschen

Nach wie vor sammle ich die besten Perlen der Weisheit von ganz normalen Menschen, die zugeben, dass sie sich in dieser gefallenen Welt abstrampeln müssen wie Sie und ich. Die selbst ernannten Experten haben mir wenig zu bieten. Sie sind in den Grenzen ihrer eigenen Expertenschaft befangen. Echte Weisheit, will ich meinen, entsteht aus unserer Verwundbarkeit. Experten dagegen schotten sich gegen die Erfahrung ab, die sich aus eingesteckten Niederlagen ergibt.

Egal wo Sie stehen, finden Sie in der folgenden Liste bestimmt irgendetwas, womit Sie noch heute etwas anfangen können. Erwarten Sie nichts Weltbewegendes – hier ist nichts als die gesunde Mischung aus echtem Leben und wahrer Weisheit, von echten Menschen erlebt.

Was ich gelernt habe

Ich habe gelernt, so zu leben, dass niemand es glaubt, wenn mir übel nachgeredet wird. (39 Jahre)

Ich habe gelernt, dass meine Mutter mir gerade dann befiehlt, mein Zimmer aufzuräumen, wenn es genau so ist, wie ich es mag. (13 Jahre)

Ich habe gelernt, dass Kinder und Großeltern von Natur aus Verbündete sind. (46 Jahre)

Ich habe gelernt, dass ich niemandem auf die Nerven gehen muss, auch wenn ich Schmerzen habe. (82 Jahre)

Ich habe gelernt, dass ein Freund, der einfach nur da ist, oft besser wirkt als gute Ratschläge. (24 Jahre)

Ich habe gelernt, dass man das Glück nicht zu fassen bekommt, wenn man danach strebt. Wenn man sich aber auf die Familie, auf Mitmenschen, die Arbeit und neue Bekannte konzentriert und sein Bestes gibt – dann findet uns das Glück. (65 Jahre)

Ich habe gelernt, dass die Matratzen in Hotelbetten auf der Seite besser sind, wo kein Telefon steht. (50 Jahre)

Ich habe gelernt, dass man seine verstorbenen Eltern ganz schrecklich vermisst, egal, welche Beziehung man zu ihnen gehabt hat. (50 Jahre)

Ich habe gelernt, dass man Broccoli nicht im Milchglas verstecken kann. (7 Jahre)

Ich habe gelernt, dass gerade Menschen mit großen Schuldgefühlen ein besonderes Bedürfnis haben, anderen Vorwürfe zu machen. (46 Jahre)

Ich habe gelernt, dass das Leben uns manchmal eine zweite Chance bietet. (62 Jahre)

Ich habe gelernt, dass es sich lohnt, an Wunder zu glauben – ehrlich gesagt, ich habe ein paar davon selbst erlebt. (73 Jahre)

Ich habe gelernt, dass man nicht wie ein Boxer mit zwei Handschuhen durch das Leben gehen sollte. Man braucht eine freie Hand, um Dinge zurückzugeben. (64 Jahre)

Ich habe gelernt, dass das Leben mir kaum eine größere Freude bietet, als das Haar meines Kindes zu bürsten. (29 Jahre)

Ich habe gelernt, dass die schlechtesten Fahrer der Welt mir in die Quere kommen, egal, wo ich bin. (29 Jahre)

Ich habe gelernt, dass ich nur „Amazing Grace" zu singen brauche, und schon geht es mir stundenlang gut. (49 Jahre)

Ich habe gelernt, dass man schon dadurch jemandem den ganzen Tag verschönern kann, wenn man ihm eine kleine Karte schickt. (44 Jahre)

Ich habe gelernt, dass man nur jemand anderem eine Freude zu machen braucht, wenn man sich selbst aufmuntern will. (13 Jahre)

Ich habe gelernt, dass die Leute auf dem Land zurückwinken, wenn ich ihnen zuwinke. (9 Jahre)

Ich habe gelernt, dass ich insgeheim froh über die strenge Erziehung meiner Eltern bin, auch wenn ich es nicht gern zugebe. (15 Jahre)

Ich habe gelernt, dass man einen Menschen ziemlich gut kennen lernt, wenn man beobachtet, wie er mit diesen drei Dingen umgeht: mit einem Regentag, mit verlorenem Gepäck und mit einer verknoteten Lichterkette für den Weihnachtsbaum. (52 Jahre)

Ich habe gelernt, dass man für eine bessere Ehe sorgen sollte, wenn man seinen Kindern etwas Positives mitgeben will. (61 Jahre)

Ich habe gelernt, dass zu einem guten Leben viel mehr gehört als die Verbesserung der Lebensumstände. (58 Jahre)

Ich habe gelernt, dass mit einem Gebet jeder etwas anfangen kann. (72 Jahre)

Ich habe gelernt, dass ich meine Lehrerin mag, weil sie weint, wenn wir „Stille Nacht" singen. (7 Jahre)

Ich habe gelernt, dass es Menschen gibt, die mich sehr lieb haben, aber einfach nicht wissen, wie sie es mir zeigen sollen. (41 Jahre)

Ich habe gelernt, dass man sich jeden Tag ein Herz fassen und jemanden berühren sollte. Die Menschen mögen eine Berührung: einen Händedruck, eine herzliche Umarmung oder einfach einen freundlichen Klaps auf den Rücken. (85 Jahre)

Zum Nachdenken

Meine Lieblingsweisheit wurde von einem 92-jährigen aufgeschrieben: „Ich habe gelernt, dass ich noch viel lernen muss."

Jeder Mensch kann sein Potenzial steigern, wenn er nie zu lernen aufhört.

„Es ist wieder daaaaaa!"

Eines Tages schaute eine Frau zufällig aus dem Fenster. Zu ihrem Entsetzen sah sie, wie ihr Schäferhund das Kaninchen der Nachbarn im Maul hatte und schüttelte. Ihre Familie lag mit diesen Nachbarn schon eine Weile im Streit; dieser Vorfall würde das Verhältnis mit Sicherheit verschlechtern. Sie griff sich einen Besen, lief nach draußen und schlug so lange auf den Köter ein, bis er das Kaninchen fallen ließ. Das Tier war total verschmutzt, vollgesabbert – und ausgesprochen tot.

Was nun? Nach einigem Grübeln hob die Frau das Kaninchen mit dem Besen an und brachte es ins Haus. Sie ließ den leblosen Körper in die Badewanne fallen und machte die Dusche an. Als kein Schmutzwasser mehr ablief, drehte sie das Tier um und spülte die andere Seite.

Jetzt hatte sie einen Plan. Sie holte sich den Fön und trocknete das Kaninchen. Mit einem alten Kamm wurde es gestriegelt, bis es wieder sehr hübsch aussah. Sie vergewisserte sich, dass die Nachbarn außer Sicht waren, dann kletterte sie über den Zaun, schlich sich über den Hof und setzte das renovierte Tier in seinen Stall. Auf keinen Fall würde *sie* sich die Schuld in die Schuhe schieben lassen.

Etwa eine Stunde später hörte sie Schreie vom Nachbarhof. Sie rannte hinaus und stellte sich ahnungslos. „Was ist denn passiert?", fragte sie unschuldig.

Die Nachbarin kam an den Zaun gelaufen. Alles Blut war aus dem Gesicht gewichen. „Unser Kaninchen, unser Kaninchen!", stammelte sie. „Es ist letzte Woche gestorben, wir haben es beerdigt – *und jetzt ist es wieder da!* Ein Wunder!"

Hätte die Nachbarin das Kaninchen angestupst oder versucht, mit ihm zu spielen, dann wäre die Wahrheit ans Tageslicht gekommen: Das Tier war tot. Das gleiche gilt auch bei aufgeplusterten toten Menschen. Zu den Nachteilen der Wohlstandsgesellschaft, in der die meisten von uns leben, gehört die Tatsache, dass man allzu leicht schon sterben kann, *bevor* man tot ist. Wir klammern uns fest an Besitz und sozialen Status. Wir haben Angst, etwas zu riskieren, auffällig zu wirken oder sonst etwas zu tun, das uns anders aussehen lässt als die anderen. In einer Welt, in der es vor allem darum geht, den Status Quo zu halten, ist es viel zu gefährlich, einen lebendigen Eindruck zu machen.

Ich hatte einmal eine Unterhaltung mit einem Nachrichtensprecher, der praktisch alles hasste, was mit seinem Job zu tun hatte. Als ich ihn fragte, warum er denn dann nicht aufhöre, sagte er, jetzt sei er zu weit nach oben gekommen, um einen Rückzieher zu machen. Nach einer sinnvolleren Aufgabe zu suchen würde Gehaltseinbußen und den Verzicht auf den Arbeitgeberanteil an der Sozialversicherung bedeuten. Also steht er Tag für Tag auf und fährt zu seinem verhassten Arbeitsplatz, um nicht aufzugeben, was er gewonnen hat. Aber was für ein Gewinn soll das sein? Macht auf mich den gleichen Eindruck wie das aufgebrezelte tote Kaninchen. In unserer ganzen Gesellschaft klammern sich die Menschen an verhasste Jobs, damit sie sich kaufen können, was sie nicht brauchen, um Leute zu beeindrucken, denen das ganz egal ist.

Gott hat uns für weitaus mehr als so etwas geschaffen. Wäre es nicht auch bei Ihnen so weit, einmal tief Luft zu holen und wieder richtig zu leben?

Riskieren Sie etwas! Gottes Absichten mit Ihrem Leben laufen niemals darauf hinaus, Sie in einen Käfig zu sperren. Ich habe Dutzende Menschen kennen gelernt, die sich auf Gott verließen und ausgebrochen sind. Manche haben sich beruflich verändert, andere ihre Einstellung; manche haben sich ein Herz gefasst und es gewagt, ganz nach ihren Überzeugungen zu leben.

Der eine oder andere hat heute weniger Geld als vorher, aber alle leben jetzt mit einer Begeisterung und einem neuen Vertrauen, wie sie es vorher nie für möglich hielten. Die neu entzündete Lebensflamme lässt keinen Zweifel offen, dass sie lebendig sind.

Zum Nachdenken

Bei Jesus geht es um das Leben. Wenn Sie das Gefühl haben, durchgeschüttelt, abgeduscht und zum Trocknen aufgehängt zu werden, dann wird es höchste Zeit, sich einmal umzuschauen. Gott möchte, dass Sie leben. Jeder wird überrascht sein und sich freuen, dass Sie wieder da sind.

Der ist kein Narr, der aufgibt, was er nicht behalten kann, damit er gewinnt, was er nicht verlieren kann.
Jim Elliot

Ein Lied für Papa

Das Programm konnte anfangen. Ich lehnte mich auf meinem Stuhl zurück. Ein Meer von 10.000 Gesichtern blickte mich an. Am Ende einer 30-tägigen Tour war ich körperlich erschöpft und emotional am Ende. Vor allem musste ich mich innerlich auf die Nachricht einstellen, dass meine jüngste Tochter sich verloben wollte.

Ich tat mir selbst Leid – alt und verlassen, fühlte ich mich wie ein betagter Oldtimer in einer Welt, die sich nicht mehr an Geschwindigkeitsbegrenzungen hält. Die Menschen in der Arena hier genossen eine Pause von ihrem hektischen Leben, um gemeinsam zu singen, zu beten, zu lachen und zu lernen. Aus meiner Sicht ging es nur um einen weiteren stressigen Vortrag, den ich halten musste. Neben mir saß Taryn, die Tochter, die mich durch ihre Verlobung in so jungen Jahren verraten hatte.

Mit schwerem Herzen ließ ich den Beginn der Festivitäten auf mich zukommen.

Die Lichter im Saal verloschen. Plötzlich wurde der Raum mit wunderbarer Musik erfüllt: mit schallenden Trompeten setzte das Orchester ein, die vereinten Chöre von mehreren Colleges ließen ihre Stimmen erklingen. Sie sangen „Siehe, das Lamm Gottes", während eine ganze Prozession junger Leute bunte Fahnen herbeitrug, auf denen jeweils einer der Namen unseres Gottes stand.

Ich war tief bewegt. Andererseits wäre ich in meiner körperlichen und psychischen Verfassung selbst vom Klaviergeklimper zu „Hänschen klein" tief bewegt worden. Wie auch immer, der ganze Prunk hier ließ mir die Tränen in Strömen über das Gesicht laufen.

Dann trat Walter Wangerin auf die Bühne, ein ausgesucht guter Geschichtenerzähler. Einen Augenblick lang blieb er schweigend vor dem Chor stehen. Schließlich sagte er: „Siehe, das Lamm Gottes!"

Wieder betrachtete er schweigend die jungen Gesichter im Chor. „Ob ihr auch morgen so singen werdet?", fragte er. „Was ist, wenn ich ganz alt geworden bin, Haar und Augenlicht verliere; was ist, wenn ich mich nicht mehr beherrschen kann, so dass ich öfter anfange zu weinen, als mir recht ist? Was ist, wenn ich meinen Körper nicht mehr im Griff habe, wenn ich nicht mehr gut aussehe und mir dessen auch bewusst bin? Kommt ihr dann zu mir und singt für mich?"

In Wangerins Predigt ging es um den Text aus 2. Mose 20,12: „Ehre Vater und Mutter! Dann wirst du lange in dem Land leben, das dir der Herr, dein Gott, gibt." Er forderte dazu auf, die Liebe des Gotteslammes weiterzureichen und damit unsere älter werdenden Eltern zu lieben und ehren. Diese Worte rührten an die wunden Stellen meiner Seele. 10.000 Menschen hörten ihm schweigend zu, als er die Predigt mit einer eindrucksvollen Illustration abschloss:

Er erzählte, wie er an einem frischen Herbstnachmittag seinen Freund Mel in Wisconsin besucht hatte. Mel hielt sich oft im Wohnzimmer auf, wo er las und seine Studien betrieb und gleichzeitig bei seiner alten Mutter sein konnte. Als Walter ins Haus kam, umschwebte ihn das wunderbare Aroma von Apfelkuchen. „Aha, deine Mutter backt gerade", sagte Walter lächelnd.

„Nein", antwortete Mel. „Ich kümmere mich jetzt um solche Sachen." Als Walter genauer hinschaute, verstand er, was gemeint war. Sie saß aufrecht im Schein der Leselampe da. Ihr Blick war leer. Mel stellte Walter vor, als sei er das erste Mal dort. Als Walter sich vorbeugte und ihr die Hand reichte, schaute sie ihm nicht einmal ins Gesicht. Walter hatte die traurige Tatsache verstanden: Eine gute alte Freundin konnte sich nicht mehr an ihn erinnern.

Nach einem Spaziergang sowie Kaffee und Kuchen mit seinem Freund ging Walter zu Bett. Mitten in der Nacht wurde er von einem Geräusch aus dem Wohnzimmer geweckt. Es war, als ob jemand vor Schmerzen schrie. Von unten drangen entsetzliche, unartikulierte Laute durch das Haus: „Jaaa! Naaa!" Er stand eilig auf, zog sich den Morgenmantel an und lief ins Wohnzimmer.

Mel saß nicht in seinem Sessel. Walter, dessen Augen sich allmählich an das Dunkel gewöhnten, sah seinen Freund am Bett der Mutter knien. Er gab Walter einen Wink, sich hinzusetzen. Das tat er, und jetzt nahm er den Gestank wahr. Nun wusste er, was sein lieber Freund gerade machte – er wechselte seiner Mutter die Windeln. Sachte und liebevoll beseitigte er den Schmutz. Er erwies ihr genau in dem Sinne die Ehre, wie Gott uns geboten hat, die Eltern zu ehren.

Und während er das tat, sang er leise. Er sang ihr

Schlaflieder vor, wie man sie einem Kind vorsingt. „Und wisst ihr, wie sie reagierte?", fragte Walter die Zuhörer, die gebannt auf ihren Sitzen nach vorn gerutscht waren. „Mit kräftiger Stimme sang sie mit: ‚Jaaa . . . Naaa . . .'"

Walter berichtete weiter: „Wie sie da gemeinsam mit ihrem Sohn sang, erkannte ich, dass sie sich wieder jung und hübsch fühlte. Sie war in ihrer Heimat, wo alles wieder neu und gut war. Und aus Leibeskräften sang sie für ihren Vater im Himmel."

Jetzt blieb kein Auge mehr trocken. Vor tiefer Sehnsucht, mit der gleichen Zärtlichkeit geehrt und geliebt zu werden, weitete sich meine Brust. In diesem Augenblick wandte sich Walter Wangerin wieder an den Chor: „Und wenn es an meinen Tod geht, meine Kinder – werdet ihr dann an mich denken?", fragte er stellvertretend für alle Eltern. „Wenn ich weder Haar noch Zähne habe, wenn ich nichts mehr halten kann und nichts mehr spüre; wenn ich nicht mehr gut aussehe und mir dessen auch bewusst bin; wenn mein Körpergeruch schlecht ist, wenn ich zittere und mir die Augen tränen, kommt ihr mich dann besuchen? Singt ihr mir dann von innerer Gewissheit gestärkt die Lieder vor, die ich euch früher vorgesungen habe?"

Ich vergrub mein Gesicht in den Händen und ließ den Tränen freien Lauf. Walter stimmte leise den ersten Vers von „Jesus liebt mich" an. Ich spürte, wie sich ein Arm um meine Schulter legte. Sanft zog eine Hand meinen Kopf hinüber, und mit lieber Stimme flüsterte meine wunderhübsche 18-jährige Tochter mir ins Ohr:

„Ich singe für dich, Papa. Ich singe für dich."

Der ganze Stress, die Anspannung waren wie weggeschmolzen. Noch weinend schwebte ich in der Woge einer Liebe, nach der sich jedes Herz sehnt – Liebe, die die ganze Welt verändern kann. Siehe, das Lamm Gottes!

Zum Nachdenken

Singen Sie heute jemandem ein Lied vor.

Wer hat die Freude erfunden?

Als Kind bin ich mit einer gesetzlichen Theologie aufgewachsen, die insgeheim und unterschwellig die Botschaft
barg: *Wenn es Spaß macht, kann es nicht christlich sein.*
Begeisterung und Lachen, die beim gemeinsamen
Schwimmen oder Pizza essen erlebt werden, waren erst
dann okay, wenn man vorher eine tiefgründige Andacht
gehalten hatte. Ließ man diesen Akt des Segens aus,
rutschten die vorher genannten Aktivitäten geradewegs
in die Kategorie der Sünde.

Mein Gottesbild in der Kindheit ließ mich an einen
ernsten und aufmerksamen Polizisten denken, dessen
Augen die Erde nach Anzeichen von Lustbarkeiten
durchkämmten. Erhob sich Gelächter, schleuderte er
seine kosmische Sandale auf die Missetäter. „Aus!", donnerte seine Stimme dazu.

Seit damals aber hat sich bei mir der Glaube entwickelt, dass Gott der Erfinder der Freude ist, der Brunnen,
aus dem reines Lachen entspringt.

Die Welt ist dringend auf jedes Anzeichen von Freude
angewiesen. Männer wie Frauen haben im Materia-
lismus, Hedonismus und sogar in den Religionen nach
Freude Ausschau gehalten. Sogar in unsere Kirchen
haben sie Blicke geworfen. Sie haben sich in die Gesichter der Menschen vertieft, die behaupten, den Ur-

heber der Freude zu kennen. Leider fand sich hier gar nichts Erfreuliches. Die Kirchen sollten nicht nur von feierlichen Gebeten und praktischen Lehren aus Gottes Wort erfüllt sein; auch Gelächter sollte in unseren Gemäuern kräftig widerhallen.

Als wir uns eines Sonntags für die Kirche fertig machten, bekam Diane einen Rappel. Ich nenne den Zustand mal „wilder Hase". Ein wilder Hase ist, wie der Name schon sagt, ein ungezähmtes Tier. Wenn er in einen geschlossenen Raum gerät, fängt er wie wild an zu zappeln und springen, ganz ohne Grund. Ab und zu beißt er sogar. Wenn man in kurzen Abständen mehrere wilde Hasen sieht, dann hat man einen hasenschlechten Tag erwischt.

Diane rief die Familie zusammen und äußerte heftig ihren Unmut über junge Leute, die in der Kirche nicht auf ihrem Platz bleiben. „Ich habe es satt, dass die Jugendlichen sich in der Kirche benehmen wie im Rockkonzert", schimpfte sie. „Mitten in der Predigt stehen sie auf und gehen in Scharen zum Klo, und das habe ich satt."

Anscheinend hatte das schon lange in ihr geköchelt, weil es der wildeste Hase seit langem war. Tatsächlich musste sie so gründlich darüber nachgedacht haben, dass sie schon eine Lösung vorschlagen konnte. Also wurde das Edikt verkündet: „Unsere Familie macht bei diesem Mummenschanz nicht mit", grummelte sie. Dabei lief ihr Gesicht ungewohnt rot an. „Ich sag euch, wie es ab jetzt gemacht wird. Was ihr zu erledigen habt, das macht ihr vor dem Gottesdienst. Wenn wir in der Kirche sind, dann setzt ihr euch still hin und rührt euch nicht."

Sie stieß die letzten drei Worte einzeln und nachdrücklich hervor: „Habt . . . ihr . . . verstanden?" Wilden Blickes wartete sie auf die Antwort.

„Klar, Madam", sagte ich. Dann wandte sie sich an die Kinder und wiederholte den Befehl.

Als wir zur Kirche kamen, wies man uns einen Platz weit vorn zu. Ich verkrampfte mich jetzt schon. Ein paar Minuten danach standen wir zum Singen auf. Mir wurde ganz dringend bewusst, dass ich gegen das Gesetz verstoßen musste. Ausgerechnet der Sonntag des wilden Hasen war der Tag, an dem die Natur ihr Recht forderte. Als die Gemeinde zu singen anhob, beugte ich mich zu Diane und flüsterte ihr zu: „Ich muss mal."

Sie wandte sich mir zu und flüsterte messerscharf: „Du rührst dich nicht. Du kennst die Regeln."

„Ich kenne die Regeln, und sie sind in Ordnung", sagte ich, „aber ich muss trotzdem."

„Wenn du gehst", zischte sie mich an, „dann gibst du ein schlechtes Beispiel ab."

Inzwischen trippelte ich den bekannten „Mussmal"-Tanz. „Das schlechte Beispiel hinterlasse ich, wenn ich bleibe", platzte es aus mir heraus. Ich verzog mich und probierte dabei, annähernd normal zu gehen. Nach erledigtem Geschäft kam ich eilends zurück. Es musste ja nicht noch mehr Schaden angerichtet werden.

Noch vor dem Ende des Liedes war ich wieder da. Schnell schlüpfte ich in die Kirchenbank und setzte mich. Kein Blick war nötig, mich von Dianes Zorn zu überzeugen. Ihr Körper strahlte fühlbare Feindseligkeit aus. Um eine versöhnliche Geste zu machen, legte ich meinen Arm um sie und drückte sie ein bisschen an mich. Schockiert merkte ich, wie sie mich wegschubste und mir den Ellbogen in die Rippen stieß. Hier, am Tag und im Haus des Herrn, versetzte meine Frau mir einen Rippenstoß, weil ich getan hatte, was getan werden musste.

Ich wollte ihr mitteilen, dass sie doch ihren Zorn mildern sollte, entdeckte aber, dass die Dame neben mir gar nicht meine Frau war. Geistesabwesend hatte ich mich in die falsche Reihe gedrängt und versucht, eine Frau zu umarmen, die ich im Leben noch nie gesehen hatte. Meine Frau saß derweil direkt hinter uns und sah dem Geschehen zu. Ich konnte die Wellen ihres Zorns spüren.

Der Pastor sah mit eigenen Augen, wie sich die Dinge entwickelten. Er versuchte so gut wie möglich weiterzumachen, verlor aber schließlich den Kampf und brach in Gelächter aus. Nach einer Weile wischte er sich die Tränen aus den Augen und verkündete: „Brüder und Schwestern, wenn Gott diesen Mann retten konnte, dann kann er ganz sicher auch euch retten."

Als ich nach dem Gottesdienst die Kirche verließ, kam eine sehr zornige Frau auf mich zu. „Was würde wohl Gott Ihrer Meinung nach dazu sagen?", giftete sie. Dann machte sie auf dem Absatz kehrt und stapfte davon.

Sie hätte mir genauso gut ein Messer ins Herz stechen können. Mein Fehler war ganz unabsichtlich passiert. Ich würde niemals absichtlich irgendetwas tun, um im Gottesdienst die Aufmerksamkeit auf mich zu lenken oder die heilige Atmosphäre zu stören. Das Bildnis des nie lächelnden Polizeistaatsgottes kam mir seit Jahren zum ersten Mal wieder in den Sinn.

Missmutig fuhr ich nach Hause. Diane fragte mich, was los sei. Teilnahmslos wiederholte ich, was die wütende Frau gesagt hatte. Diane fing an zu lachen. „Was hätte denn deiner Meinung nach Gott dazu gesagt?", fragte sie.

Hätte Gott etwa wutentbrannt aus dem Himmel geschaut? Wohl kaum. Vielleicht sah er zu und rief laut: „Engel, kommt mal schnell! Seht, dieser Ken Davis wieder! Ich habe den Mann lieb; ich gab ihm einen verdrehten Sinn, und siehe – er macht davon Gebrauch!"

Gottes Gerechtigkeit ist sehr real. Sie zielt nicht auf Fehler ab, die ein unzurechnungsfähiger Komiker begeht. Es ist die Fairness seines Urteil und das Wunder seiner Gnade, durch die echte Freude erst möglich wird. Echte Freude entsteht dann, wenn man weiß, dass Gott uns vergibt, dass der Schöpfer des Weltalls uns liebt und sich um uns kümmert. Das sind Quellen der Freude, die auch dann nicht schwinden, wenn uns das Lachen im Hals stecken bleibt. Diese Freude habe ich sogar auf Beerdigungen erlebt. Dieser felsenfeste Grund schafft Hoffnung auch in ganz hoffnungslosen Situationen.

Zum Nachdenken

Freude und Lachen sind zwei Paar Schuhe. Wenn aber unsere Füße fest auf der Freude gegründet sind, die durch das Wissen um Gottes Liebe und Vergebung für uns entsteht, dann ist Lachen schon beinahe eine unvermeidliche Nebenwirkung.

Vertrauen Sie ihm, und er macht Ihnen die Last des Lebens leicht. Lernen Sie ihn kennen, und die echte Freude stellt sich ein. Dann können Sie sich auch vor Lachen schütteln wie nie zuvor im Leben.

Schutz im Sturm

Jamie und Bill hatten jahrelang gespart. Jetzt war es so weit. Sie erfüllten sich den Traum ihres Lebens: Sie wollten einen Berg ersteigen.

Die Wahl war auf den Mount Columbia gefallen, weil der Aufstieg als relativ einfach galt. Nach einer Tageswanderung schlugen sie ein Basislager an der Waldgrenze auf und planten für den nächsten Tag den Gipfelsturm. Es sollte ihre erste Besteigung eines „Viertausenders" werden. Fast wäre es auch die letzte geworden.

Die beiden schliefen am Morgen lange und waren beim Aufwachen immer noch müde. Gar nicht so ohne, sich an die Höhenluft zu gewöhnen. Nach einem kleinen Frühstück ging es ans Klettern.

Ein paar Stunden später war der Gipfel erreicht. Sie hatten ein gewaltiges Panorama zu Füßen, wie es nur die Natur in ihrer Pracht bieten kann. Richtung Norden waren Mount Harvard und Mount Elbert zu sehen. Im Osten hielt das Buffalo-Gebirge Wacht. Der Blick reichte fast bis nach Denver. Im Westen waren die sonnenbeschienenen Zacken von einem drohend schwarzen Himmel gesäumt, was darauf hindeutete, dass sich ein Sturm näherte. Jamie und Bill brachen rasch zum Abstieg auf. Sie wollten das Basislager unbedingt vor dem Sturm erreichen.

Die beiden Bergsteiger hatten erst die Hälfte des Weges zur Waldgrenze geschafft, als die drohende Schwärze schon bis zu ihnen vorgedrungen war. Bill drehte sich zu Jamie um, weil er auf Eile drängen wollte. Er erschrak bei ihrem Anblick – jede einzelne Strähne ihres schulterlangen blonden Haars stand aufrecht. Bill merkte, wie auch sein Nackenhaar sich sträubte. Die Luft war elektrisch geladen.

Als er die Mütze abnahm, flog auch sein Haar nach oben. Selbst die Härchen auf den Armen standen ab. Die beiden hätten sich sonst übereinander lustig gemacht, weil sie wie Comicfiguren aussahen, aber diese

Gefahrenquelle war nicht zum Lachen. Bill und Jamie wussten, dass sie auf diesem Schotterhang ein hervorragendes Ziel darstellten. Mit ihrem Körper boten sie den idealen Blitzableiter. Bill rief Jamie zu, sie solle zu einem Haufen riesiger Felsblöcke etwa 100 Meter weiter unten laufen. Jetzt war das Fass übergelaufen, und gerade, als sie den Überhang erreichten, fing es an zu schütten. Sie zwängten sich in einen Spalt zwischen zwei großen Blöcken, als der Donner losbrüllte und ein grellweißer Blitz sie zu Boden warf.

Bill erzählt, dass die nächsten 20 Minuten die schlimmsten seines Lebens gewesen seien. In Sekunden hatte der Regen die beiden bis auf die Knochen durchgeweicht. Die Blitze schlugen so dicht nacheinander ein, dass sie sich mit dem Donner zu einer Abfolge blendender, ohrenbetäubender Entladungen vermischten. Sogar die massiven Felsblöcke über ihnen zitterten bei den Einschlägen. Die Luft roch stark nach Ozon.

Allmählich zog das Gewitter nach Osten ab. Ein unschuldig blauer Himmel öffnete sich, und es wurde wieder wärmer. Bill und Jamie bewunderten das sanfte Blau und schickten ein tiefempfundenes Dankgebet zum Himmel. Sie kamen sicher zu ihrem Zelt. Für die Kraft und tödliche Geschwindigkeit von Gewittern konnten sie nur Respekt empfinden.

Diesen Respekt habe ich später mitempfunden. Diane und ich haben vor kurzem unsere Tochter Taryn und ihren Mann Scott auf einen Campingausflug eingeladen. Ich hielt im Zelt ein Schläfchen, während die anderen unter klarem Himmel Karten spielten. Das Zelt war in etwa 3.000 Meter Höhe aufgeschlagen. Die Temperatur betrug angenehme 25 Grad, und nur im Westen bewölkte sich der Himmel.

Das Gewitter schlug unvermutet zu. Die Karten flogen

spiralförmig in die Luft, als es auch schon ohrenbetäubend donnerte. Ich schoss aus dem Zelt, halb noch im Schlaf. Zugleich mit dem Gewitter schlugen Hagelkörner zu Boden und trieben uns in den Schutz unserer Zelte. Die Temperatur fiel blitzartig um fast 20 Grad. Der Himmel wurde hässlich grünschwarz.

Ein Blitz nach dem anderen schlug ein. Es hagelte, bis der Boden 10 Zentimeter hoch mit Eis bedeckt war. Dann setzte der Regen ein. In Strömen schüttete es so sehr, dass ich zum anderen Zelt hinüberrief, ob drüben alles in Ordnung sei. Alle außer mir hatten im einzigen anderen Zelt Zuflucht gefunden. Ich beugte mich vor, um über den Donner hinweg die Antwort zu hören. Dabei fasste ich mit der Hand auf den Boden – alles nass. Unsere Zelte waren mit eiskaltem Wasser geflutet worden.

Natürlich haben wir überlebt, sonst hätte ich nichts davon schreiben können. An diesem Tag bekam auch ich neuen Respekt vor der Macht und Gefährlichkeit der Natur. Ohne Unterschlupf und trockene Kleidung wären wir in echte Gefahr geraten. Ein Freund fragte per E-Mail an, wie es uns in diesem extremen Wetter ergangen sei. Meine Antwort vermittelt die Übersicht zu unserer Flucht aus dem Gebirge:

Mittwoch: 14.00 Uhr – 25 Grad, 3.000 Meter Höhe, sonnig.
Mittwoch: 14.10 Uhr – 5 Grad, 10 Zentimeter Hagel draußen, 10 Zentimeter Wasser im Zelt. Alles durchweicht und voll Schlamm, zwei Stunden Hagel, Blitze und strömender Regen.
Mittwoch: 16.00 Uhr – Frauen wollen sofort runter vom Berg!

Mittwoch: 16.01 Uhr – Männer rennen Berg runter, holen Auto mit Vierradantrieb und erfüllen Frauen den Wunsch.

Mittwoch: 18.30 Uhr – Alle sitzen in Berghütte vor dem Fernseher. Alle trocken. Frauen glücklich. Männer auch.

Es lag nahe, die Sache jetzt, wo wir gemütlich und warm in der trockenen Hütte saßen, auf die leichte Schulter zu nehmen. Aber inmitten der Naturgewalten hatten wir Angst gehabt und fühlten uns unglaublich hilflos. Als ich neulich in der Kirche saß, sangen wir ein Lied über eine andere Art Sturm, nämlich den, der unseren Alltag ins Chaos verwandelt. Ich weiß noch, wie ich dachte: „Eigentlich habe ich noch nie so einen Sturm im Leben mitgemacht. Es gab dunkle Phasen, gelegentlich auch mal ein Gewitter, aber nie habe ich eine ähnlich destruktive Gewalt erlebt wie andere." Dann las ich folgende Verse aus dem Epheserbrief 6:

Denn wir kämpfen nicht gegen Menschen.
Wir kämpfen gegen unsichtbare Mächte und Gewalten,
gegen die bösen Geister zwischen Himmel und Erde,
die jetzt diese dunkle Welt beherrschen. Darum greift
zu den Waffen Gottes! Wenn dann der schlimme Tag
kommt, werdet ihr wohl gerüstet sein und den
Angriffen des Feindes standhalten können. Seid also
bereit! Legt die Wahrheit Gottes als Gürtel um. Zieht
das Tun des Guten als Panzer an. Tragt als Schuhe die
Bereitschaft, die Gute Nachricht vom Frieden mit Gott
zu verkünden. Haltet das feste Vertrauen als den Schild
vor euch, mit dem ihr die Brandpfeile des Satans
abfangen könnt. Die Gewissheit eurer Rettung sei euer
Helm und das Wort Gottes das Schwert, das der Geist

euch gibt. Vergesst dabei nicht das Gebet! Bittet Gott immerzu mit dem Beistand seines Geistes. Bleibt wach und hört nicht auf, für das ganze Volk Gottes zu beten.
Epheserbrief 6,12–18

Meist übersehen wir den geistlichen Kampf in unserer Umgebung. Wir hören weder den Donner noch sehen wir Blitze, doch der Sturm tobt trotzdem um uns her. Wir sind ständig inmitten eines tödlichen Gewitters. Dieser Kampf ist geistlicher Art, und das Ziel des Betrügers ist nicht weniger als unsere totale Vernichtung. Der Sturm, den ich in den Bergen erlebt hatte, fing aus heiterem Himmel an. Selbst im hellsten Sonnenschein sollten wir ständig in voller Rüstung stehen und den Schatten von Gottes Schutz aufsuchen.

Zum Nachdenken

Lassen Sie sich nicht ohne Rüstung erwischen. Lassen Sie nie nach, Gott für den Schutz zu danken, den er uns in unsichtbaren Stürmen schenkt.

Das Nest ist leer

. . . Den Vögeln gewidmet!

Am 21. August 1997 wurde das Nest der Familie Davis leer. Die Vogeleltern waren bestürzt. Das Getrappel von kleinen Füßen, die nächtlichen Videopartys und das stundenlange Telefonieren hörten auf. Wohl nie wieder vernehmen wir das Geheul: „Ich habe Hunger!"

Unsere Kinder sind flügge geworden. Die Sache mit dem leeren Nest war ein Thema in der Grundschule. Die Geschichte ging irgendwie so: Erst legt die Vogelmama die Eier; dann brüten Mutter und Vater wochenlang hingebungsvoll auf den Eiern und halten sie sicher und warm.

Halt mal! Was soll daran hingebungsvoll sein? Vögel sind Weicheier – die brüten ein paar Wochen und fertig. Diane und ich haben *22 Jahre lang* auf diesen Eiern gesessen!

Zum Beispiel den einen Tag, als wir Traci ins Krankenhaus gefahren haben, weil sie sich kochendes Wasser auf die Beine geschüttet hatte. Oder nachts, als die Kinder noch Babys waren und wir wach lagen und auf ihre Atemgeräusche aufgepasst haben. Oder Diane, die stundenlang auf dem Schulparkplatz gewartet hatte, um unsere Nestlinge nach der Schule abzuholen. Ich wiederum blieb wach, weil ich auf ihre Rückkehr von Verabredungen warten musste. Wir waren bei Tanzstunden, Tennisstunden, Musikstunden und Fahrstunden dabei. Hören Sie mir mit den hingebungsvollen Vögeln auf! Ich habe schon richtige Abdrücke am Hintern vom Brüten!

In der kuscheligen Vogelwelt suchen die Eltern nach Würmern, mit denen sie die hungrigen, offenen Schnäbel stopfen. Für meine Kinder kamen Würmer nicht in Frage. Sie wollten Turnschuhe von Nike, ein Cheerleader-Outfit, Sachen zum Tanzen, Designerjeans, Parfum und Abholservice. Und welcher Vogel hat schon für eine Hochzeit bezahlt? Die berühmte Vogelhochzeit war meines Wissens gratis! Ich hätte mit Vergnügen ein paar Maden gejagt. Es ist eine Sache, sich den Schnabel mit

Insekten vollzustopfen, um hungrige Mäuler zu füttern, aber kein Vogel hat jemals Tag für Tag den gesamten Inhalt seiner Brieftasche hergegeben, und das 22 Jahre lang.

Für Vögel ist die Sache erledigt, wenn das Nest leer ist. Ein sanfter Stups aus dem Nest, und die kleinen Vögel flattern los und lassen sich nie wieder sehen . . .

Ja, richtig! Unsere Vögel wollen das Beste aus beiden Welten. Sie würden nach der fünften Klasse gern losfliegen. Sie heben mit den Schwingen der Unabhängigkeit vom Nest ab – und umrunden dann den Baum, den Schnabel in den nächsten 15 Jahren noch weit offen.

Ich beschwere mich ja nicht. Ich will nur sagen, dass die Sache mit den „hingebungsvollen Vogeleltern" stark überschätzt wird.

In der Welt der Vögel werden die Kleinen irgendwann aus dem Nest gestoßen. Dann drehen die Eltern ihnen einfach den Rücken zu und legen noch ein paar Eier. Diane und ich passen nicht sehr gut in dieses Schema. Wir ertragen es gar nicht, uns einfach abzuwenden – und auf gar keinen Fall werden weitere Eier gelegt!

Jetzt sitze ich ängstlich am Nestrand und winke mit Würmern (eigentlich mit meiner Brieftasche), denn ich hoffe, sie kommen wieder. Nicht, dass sie bleiben sollen. Ich will nicht wieder auf ihnen brüten. Ich will nur mit ihnen reden, lachen und sie fliegen sehen. So sind sie nun mal, die großen Vögel: „Wie sieht's mit eurem neuen Nest aus? Schon Eier unterwegs? Habt ihr mal von der Familie Fink gehört?"

Nach ein, zwei Tagen können die Kleinen dann wegfliegen, ohne aus dem Nest gestoßen zu werden. Wir sind froh, wieder allein zu sein, aber auch traurig. Hoffentlich fliegen sie nicht zu weit weg.

Nein, leere Nester sind Vogelsache. Unser Nest ist leer,

und die großen Vögel sind einsam und verwirrt. Alles im Leben drehte sich um die Kinder. Jetzt sind die kleinen Vögel fort; wir haben nur noch uns selbst . . .

Da fällt mir ein, mit so einem leeren Nest kann man ja einiges anfangen.

Zum Nachdenken

Vielleicht ist die Zeit der leeren Nester genau das Richtige, uns wieder mal als Liebesvögel zu betätigen.

Sagen, was man meint
(und meinen, was man sagt)

Je älter ich werde, desto öfter rutscht es mir heraus: „Wenn ich das noch mal von vorn anfangen könnte!" Es ist nicht gerade ein Schrank, eher ein Schuhkarton, der mit solchen reuevollen Seufzern gefüllt ist. Trotzdem, ich gäbe einiges für die Chance, dies oder das anders zu machen.

Vor allem würde ich beim nächsten Mal meinen Kindern bei der Erziehung besser vermitteln, dass sie Gott lieben und ehren sollen. Zu oft habe ich mich davor gedrückt, im Alltag offen von meinem Glauben zu reden. Ich habe mich vielmehr darüber geärgert, wenn jemand die Sprache des Glaubens inflationär benutzt hat. Da denke ich zum Beispiel an den jungen Mann, den ich vor mehr als 30 Jahren getroffen habe. Er kam zu mir an die Tür und stellte sich vor.

„Ich bin Ken Davis", antwortete ich. „Nett, Sie kennen zu lernen."

Darauf er: „Preist den Herrn."

„Nehmen Sie bitte Platz", sagte ich.

Er wieder: „Preist den Herrn."

Ein paar Minuten darauf entschuldigte ich mich, weil
ich zur Toilette musste. „Preist den Herrn", sagte er. Der
Mensch war mir unangenehm, also blieb ich so lange wie
möglich auf dem Klo. Seine Gesprächsbeiträge waren im
Wesentlichen auf die drei Worte beschränkt, und durch
die endlosen Wiederholungen verlor der kraftvolle Satz
viel von seiner Bedeutung.

Ich kam gerade rechtzeitig von der Toilette zurück,
um den Schneepflug zu sehen, der am Fenster vorbeifuhr.
In Minnesota fahren Schneepflüge mit sechzig Sachen
durch die Gegend, und der Schnee fliegt meterweit.
Dieser aber hatte ein paar Steine erwischt, die am Auto
des jungen Mannes alle Fenster auf der linken Seite zer-
schlugen. „Der Schneepflug hat gerade die Fenster von
Ihrem Auto kaputt gemacht!", rief ich.

Er lief ans Fenster und knurrte mit zusammengebissenen Zähnen: „Preist den Herrn."

Ich konnte mich nicht mehr beherrschen. „Ja, ist das
nicht . . .?!" Keine Angst, es war ein sehr mildes
Schimpfwort, aber der junge Mann starrte mich an, als
hätte ich gerade auf einem heidnischem Altar eine
Jungfrau geopfert.

Ich konnte dieses aufgesetzte fromme Gerede einfach
nicht ertragen. „Seit Sie gekommen sind", sagte ich zu
ihm, „nehmen Sie diese guten Worte in den Mund und
machen sie billig. Als der Schneepflug Ihre Fenster
kaputt gemacht hat, haben Sie ‚Preist den Herrn' sozusagen als Fluch verwendet."

Das dritte Gebot („Missbrauche nicht den Namen des

Herrn, deines Gottes") könnte durchaus das am meisten missverstandene sein. Mein eigener Fluch bei dieser Gelegenheit war von diesem Gebot gar nicht betroffen; hier geht es um den gedankenlosen, unaufrichtigen Gebrauch des Namens Gottes.

Ich hätte liebevoller und freundlicher reagieren sollen, aber dieser sinnlose Umgang mit der Sprache Kanaans ging mir schon immer gegen den Strich. Manche Menschen verwenden diese „fromme Fachsprache" aufrichtig und sinngemäß. Für andere ist es nichts als ein frommer Slang – die Sprache einer Subkultur. Nebenbei, auf diese Sprache reagieren Menschen, die von Jesus Christus keine Ahnung haben, mit einiger Verständnislosigkeit. Kein Wunder!

Einmal machte ich einer jungen Frau ein Kompliment. Sie hatte in unserer Kirche gesungen, und im Vorraum sprach ich sie an: „Danke für das Lied heute. Der Text ist mir richtig zu Herzen gegangen."

„Nicht ich habe gesungen", hauchte sie. „Das war Gott."

Da hätte ich gern geantwortet: „Gott kann vermutlich weitaus besser singen als du!"

Warum nicht ein schlichtes „Danke"? Sogar „Preist den Herrn", ehrlich gemeint, hätte mich nicht gestört. Sicherlich bin ich so manchem echten Christen in die Quere gekommen, den ich fälschlicherweise als Heuchler gebrandmarkt habe. Aber trotzdem . . .

Als Kinder wurden wir von Gemeindemitgliedern oft zum Essen eingeladen. Pflichtgemäß dankte der Gastgeber für die Mahlzeit und betete: „Herr, segne unsere Gespräche an diesem Tisch, und segne dieses Mahl zu unserem leiblichen Wohl. Amen." Im gleichen Atemzug fiel er dann verbal über den Pastor oder ein anderes Mitglied der Gemeinde her. Das lässt solche

Tischgebete im gleichen Zwielicht erscheinen wie die „Familienandachten", die ich über mich ergehen lassen musste. Bei diesen Gelegenheiten ging es in Wirklichkeit darum, dass wir uns eine Strafpredigt für die Missetaten der vergangenen Woche anhören mussten.

So etwas bleibt tief im kindlichen Gedächtnis eingeprägt – und mein Gedächtnis ist ziemlich kindlich.

Leider machte ich mit meiner Reaktion darauf das Problem nicht besser. Ich rutschte ins andere Extrem. Es machte mir nichts aus, meinen Glauben von der Bühne aus zu verkünden, aber im privaten Bereich schreckte ich davor zurück. Ich hatte ehrliche Angst davor, dem Alltag auszusetzen, was mir so viel bedeutete.

Viele Mahlzeiten bei uns zu Hause fingen ohne Tischgebet an. Ich machte ein paar Versuche, eine Familienandacht einzuführen, aber das hielt nicht lange vor. Selten kamen mir im Familienkreis die schönen Worte „Preist den Herrn" über die Lippen. Ich unterließ es eigentlich ganz, Gott in meinem Alltag mit Worten zu loben. Ach, ich wünschte, ich könnte die Zeit zurückdrehen. Meine Kinder haben dieses Misstrauen gegen die altehrwürdigen Glaubensaussagen geerbt.

Ich selbst bin auch – wie später meine Kinder – ohne die Freuden sonntäglicher Redewendungen im Alltag aufgewachsen. Was für ein Segen das sein kann, ging mir erst vor ein paar Jahren richtig auf. Da wurde ich von den Liedtextern Bill und Gloria Gaither zu einem Festgottesdienst eingeladen. Wir waren Gäste der Pfingstgemeinde in der Stadt. Hier waren Menschen, die Gott ohne Scham in Gottesdienst und Alltag die Ehre gaben. Ich bin kein Pfingstler, aber bei ihnen habe ich mich noch nie unwohl gefühlt. Der Chor in dieser Kirche gehört zu den besten des ganzen Landes. Wem diese Musik nicht unter die Haut geht, der ist aus Stein.

An diesem Abend gab die *Gaither Vocal Band* groß-artige Lieder, wunderbare Erlebnisse mit Gott und her-vorragende Gospelmusik zum Besten. Ich sollte den Vortrag halten. Der Pastor der Kirche führte durch das Programm, und sein kleiner Sohn unterbrach ihn, weil dieser nach vorn auf die Bühne kam. Der Pastor hörte auf zu reden, stieg von der Bühne und packte seinen Sohn am Kopf. Ich dachte: „Au weia, jetzt bricht er ihm vor der ganzen Versammlung das Genick."

Stattdessen zog er den Sohn am Kopf nahe zu sich und flüsterte ihm etwas ins Ohr. Dann gab dieser ihm vor allen Menschen einen Kuss und sah dem ganz unbefangenen Jungen hinterher, bis dieser durch eine Seitentür ent-schwand.

Was sollte das? Ein pfingstlerischer Ritus, von dem ich noch nichts gehört hatte? Der Pastor nahm wieder neben mir in der ersten Reihe Platz. Als wir zum Singen auf-standen, fragte ich: „Was war denn überhaupt los?"

„Ach", sagte er ganz sachlich, „mein Sohn gehört eigentlich schon ins Bett. Ich bete jeden Abend mit ihm, wenn er zu Bett geht. Ich danke Gott, dass er mir meinen Sohn geschenkt hat, und bitte darum, dass seine Engel ihn schützen. Dann sage ich meinem Jungen, dass ich ihn lieb habe und gebe ihm einen Kuss. Selbst wenn ich unterwegs bin", fuhr er fort, „leiste ich mir eine Unterbrechung von Gottesdienst oder Treffen, rufe meinen Sohn aus dem Büro an und sage, dass ich ihn lieb habe. Nur ein paar Mal in seinem ganzen Leben habe ich darauf verzichtet."

Ich war gerührt. „Wo haben Sie das denn gelernt?", fragte ich.

„Mein Vater hat das an jedem Tag meines Lebens so gemacht", erwiderte er.

„Könnten Sie nicht mal für eine Weile mein Vater sein?", schluchzte ich.

Wenn ich in meiner Kindheit doch nur solche beständigen Glaubens- und Liebesbekundungen erlebt hätte! Wie sehr ich mir gewünscht hätte, meinen eigenen Kindern so ein Erbe mitzugeben!

Aber Gott gibt mir die Freiheit dazu. Vor kurzem wanderte ich in den Bergen, als ich mit einem majestätischen Ausblick belohnt wurde. Tief in den Tälern standen die Wolken; die Morgensonne beschien sanft und verheißungsvoll die zerklüfteten Gipfel. Aus einem Impuls heraus ging ich auf die Knie. „Gott, dir gebührt alle Ehre", flüsterte ich immer wieder. Tränen stiegen mir in die Augen, und aus dem Flüstern wurde ein Lied, das vom verstorbenen Rich Mullins stammt:

Meinem Gott gebührt alle Ehre.
Er herrscht in der Weite des Himmels
mit Weisheit, Macht und Liebe.
Meinem Gott gebührt alle Ehre.

Ich spreche immer noch nicht die Sprache Kanaans, bloß weil die anderen sie sprechen. Aber es macht mir nichts aus, wenn mich jemand im Gebirge auf den Knien sieht, auch wenn ich mit meinem Lob Gottes seinen anderen Geschöpfen einen Schrecken einjage.

Wenn ich das Gefühl habe, dass der Herr ein Lob verdient hat, dann handle ich danach. Neulich hielt ich vor einer Gruppe von Pädagogen eine Ansprache. Am Ende der Rede stand alles auf und applaudierte. Als der Applaus nachließ, trat ich zurück ans Mikrofon und erzählte, was ich mit diesem Kapitel vermitteln wollte. Ich machte meinen Zuhörern Mut, ganz unverklemmt ihrer Dankbarkeit vor Gott mit Worten Ausdruck zu verleihen. „Obwohl das Schulgesetz es Ihnen verbietet, Ihren Klassen ein frommes Vermächtnis zu hinterlassen", rief ich ihnen zu, „kann Sie niemand daran hindern, diese Worte im persönlichen Leben zu äußern."

Ich verschwieg nicht, dass es mir Leid tut, meinen Kindern kein solches Vermächtnis mitgegeben zu haben.

Zum Nachdenken

Sehen Sie, ich lerne noch. Ich bin noch lange nicht am Ziel. Mein altes misstrauisches Wesen stirbt nicht so schnell ab. Aber Gott hat mich schon weit gebracht. Er wird mich auch zu sich nach Hause holen.

Preist den Herrn!

Ruhe in Frieden

Ich bin zu erschöpft, um noch länger wach zu bleiben, aber schlafen kann ich auch nicht.

Damit ist mein ganzes Elend beschrieben. Ich liege allein in irgendeinem Hotel und weiß, dass ich um fünf Uhr morgens aufstehen muss, um meinen Flug zu bekommen, aber der Schlaf will sich nicht einstellen. Meine Füße zucken andauernd und jagen mir Angst ein. Peinlich, zugeben zu müssen, dass meine eigenen Füße mir Angst machen können.

In solchen Nächten lässt sich keine Lage länger als eine halbe Minute aushalten. Ich falte mein Kissen in 100 verschiedene Positionen zusammen, aber alles fühlt sich an wie ein Maschendrahtzaun. Meine Ohren sind so gut wie die von Supermann; ich höre vier Zimmer weiter den Wasserhahn tropfen. Eine Fliege, die sich hinter dem Vorhang verfangen hat, dröhnt wie eine Kettensäge. Jedes vorbeifahrende Auto, jede Toilettenspülung, jeder Gast, der aus dem Aufzug steigt – jedes neue Geräusch wird mir zum Wecker und raubt dem erschöpften Jäger des Schlafes seine Beute.

Allmählich döse ich doch ein. Mein Bewusstsein macht sich davon. Ich erreiche die nächste Stufe . . . und ein Fussel, der zu Boden fällt, lässt mich hellwach aufschrecken. Ein Blick auf den Wecker: Mitternacht. Wenn ich jetzt einschlafe, sage ich mir, dann habe ich wenigstens fünf Stunden gehabt. Zwei Minuten später schaue ich auf die Uhr, und es ist 1:30 Uhr.

Um zwei nicke ich wieder ein. „Klick", macht die Klimaanlage. Das Gebläse setzt ein. Alle Propellerflügel müssen verbogen sein. Sie rattern und schleifen und machen kreischende Foltergeräusche, die mir einen stundenlangen Wachzustand garantieren.

Die Klimaanlage hört um 2:15 Uhr mit dem Quietschen auf. Wenn ich jetzt einschlafe, sind mir etwas mehr als zwei Stunden vergönnt. Dieses eine Mal könnte ich mit zwei Stunden auskommen. Das Letzte, an was ich mich erinnere, sind die rot leuchtenden Ziffern des Weckers, die 3:45 Uhr anzeigen. Jetzt kommt der Tiefschlaf – eine und eine Viertelstunde genau – und dann lässt mich der Wecker aus dem Paradies aufschrecken. Das lähmende Gefühl der Betäubung wird den ganzen Tag anhalten. Mir steckt eine Müdigkeit in den Knochen, die sich bis in den Magen hinein als Übelkeit auswirkt.

Ich kenne allerdings noch andere Arten von Müdigkeit, die genauso erschöpfend wirken. Wir leben in einer müde gewordenen Welt, in der die Menschen wie verrückt durcheinanderwirbeln, um den Ansprüchen des Lebens gerecht zu werden. Der Geist und letzten Endes auch der Körper sind kurz vor dem Zusammenbruch. Das finde ich schlimmer als nicht einschlafen zu können. Unsere erfolgreichsten Führungspersönlichkeiten sind meist dringend auf eine ruhige Phase angewiesen, die aber unerreichbar für sie ist.

Urlaub? Als ob man das Kissen aufschüttelt. Wir betten uns auf diesem Kissen und hoffen auf die Frische, die wir aus tiefster Seele ersehnen. Wir bauschen das Kissen mit mehr Verantwortlichkeit und beruflichem Aufstieg auf und glauben, uns mit der Gehaltserhöhung ein wenig Ruhe erkaufen zu können. Echte Ruhe lässt sich aber nicht kaufen.

Ich fasste den Entschluss, das Thema in einer kleinen Runde von Freunden zur Sprache zu bringen. Ich bat sie, wegen meiner Belastung für mich zu beten. Keine einzige dieser Verpflichtungen war mir aufgezwungen worden; alle waren als Chancen auf mich zugekommen, die ich freiwillig und hartnäckig angestrebt hatte. Es waren Symbole meines Erfolgs, Möglichkeiten, von denen mancher nicht zu träumen wagt. Eine solche Chance war das Angebot, dieses Buch zu schreiben.

An diesem Abend bat ich um Gebet und Kraft. Einer von den Freunden in der Gruppe legte mir die Hand auf die Schulter und fragte: „Ken, wann ruhst du eigentlich mal aus?"

Plötzlich und unerwartet kamen mir die Tränen. Ich konnte nichts dagegen machen. Das kleine Wörtchen *Ruhe* löste eine Sehnsucht in mir aus, die viel tiefer reichte als Erfolg, Anerkennung oder materieller Wohlstand. Es war die Sehnsucht, die Augen gleichsam seelisch schließen zu können und Erfrischung und Frieden zu genießen – eine Zeit ohne Anspannung, aus der ich neu belebt hervorgehen könnte. Mein Alltag wurde nur noch von Weckern, ratternden Klimaanlagen und summenden Fliegen beherrscht. Der

seelische Ermüdungszustand fing an, sich körperlich auszu-
wirken. Nachts lag ich wach und machte mir Sorgen, wie ich
den ganzen Ansprüchen gerecht werden könnte. Morgens
war ich dann zu müde, um richtig zu funktionieren.

Ich weiß, dass ich nicht der Einzige bin, der solche
Kämpfe austrägt. Vor ein paar Jahren habe ich drei Tage
mit zwei von meinen Freunden verbracht. Wir haben
zusammen gebetet, Golf gespielt, uns dicke Lügen über
unsere Lebensleistung aufgetischt und darüber disku-
tiert, wie wir als Väter, Ehemänner und Nachfolger Jesu
noch besser werden könnten.

Am letzten Tag saßen wir auf der Veranda und sahen
zu, wie die Sonne unterging. Da stellte einer von uns eine
Frage, die wie ein Stromstoß wirkte: „Auf was im
Himmel freut ihr euch am meisten?" Das Schweigen
danach war schwer wie eine Last. Plötzlich brachen die
Gefühlsstürme in uns los. Der Vizepräsident einer großen christlichen Einrichtung, der zweite Pastor einer
wachsenden Kirche und ein Humorist mit seinem ver-
schrobenen Denken fühlten sich auf einmal durch eine
tief schürfende Frage lahm gelegt.

Mein Freund Mel drückte aus, was alle empfanden.
Sehnsüchtig beschrieb er seine Erwartungen an die
Ewigkeit. Er hoffte weder auf goldene Straßen noch auf
ein Wiedersehen mit geliebten Menschen; es ging ihm um
Ruhe. „Ich träume davon, wie ich auf Jesus zulaufe", sagte
er. „Ich träume davon, wie er mich in seine Arme nimmt,
an sich drückt und sagt: ‚Jetzt ist alles in Ordnung. Du bist
in Sicherheit. Jetzt kannst du ausruhen.'"

Nachdem wir wie die Idioten geheult hatten, fiel uns
ein, dass diese Hoffnung auf Ruhe sich teilweise schon
jetzt erfüllen lässt. Immerhin hatte Jesus sich damals vor
einer Gruppe von belasteten Menschen dazu geäußert.
Es gilt gleichermaßen für die Erschöpften unserer Tage:

Kommt doch zu mir; ich will euch die Last abnehmen!
Ich quäle euch nicht und sehe auf keinen herab.
Stellt euch unter meine Leitung und lernt bei mir;
dann findet euer Leben Erfüllung. Was ich anordne,
ist gut für euch, und was ich euch zu tragen gebe,
ist keine Last.
Matthäus 11,28–30

Jesus will damit nicht sagen, dass das Leben leicht sein wird. Es geht darum, dass die Lasten tragbar werden, wenn wir ihm die Richtung unseres Lebens anvertrauen. Nur weil wir die Lebenslast selbst tragen wollen, drückt sie uns nieder. Ohne seine Kraft kann uns die kleinste Aufgabe erschöpfen. Ich neige dazu, die Bürden der ganzen Welt auf meine Schultern zu nehmen. Ich verlasse mich auf meine Begabung, meine Gesundheit und die Fähigkeit, mit Aufgaben fertig zu werden – obwohl ich genau weiß, dass ich nicht einmal für das geringste Ergebnis garantieren kann.

Jedem gerecht werden zu müssen – das klingt sehr geistlich. Diese Einstellung ist aber genau das Gegenteil davon. Ich muss mir immer wieder klar machen, dass die Ruhe des Lebens nur bei Jesus zu haben ist. Er will, dass wir nur das auf uns nehmen, was er uns auferlegt. Dann dürfen wir ihm einfach vertrauen, dass er uns die Kraft zum Durchhalten gibt. Meine Gesundheit, meine Begabung, selbst die einfachsten Lebensstrategien sind allesamt in seinen Händen. Wenn ein Unfall oder sogar der Tod sich in meinen Lebenskurs stellt, dann bin ich immer noch in seiner Hand.

Wenn ich seine Last auf mich nehme und ihm vertraue, dann steht mir ein Maß an Ruhe zur Verfügung, wie ich es noch nie erlebt habe. Was für eine Erleichterung, dass ich mich auf ihn verlassen kann. Die

Wirksamkeit meiner Kommunikationstechniken, die Zukunft meiner Arbeit und selbst die Vollendung dieses Buches sind in seiner Hand. Wenn meine Seele diese Erfrischung genießt, hat auch mein Körper etwas davon, nämlich unbelasteten Schlaf.

Ich erlebe Zeiten ohne Schuldgefühle und kann mich an seiner Schöpfung freuen. Ich habe Zeit für das Gespräch mit ihm. Ich weiß, dass es keine Lösungen gibt, die ein für alle Mal gelten. Früher oder später lade ich mir wieder die ganze Verantwortung selbst auf. Dann höre ich wieder seine freundliche Stimme: „Komm, mein müder Freund. Vertraue mir. Ich verlange nicht mehr von dir, als du schaffen kannst. Lass zu, dass ich dir die Ruhe gebe, nach der du dich zutiefst sehnst."

Zum Nachdenken

In die Tretmühlen dieser Welt hinein kommt Gottes Angebot, sich Zeit für Erholung und Ruhe für unsere Seele zu nehmen. Auch wenn Ihnen der Lebensweg schwer fällt, können Sie gerade jetzt aus seinem freundlichen Versprechen Trost schöpfen. Eines Tages schmiegen Sie sich dann an ihn und hören ihn sagen: „Jetzt ist alles in Ordnung. Du bist in Sicherheit. Jetzt kannst du ausruhen."

Mein Held

Der werbewirksame Bericht machte mir die Sache schmackhaft. „Da will ich mitmachen", dachte ich, als ich von der Kirchenbank aus zuhörte. Es ging um das christliche Programm „Twixt", bei dem Mentoren für Jungen gesucht wurden, die dringend auf männliche Bezugspersonen angewiesen waren.

Ich hörte den netten kleinen 8- bis 12-jährigen Jungen zu, die davon erzählten, wie Twixt sich in ihrem Leben ausgewirkt hatte. Man merkte ihren Blicken die Bewunderung für die Ehrenamtlichen an – Männer, die sie zu Ballspielen mitnahmen und ihnen bei den Hausaufgaben halfen.

Ich wollte mitmischen und auch so ein Held für einen kleinen Jungen werden. Zwei erwachsene Töchter hatte ich schon – hier war die Chance, einen Sohn zu bekommen. Ich stellte mir schon vor, wie wir beiden an Bastelsätzen arbeiteten und dann mit meinem Flugzeug losflogen. Eines Tages würde er dann vor der Kirchenversammlung stehen und mit engelsgleichem Lächeln sagen: „Ken Davis ist mein Held." Ich gab gleich nach dem Gottesdienst meine Unterschrift.

Ein paar Wochen später wurden alle Freiwilligen zu einem Infoabend gebeten. Wir erfuhren etwas über die Kinder, die uns zugewiesen waren und nahmen unsere Aufgaben als Twixt-Partner zur Kenntnis. Viele von den Jungen, hörten wir, waren von ihren Vätern misshandelt oder verlassen worden. Es könne eine Weile dauern, bis wir ihre Freundschaft und ihr Vertrauen gewinnen würden. Die Jungen hatten Fragebögen ausgefüllt, damit wir sie vor dem persönlichen Treffen etwas besser kennen lernen konnten. Wir sollten die Fragebögen lesen und selbst einige Fragen stellen.

Mir wurde heiß, als ich in der Akte meines Jungen las. Meine Träume vom Drittklässler, der mich als Held anhimmelte, lösten sich in Angst auf. Ich war angeschmiert. Mein Partner lag vom Alter her zwei Jahre über der Obergrenze des Programms. Im Fragebogen sollte der Lieblingssport eingetragen werden. Er hatte „keiner" reingekritzelt.

Was für Hobbys hatte er? „Keins."

Was waren seine größten Stärken? „Keine."

Mein Twixt-Partner hatte nur zwei Fragen beantwortet. Sein Name, so die Angabe, war Josh Blay; seine Lieblingsmusik war „Death Metal". Ich hatte keine Ahnung von „Death Metal", konnte mir aber nicht vorstellen, dass es sonntags in unserer Kirche gespielt wurde.

Ich war sauer. „Ich dachte, dass diese Jungs Gemeinschaft brauchen", protestierte ich. Jeder merkte doch, dass dieser Junge eigentlich gar nichts mit dem Programm zu tun haben wollte. „Man gibt einen Anreiz mit kleinen Kerlchen, die noch jung genug sind, um zu einem Erwachsenen aufzuschauen", beschwerte ich mich, „und dann kriegt man so einen Halbstarken. Ich habe weder genug Zeit noch Energie oder die Fähigkeit, mich auf die Bedürfnisse von diesem Jungen einzulassen."

Die Gruppenleiterin erklärte mir, dass Joshs Vater gerade lebenslänglich ins Gefängnis gekommen sei. Seine Mutter musste die vier Kinder ganz allein erziehen; deshalb wollte sie unbedingt, dass Josh einen positiven männlichen Einfluss zu spüren bekommt. „Wir haben Josh als Ihren Partner ausgesucht", sagte die Vorsitzende, „weil wir dachten, dass gerade Sie am besten qualifiziert sind, sein Freund zu werden."

Jetzt meldete sich ein anderer Freiwilliger zu Wort. „Ken, es geht hier nicht um deine, sondern um Joshs Bedürfnisse." Er hatte sich freundlich geäußert, aber die Worte saßen. Ich hätte gern zurückgegiftet: „Warum übernimmst du ihn dann nicht?"

Ein paar Wochen später gab es eine Party in der Kirche, damit wir unsere Twixt-Partner kennen lernen konnten. Vom Fragebogen her hätte Josh ein Koloss von einem mürrischen Teenager mit gepiercter Nase sein müssen. Statt dessen wurde ich einem kleinen, schüchternen Jungen vorgestellt, der höchstens fünfzig Kilo wog. Ich mochte ihn auf Anhieb.

Josh redete nicht viel, auch dann nicht, als wir uns schon gut kannten. Ich stellte fest, dass er von der Kirche nichts hielt und nicht besonders gern von Gott sprach. Ich mochte Josh, weil er total ehrlich war. Er hatte viel Sinn für Humor und wollte aus tiefstem Herzen das Richtige tun. Im Lauf eines Jahres konnte ich von Josh genauso viel lernen wie er von mir. Es gab keine tiefen Gespräche und kein zu Herzen gehendes Bekehrungserlebnis – nur die Tatsache, dass ich diesen Jungen mit seinem großartigen Potential immer mehr lieben lernte.

Meine einzige Enttäuschung lag in der Wahrnehmung, dass die Beziehung nur in eine Richtung lief. Ich sagte ihm, wie wichtig es mir geworden war, mich um ihn zu kümmern. Ich erzählte von meinen Gefühlen, meiner Familie und von meinem ganzen Leben – er aber teilte nur wenig mit. Ich fragte mich, ob eine anscheinend so einseitige Beziehung Positives bewirken könne.

Eines Abends wollte ich gerade ins Bett gehen, als das Telefon klingelte. Es war Josh. „Kann ich mal zu dir kommen und mich an den Computer setzen?", fragte er. Er musste einen überfälligen Aufsatz schreiben, der am nächsten Tag abgegeben werden sollte. Weil Josh noch keinen Führerschein hatte, musste ich mich anziehen, eine Viertelstunde Fahrt zu ihm hin und wieder zurück auf mich nehmen, darauf warten, dass er den Aufsatz tippte, und ihn wieder nach Hause fahren. Es sollte eine lange Nacht werden.

Ich brachte Josh also zu mir nach Hause, zeigte ihm, wie der Computer funktionierte und ließ ihn den Aufsatz schreiben. Ich versprach ihm, sein Ergebnis Korrektur zu lesen. Etwa eine Stunde später rief Josh mich ins Arbeitszimmer, weil er Hilfe brauchte. Ich las die drei ersten Zeilen und brach in Tränen aus. Hier ist der Aufsatz:

Der Mensch, den ich bewundere

Der Mensch, den ich bewundere, ist mein Mentor Ken Davis. Ich habe Respekt vor ihm, weil er mir Sachen beibringt, die ich vorher nicht konnte. Er hilft mir, in der Schule besser zu werden, indem er mir für jede Zwei 20 Dollar gibt. (Josh wuchs schnell über die Dreien und Vieren hinaus und ließ meine Brieftasche schrumpfen.) Er nimmt mich an Orte mit, wo ich noch nie war. Er lässt mich in seinem eigenen Flugzeug fliegen. Er meint, dass ich mehr leisten kann, als ich selbst glaube, wenn ich nur meinen Verstand einsetze. Manchmal hilft Ken mir, einen Job zu bekommen. Er versucht immer, mir und meiner Familie zu helfen.

Ich kenne ihn schon seit zwei Jahren. Ich habe ihn durch ein kirchliches Programm kennen gelernt, bei dem ich erst nicht mitmachen wollte, aber meine Mutter machte Druck. Aber statt auf der Bewerbung die Wahrheit zu sagen, schrieb ich etwas von satanischer Musik, damit mich niemand als Mentor wollte. Als Ken meinen Zettel kriegte, wollte er erst nichts mit mir zu tun haben. Er wollte sich nicht mal mit mir treffen, also hätte mein Plan fast geklappt. Aber jetzt bin ich froh, dass er dabei geblieben ist.

Ich kann mir nicht vorstellen, dass ich ohne ihn so viel geschafft hätte wie bis jetzt. Wahrscheinlich wäre ich in der Schule schlecht und hätte auch sonst eine Menge Ärger. Er hat eine Frau, Diane, und zwei Töchter, Traci und Taryn. Er ist Redner von Beruf. Ich gehe vielleicht diesen Sommer mit auf eine Vortragsreise durch die Vereinigten Staaten.

Zum Schluss will ich sagen, dass ich ihn für alles respektiere, was er macht, und für alles, was er mir beigebracht hat.

Josh Blay
3. Quartal
14. 5. 1997

Ich bewundere Josh genauso. In vieler Hinsicht ist er in meinen Augen ein Held. Ich bin mir nicht sicher, ob ich genauso viel Charakter und Mut bewiesen hätte, wenn ich an seiner Stelle in so eine Situation geraten wäre. Ich habe viele Hoffnungen und Träume für Josh, darunter nicht gerade an letzter Stelle, dass er eines Tages klug genug wird, sich dem Gott anzuvertrauen, der ihn geschaffen hat. Ich bin für Joshs Freundschaft dankbar. Auf seine Weise hat er mir vermittelt, dass unsere Freundschaft nicht einseitig war. Letzten Endes bin ich also doch für einen Menschen zum Helden geworden – und er wurde mir zum Held.

Zum Nachdenken

Trauen Sie keinem Fragebogen. Hinter der Fassade von Rebellion findet sich oft ein Schatz, der nur darauf wartet, gehoben zu werden. Das muss jemand machen, der sich einsetzen will – Sie oder ich!.

Ich urteile anders als die Menschen. Ein Mensch sieht, was in die Augen fällt; ich aber sehe ins Herz.
1. Samuel 16,7

Zeichen der Zeit

Zeichen sind dazu da, unsere Aufmerksamkeit zu erregen. Sie warnen uns vor Gefahren oder werben für ein Produkt. Manche Zeichen aber trotzen der Verständigung. Die folgenden Schilder oder Aufkleber sind echte Fundstücke des Lebens:

Auf einer Chipstüte: „Werden Sie Gewinner! Ohne Kaufzwang. Informationen innen."

Auf der Verpackung eines Bügeleisens: „Kleidung nicht am Körper bügeln."

Auf einem koreanischen Küchenmesser: „Achtung! Aus Kindern fernhalten."

Auf einem Päckchen Nüsse der *American Airlines*: „Gebrauchsanweisung: Tüte öffnen, Nüsse essen."

Auf einer schwedischen Kettensäge: „Niemals versuchen, die Kettensäge mit bloßen Händen anzuhalten."

Während ich dieses Kapitel schreibe, sitze ich in einem Flugzeug in der Reihe am Notausstieg, Flughöhe 10.000 Meter. Vor mir steckt eine Karte mit Informationen für den Notfall. Darauf stehen fettgedruckt folgende Worte: „Wenn Sie in der Reihe am Notausstieg sitzen und können weder diese Karte lesen noch gut genug sehen, um den Anweisungen Folge zu leisten, dann teilen Sie es bitte der Flugbegleitung mit." Mir scheint, dass es unglaublich schwer sein wird, sich an die Anweisungen zu halten, wenn man nicht lesen kann oder mit der Schrift auf der Karte nicht zurecht kommt.

Kaum schlimmer als das große Plakat direkt am Ausgang zum Louisville Expo Center. Darauf wird verkündet: „Tattoos, während Sie warten." Entschuldigung, aber ist die Warterei nicht sowieso eine ziemlich unumgängliche Voraussetzung, wenn man ein Tattoo will? „Tattoos, während Sie unterwegs sind" kommen ja wohl kaum in Frage. Ich kann mir jedenfalls nicht vorstellen, beim Joggen tätowiert zu werden.

In Denver habe ich einen Juwelierladen gesehen, wo ein Plakat verspricht, dass donnerstags Ohren „um die Hälfte weniger" gepierct werden. Ach . . . nein danke!

Nicht weit von unserem Wohnort liegt die höchstgelegene befestigte Straße auf dem Festland der USA. Die *Trail Ridge Road* windet sich in 3713 m Höhe über den Gebirgspass. Mit dem Auto brauche ich zwei Stunden bis nach oben. Dafür kann man vom Gipfel fast 200 Kilometer in jede Richtung sehen. Ein übereifriger Mitarbeiter des Staates Colorado – ein wahrer Meister in Sachen Selbstverständlichkeit – hat auf dem Gipfel ein riesiges Schild aufgestellt. Und hier der volle Text des Schildes:

HÜGEL

Ungelogen! Daneben ist das Bild eines Hügels gemalt, falls man den Fehler begeht, die 25 Kilometer Abfahrt als große Bodenwelle wahrzunehmen.

Wo wir von Bodenwellen reden – wer ist dafür zuständig, wo Schilder aufgestellt werden? Meist muss ich mich erst vom Autodach abkratzen, um dann das Zeichen „Bodenwelle" zu erblicken. Ich vermute doch sehr, dass solche Schilder eigentlich als Warnung, weniger als Feststellung gedacht sein sollten. Was so ein Zeichen leistet, ist nichts anderes als der Rückschluss auf die Person, die es dort aufgestellt hat.

Als Kind sah ich einmal auf der Straße einen Mann mit Sandwichplakat, also so ein Ding, das über den Schultern befestigt ist und vorne und hinten ein Schild aufweist. Vorne standen in großen Buchstaben die Wörter: „DAS ENDE IST NAHE!"

„Welches Ende?", fragte ich. „Wie nahe?"

Bei der Antwort bekam ich eine Gänsehaut. Die Zeit reichte nicht mehr, auf Tattoos zu warten oder sich die Ohren halb wegpiercen zu lassen. Mir wurde mitgeteilt, dass der katastrophale Abgang der Erde praktisch hinter der nächsten Ecke lauerte. Nächtelang lag ich wach und fragte mich, ob ein entferntes Rumpeln und Pumpeln im Dunkeln schon der Anfang vom Ende war. Regelmäßig sah ich unter dem Bett nach, weil ich fürchtete, das Ende könne sich darunter verstecken.

Doch die Wochen vergingen, und ich erlebte immer wieder einen neuen Sonnenaufgang. Mit der Zeit schwand die Wirkung der Botschaft ins Bedeutungslose. Ich kehrte mit der falschen Annahme ins Leben zurück, hinter der sich die meisten Menschen verstecken: *Es gibt kein Ende.*

Niemand kann genau wissen, wann das Ende kommt, aber die Wahrheit steht in jeder Bedienungsanleitung für den Außenrückspiegel im Auto: „Im Spiegel sichtbare Objekte scheinen weiter entfernt als in Wirklichkeit." In der Bibel steht klar und deutlich, dass es ein Ende geben wird – und dass es näher ist, als wir meinen. Der Mann mit dem Sandwichplakat hat einen gesunden Respekt vor der Wahrheit.

John Ortberg hat seiner Großmutter folgende wertvolle Lektion zu verdanken: Die vornehme alte Dame war eine rücksichtslose Monopolyspielerin, scheinbar unschlagbar. Eines Tages aber gewann der junge Ortberg die Oberhand. Seiner Begeisterung wurde durch eine Bemerkung Einhalt geboten, die er nie vergessen hat. Als er noch schadenfroh den Sieg feierte und fröhlich Geld und Eigentum auf seine Seite schob, sagte seine Großmutter: „Denk daran, John: Wenn das Spiel vorbei ist, kommt alles wieder in die Kiste. Das

Geld, die Hotels, die Straßen – alles geht wieder in die Kiste."

Mein Pastor malte sich aus, wie sehr das auch für das wirkliche Leben zutrifft: „Ein Unternehmer mit Hotels und Häusern und einem riesigen Bankkonto verspürt nach dem morgendlichen Joggen ein Zucken in der Brust – und mit einem Herzschlag geht alles zurück in die Kiste.

Ein junger Mann nimmt das Lenkrad des neu gekauften Autos in die Hand. Lächelnd sitzt seine Freundin neben ihm. Ein Wagen aus der Gegenrichtung gerät über den Mittelstreifen – und alles kommt wieder in die Kiste. Wenn das Spiel vorbei ist, kommen auch wir zurück in die Kiste."

Überall finden sich Zeichen dafür, dass dieses Leben nicht ewig so weitergeht. Wenn Sie mit der Bibel nichts anfangen können, dann schauen Sie doch in den Spiegel. Brauchen Sie noch mehr Beweise, dann gehen Sie auf die Suche nach Menschen, die vor 200 Jahren geboren wurden. Oder machen Sie einen Spaziergang über einen Friedhof. Die Geschichte beweist eindeutig, dass dieses Spiel einmal aufhört. Auf den genauen Zeitpunkt können wir uns nicht festlegen, aber wir ahnen, dass das Ende näher ist, als es scheint. Dann spielt es keine Rolle mehr, welche Karriere wir gemacht, wie viele Hotels wir gesammelt oder welche Autos wir gefahren haben. Alles geht zurück in die Kiste. Noch nie hat der Leichenwagen kehrtgemacht.

Zum Nachdenken

Da ich meinem Ende inzwischen 50 Jahre näher bin, läuft es mir bei der Nachricht davon nicht mehr so eiskalt den Rücken hinunter. Fast tröstet mich der Gedanke. Er hilft mir, mich auf das zu konzentrieren, was mir am wichtigsten ist: mein Gott, meine Kinder und meine Frau. Es kommt mir immer mehr darauf an, etwas bei den Menschen zu bewirken, mit denen ich es zu tun habe. Es kommt mir immer mehr darauf an, Zeit für die Beziehung mit Jesus Christus zu haben.

Ich denke da auch an ein kleines Plakat, das damals in meiner Sonntagsschule an der Wand hing. Darauf stand: „Ein Leben nur, schnell ist es verfehlt. Was du für Christus getan, das alleine zählt." Gut, was?

Das Ende der Welt ist nahe. Bleibt besonnen und nüchtern, damit ihr beten könnt. Vor allem lasst nicht nach in der Liebe zueinander. Denn die Liebe macht viele Sünden wieder gut.
1. Petrusbrief 4,7–8

Ist Sex ein Schimpfwort?

Aufgeklärt hat mich mein Cousin. Als wir einmal die Straße entlanggingen, warfen wir Steine nach den Vögeln auf den Telefondrähten. Daraus dürfen Sie schließen, dass ich nicht im Zentrum einer Großstadt aufgewachsen bin.

Allmählich näherten wir uns einer Viehweide. Und dort, genau an der Straße, bestieg ein Bulle gerade eine Kuh. Wir wälzten uns vor Lachen auf dem Boden, bis ich dachte, dass mein Bauch platzt. Was war daran so witzig? Ich gebe zu, es war kein besonders ästhetischer

Anblick, aber auch nicht gerade eine Sternstunde der Komik.

Ich vermute, ich habe gelacht, um nicht zugeben zu müssen, dass ich mir unwissend und dumm vorkam. Da ich auf dem Land aufwuchs, hatte ich so etwas schon mal gesehen. Dabei war mir nie zum Lachen gewesen. Ich hatte zum Beispiel bei einigen Geburten von Kälbern geholfen. Diese Erlebnisse hatten tief in mir drin Fragen nach meiner eigenen Herkunft und auch nach meiner Sexualität aufgeworfen. Aber ob Sie es glauben oder nicht, bis zu diesem Tag mit meinem Cousin habe ich noch nie zwei und zwei (oder, wie in diesem Fall, eins und eins) zusammengezählt. Es war einfacher zu lachen, als meine Unwissenheit zu offenbaren und ausgelacht zu werden.

Nachdem der Bulle seinen Akt vollendet hatte und wir alle möglichen dummen Bemerkungen losgeworden waren, wandte sich mein Cousin mir zu und sagte: „Das hat dein Vater auch mit deiner Mutter gemacht, um dich zu bekommen."

Ich schlug ihm ins Gesicht, und er ging zu Boden. Ich hockte direkt über ihm und boxte ihn mit beiden Fäusten. „Sag nie wieder so was über meinen Vater und meine Mutter!", schrie ich. Er lachte mich aus. Und je mehr er darauf bestand, dass er Recht hatte, desto wütender wurde ich. Ich hatte Sex immer für etwas Rohes und Schmutziges gehalten. Das passte nicht zu meinen Eltern, und außerdem waren sie keine Kühe. Wie konnte er also sagen, sie würden so etwas machen?

Es dauerte natürlich nicht lange, bis ich feststellte, dass mein Cousin Recht hatte, gleichzeitig aber ziemlich daneben lag. Ihm waren die grundlegenden physiologischen Fakten bekannt, aber er hatte keine Ahnung von den geistlichen und emotionalen Aspekten der Sexualität. Ich habe seither mein ganzes Leben lang versucht, die verzerrte Sichtweise des Heranwachsenden zu entzerren.

Zum Thema Sexualität habe ich Teenagern Tausende von Worten gewidmet, aber ganz offensichtlich sind in unserem sexbesessenen Land gerade auch Erwachsene genauso fehlinformiert wie ihre Kinder. Sicherlich ist mein eigener Werdegang typisch. Ich wurde im Glauben erzogen, Sex sei etwas Schmutziges – nicht vereinbar mit dem Bereich des Göttlichen. Diese falsche Vorstellung hat der Sexualität einen Reiz und eine Macht verliehen, die weit über das hinausgeht, was Gott ihr zugedacht hatte. Sie wurde zur „verbotenen Frucht".

Wir fördern diese Vorstellung durch das, was wir unseren Kindern *nicht* über Sex mitteilen. Wenn wir nicht darüber reden, könnten wir den Schlüssel zur Sexualität unserer Kinder genauso gut Fremden überlassen. Ihre Freunde, die Medien und die Pornoproduzenten füllen die Lücken nur zu gern aus, und das Gedankengut, das dabei vermittelt wird, hat mit Gottes großartiger Vorstellung nicht annähernd etwas zu tun.

Was unser Schöpfer im Sinn hatte, war der wunderbare intime Ausdruck einer tiefen Liebe. Genau! Es gibt wirklich eine Freude, die mehr gibt als Sex – nämlich die tief empfundene Liebe von zwei Menschen, die sich einander bis zum Tod verbunden wissen. In jeder Fernseh-Talkshow würde ich bei so einer Aussage ausgelacht werden, aber wer darüber lacht, sehnt sich trotzdem nach der Sicherheit und den Freuden so einer Beziehung.

Solche Beziehungen erfordern Arbeit, Hingabe und Selbstbeherrschung. Angesichts dieser Mühen geben sich viele Menschen mit billigem Ersatz zufrieden. Ich sehe mir das Paar von gegenüber an, wie sie Händchen haltend auf der Veranda sitzen. Sie sind seit 70 Jahren verheiratet. Ihre Liebe wird in keinem Fernsehprogramm vorgeführt. Die Medien würden sich eher vom Leben eines Freundes von mir beeindrucken lassen, der drüben in der Stadt wohnt. Er hat eine Junggesellenbude vom Feinsten. Jede Woche ist es eine andere Frau, mit der er sich schmückt. Mit seinen 27 Jahren kann er nur in den ganz ehrlichen Augenblicken des Lebens zugeben, dass er tief unter seinem Macho-Gehabe sehr einsam ist.

Im Film *Harry und Sally* gibt es eine sehr witzige Szene, bei der das ganze Restaurant zuschaut, wie Meg Ryan einen Orgasmus vorstöhnt. Als sie mit ihrem kleinen Spiel fertig ist, ruft eine ältere Dame nach dem Kellner und flüstert ihm zu: „Ich nehme genau das, was sie bekommen hat." Vielen von uns geht es auch so. Wir sehen zu, wie andere andauernd ihre Sexualpartner wechseln, erkennen dabei nicht die Folgen und denken: „Ich will das auch."

Nein danke! Ich glaube, ich nehme das, was meine alten Freunde von gegenüber haben. Das muss gut sein. Es hat 70 Jahre gehalten.

Das Spannende an einer flüchtigen sexuellen Begegnung lässt sich nicht leugnen, aber bei aller Intensität geht es schnell vorüber. Eine intime Beziehung kann ein Leben lang gut tun. Hier gibt es auch den besten Sex. So hat Gott es gewollt.

Die gegenseitige Bindung in der Ehe muss hart erarbeitet werden. Wer sich aber auf die Arbeit am Aufbau einer vertrauensvollen Beziehung einlässt, darf erfahren, dass damit auch der Grund für sexuelle Intimität gelegt ist. Gott möchte, dass wir uns an seiner Schöpfung erfreuen. (Ja, ich rede immer noch von Sex.)

Das Hohelied Salomos mit allen seinen hocherotischen Bildern ist nicht zufällig in die Bibel geraten. Es gehört mit zum inspirierten Wort Gottes, und ohne

Verlegenheit wird hier die Schönheit der Sexualität gepriesen. Wie schade, dass wir so wenige Predigten über das Hohelied hören.

Zum Nachdenken

Offensichtlich ist Gott die Sache mit dem Sex nicht peinlich. Er ist nicht prüde und erwartet auch von uns keine Prüderie. Werfen Sie einen Blick auf seine Vorstellungen von Sex – da warten einige Überraschungen. Halten Sie sich an seine Maßstäbe, und Sie werden staunen, wie sich das auf Charakter und Glauben auswirkt.

Vermitteln Sie Ihren Kindern, dass Sex zur Schöpfung Gottes gehört. Machen Sie ihnen klar, dass die größten sexuellen Freuden sich nicht einstellen, wenn man jedem hormonellen Schub nachgibt. Vielmehr gehört die Sexualität auf den Ehrenplatz, der ihr gebührt.

Ganz einfach!

Ich weiß noch, wie mein Freund in Kalifornien mich fragte, ob ich zum Surfen mitkommen wollte. „Ich weiß nicht, wie das geht", erwiderte ich.

„Ach, ganz einfach!", lachte er. „Binde dir einfach dieses Surfbrett an die Füße, paddle nach draußen, warte auf das große Ding und reite darauf!"

Wie sollte ich da widersprechen? Also band ich mir ein Gummiband an den Knöchel. Das ist dafür gut, dass man im Fall eines Sturzes in den Brecher nicht an den

Strand zurück muss, um das Surfbrett zu holen. Es bleibt da, wo man ist, und schlägt einen windelweich.

Die nächste Anweisung hieß: aufs Meer paddeln und auf das große Ding warten. Natürlich hatte ich keine Ahnung, was mit „das große Ding" gemeint war. Ich musste beim Blick auf die schäumende Gischt bloß immer wieder an die hämmernde Filmmusik zu *Der weiße Hai* denken. Wenn das große Ding so ein Riesenraubtier mit Rasierklingen statt Zähnen war, dann sollte es doch alleine reiten. Ich fing an, das Gummiband aufzuknoten.

Mein sonnengebräunter, muskelbepackter Freund teilte mir zahnpastalächelnd und überzeugend mit, dass es hier keine Haie gebe. Wir beide paddelten ins Tiefe und warteten auf das große Ding. Ein paar hübsche Wogen machten sich tatsächlich über unsere Surfbretter her und hoben uns gen Himmel. „Nicht schlecht", dachte ich. „Damit kann ich umgehen."

Plötzlich zog uns ein starker Sog ins offene Meer hinaus. Gerade rechtzeitig drehte ich mich um und sah einen riesigen Wolkenkratzer aus Wasser, der sich über uns erhob. Genau solche Wellen, wie man sie von hawaiianischen Fernsehserien her kennt: Wie Schlagsahne tropfte Schaum von der Krone, und der schwebende Kamm drohte abzubrechen. Das also war das große Ding!

Ich bin nicht darauf geritten. Die Welle ritt mich. Ich wurde umhergewirbelt, kam 10 Meter unter Wasser und betete um ein kleines Wunder, zum Beispiel um Luft. Irgendwie geriet ich an die Oberfläche, wurde aber gleich wieder von einem donnernden Brecher versenkt. Dabei musste ich noch einem 10 Kilo schweren Surfbrett ausweichen, das mit einem Gummiband an meinem Körper befestigt war.

Ich zog um nach Minnesota und kaufte ein Haus am See. Nix mit Surfen.

Gerade mal ein paar Tage in neuer Umgebung, und schon luden uns Freunde zum Wasserski ein. „Ich weiß nicht, wie das geht", sagte ich.

„Ach, ganz einfach", erwiderte mein Freund. „Stell dich einfach am Strand auf, halt dich an diesem Stock fest und los geht's!"

Warum hat er mir nicht gesagt, dass erst mal das Seil gestrafft werden muss?

Das Boot ging ab wie die Post, als sich noch das letzte lockere Stück Seil zu meinen Füßen straffte. Ich stand noch am Ufer, hatte aber das Gefühl, als ob mir die Arme aus der Fassung gerissen wurden und hinter dem Boot her baumelten. Ich schaffte es endlich, auf den Skiern zu stehen, aber einfach war es nicht. Warum hatte mein Freund mir nicht gesagt: „Lass das Seil los, wenn du umkippst"?

Ich fiel und hielt fest, als ginge es ums liebe Leben. Der halbe See wurde mit mir durchgepflügt. Wahrscheinlich hatten die Fische in ihrem ganzen Leben noch nicht so einen großen Köder gesehen. Gott sei Dank ging die Skifahrt nicht durch das Reich des weißen Hais.

Plötzlich wurde mir die Badehose vom Leib gerissen. Ich ließ den Griff los und langte nach der Hose. Zu spät! Jetzt musste ich um zweierlei beten, um Luft und die Hose. Als ich wieder auftauchte und nach Luft schnappte, sah ich etwas, das mir einen Schreck einjagte. Das Boot mit meinen ganzen Freunden kam zurück und wollte mich aufsammeln. Ich wollte nicht ins Boot, denn ich war nackt. Sogar die Fische hatten sich zur Besichtigung gruppiert. Ich konnte sie fast schon hören: „Ihhhh! Wie eklig! Holt ihn raus!"

Ich winkte in meiner Panik das Boot weg und sagte, dass ich lieber an den Strand schwimmen wollte. Erschöpft kam ich an, stellte aber fest, dass ich trotzdem ein Problem hatte: Ich war immer noch ohne Badehose. Ich schnappte mir ein paar Wasserpflanzen, Stöcke und Blätter und rannte zum Bootshaus. Die kleinen Kinder riefen: „Mama, Mama, da ist Adam!"

Also zog ich um nach Colorado. Kaum war eine Woche vergangen, sagte schon jemand: „Auf zum Skifahren!"

„Ich weiß nicht, wie das geht", sagte ich.

Er darauf: „Ganz einfach."

Darauf ich: „Was du nicht sagst."

Es reichte mir allmählich – von wegen *einfach*. Nichts, was sich wirklich lohnt, ist einfach. Diane und ich haben neulich unseren 30. Hochzeitstag gefeiert – jede einzelne Minute unserer Ehe hat sich gelohnt. Einfach war es trotzdem nicht. Wir haben zwei Töchter großgezogen, aus denen verantwortungsvolle und nette Frauen geworden sind. Das hat sich gelohnt! Aber es war nicht einfach.

Auch Jesus nachzufolgen war nicht immer einfach, aber ich würde keine Sekunde mit ihm gegen ein leichteres Leben ohne ihn tauschen. Wenn wir uns auf die Lüge einlassen, wie „einfach" alles ist, dann sind ein schlechtes Gewissen und Enttäuschung nicht das einzige, was uns blüht. Wenn es mit dem Ski fahren nicht klappt, fühlt man sich vielleicht ungeeignet und gibt auf. Wenn die Ehe nicht ganz so einfach wird, hält man sich vielleicht für einen Versager. Da meint man, das Richtige zu tun, wenn man das Handtuch wirft.

Ach, nur nicht aufgeben! Jede wichtige Unternehmung im Leben ist mit Hindernissen gespickt. Keiner lebendigen Beziehung bleiben Täler des Zweifels erspart. Die Freiheiten, die wir in unserer Gesellschaft genießen, wurden mit dem Blut und Schweiß von Millionen Männern und Frauen erkauft. Das Wort *einfach* passt hier einfach nicht.

Fragen Sie die Männer, die Jesus nachfolgten, ob es einfach gewesen ist. Sie haben mit dem Leben für ihre Hingabe bezahlt. Der Preis für unsere Rettung war nicht leicht zu bezahlen – selbst für den Sohn Gottes nicht.

Haben Sie mit Kämpfen, Versuchungen und Schwierigkeiten zu tun? Nur Mut. Sie sind in guter Gesellschaft. Die Schwierigkeiten sind nicht etwa ein Zeichen dafür, dass Sie etwas verkehrt machen, sondern dafür, dass Sie lebendig sind. Sollte Ihnen jemand versprechen, auf die leichte Tour Reichtum, Gesundheit oder Aufstieg zu erlangen – dann lassen Sie ihn stehen. Nur tot sein ist einfach.

Zum Nachdenken

Vor ein paar Tagen habe ich um Mitternacht ein wenig gesurft – diesmal mit der Fernbedienung. Eine Weile hielt ich mich bei einem Sender auf, wo ein junger Mann in einem schönen Cabrio saß, das auf dem Dock neben seiner Jacht geparkt war. Er hatte ein Bündel Geldscheine in der Hand und ließ die Kamera auf seine luxuriöse Sommerresidenz schwenken.

„In der nächsten halben Stunde", log er, „bringe ich Ihnen bei, wie Sie genauso schnell Millionär werden können wie ich. Ganz einfach."

„Halt die Klappe", sagte ich laut und verbannte ihn mit einem Knopfdruck auf der Fernbedienung aus dem Wohnzimmer. Na, wenigstens das ist einfach.

Dies alles habe ich euch gesagt, damit ihr in meinem Frieden geborgen seid; denn in der Welt wird man euch hart zusetzen. Verliert nicht den Mut: Ich habe die Welt besiegt!
Johannes 16,33

Ende gut, alles gut

Eigentlich war es eine gute Idee, meiner Frau beizubringen, wie man Golf spielt. Ich habe ihr sogar großzügig erlaubt, nach Fehlschlägen da weiterzumachen, wo mein Ball gelandet war. Aber diese Golfstunden für sie stellten sich als größter Fehler meines Lebens heraus. Inzwischen besiegt Diane mich jedes Mal. Ihre Schläge reichen nur ungefähr 180 Meter weit, aber jeder Schlag geht direkt auf das Ziel zu. Ich schaffe etwa 230 Meter, aber der Ball landet in Regionen, die kein Mensch je erforscht hat. Während ich mit Alligatoren ringe oder den Rosengarten eines ungnädigen Hausbesitzers um meinen Ball herum pflüge, schlägt Diane wieder einmal 100 Meter weiter genau die Ziellinie entlang.

Ich schlage den Ball krachend laut, was meist auch von lauten Grunzgeräuschen und fieberhaftem Armwedeln begleitet wird, um auf den Füßen zu bleiben. Dann brülle ich „Achtung!", damit die unschuldigen Zuschauer *ihrerseits* den Boden unter den Füßen behalten. „Achtung!", ist ein Warnruf, wenn man den Ball so weit daneben schlägt, dass er die anderen verletzen könnte. Ich rufe sehr oft „Achtung!" Diane meint, dass ich eines Tages jemanden umbringen werde. Sie könnte Recht haben.

Ich schaue mir gern Golfturniere im Fernsehen an. Wenn sich bei meinen Spielversuchen auch solche Menschenmengen am Fairway aufstellen würden, dann würde so mancher sterben. Die Fans würden sich schnell vom Acker machen, wenn sie mich zum Abschlag gehen sehen. Wenn Diane sich den Fairway entlang bewegt, hört man kein angestrengtes Grunzen – nur eine Art Sausen, worauf der Ball pfeilgerade seine Bahn zieht.

Vor nicht allzu langer Zeit stand ich an einem breiten, wunderschönen Fairway. Ich dachte so bei mir: „Da geht nichts daneben!" Die einzige Gefahrenstelle war ein winziger Teich etwa 50 Meter direkt links von mir. Ich ging die ganze Prozedur kleiner Manöver durch, die ich mir von den Profis abgeguckt hatte: Mit dem Hintern wackeln. Mit den Zehen wackeln. Mit dem Schläger wackeln. Die Hose hochziehen. Die Mütze berühren.

Ich nahm gewaltig Schwung. Der Ball kam an die Ferse des Schlägers und jagte rechtwinklig zur eigentlichen Bahn ins Feld. Mit einem widerlichen *Platsch* versank er im Teichlein.

Ich hatte gleich mehreren physikalischen Gesetzen zuwider gehandelt. Der Teich lag fast hinter mir. Der nächste Ball, die gleiche Prozedur, und Abschlag. Schon wieder geriet der Ball an die Ecke des Schlägers und schoss nach nebenan in den kleinen Teich. Mit verstohlenem Murmeln (natürlich geistliche Anmerkungen) legte ich den dritten Ball bereit. Das durfte nicht noch mal passieren. Blöd war ich ja nicht.

Wenn der Ball unbedingt nach links abweichen wollte, von mir aus! Ich stellte einfach meine Strategie darauf ab. Klar, wenn ich auf die hübschen Häuser weiter rechts ziele, dann macht der Ball seine übliche Linkskurve und fällt irgendwo auf den Fairway. Ich legte ihn zurecht und schlug mit aller Macht zu. Der Ball kam wieder an die gleiche Ecke am Schläger, prallte an meinem Absatz ab und plumpste wieder in den doofen kleinen Teich.

Diane kam herbei und flüsterte mir freundlich zu: „Vielleicht nimmst du lieber einen alten Ball."

„Ich habe keinen alten Ball", giftete ich zurück. „Ich hab meine Bälle nie lang genug, dass sie alt werden können."

„Komm doch einfach nach vorn, wo mein Ball ist,

nimm dir einen neuen und fang von da aus an", schlug sie vor. Sie hatte keine Ahnung, wie demütigend das für mich war. Lieber hätte ich noch drei Treffer im Teich gelandet. Sie spielt so beständig und methodisch; ich dagegen machomäßig und wild.

Meine Übungsschwünge sind perfekt. Ganz entspannt und ohne Anstrengung. „Entspann dich", sage ich mir, wenn ich den Schläger an den Ball halte. „Ganz locker", denke ich, wenn ich den Schläger zurückschwinge. „Schön ungezwungen, wie Diane", denke ich noch, wenn der Schläger oben steht. Ich warte, bevor ich den Schläger locker an den Ball bringe.

„MACH IHN FERTIG!"

Wenn der Schläger runtersaust, fängt irgendein Dämon in mir an zu toben. Jeder Muskel verspannt sich, meine Augen treten aus den Höhlen, ein Grunzlaut entringt sich meiner Kehle, und der Ball segelt auf einen unschuldigen Spieler auf dem Nachbargolfplatz zu.

Dianes Golfspiel ist wie ihr Leben: ruhig, konsequent, beständig. Jeden Morgen steht sie um 7 Uhr auf und macht einen Spaziergang. Spazieren? Wer kann sich mit so was in Form bringen? Ich bin ein Läufer. Einmal im Monat oder so stehe ich früh auf und laufe – etwa 10 Kilometer, und danach brauche ich 6 Wochen zur Erholung.

Wissen Sie was? Ich glaube, Gott kommt es nicht so sehr auf die Macho-Typen an. Ich glaube, dass er sich die beständigen Menschen aussucht. Die Welt hat genug Schnellstarter, Schwungkünstler und Schlappschläger gesehen. Es sind Menschen wie meine wunderbare Frau, die letzten Endes gewinnen. Während ich in den Tiefen des Waldes meine gewaltigen Schwünge fabriziere, spielt sie sich ruhig dem Ziel entgegen. Während ich einmal im Monat 10 Kilometer laufe, legt sie die Strecke im

Spaziergang täglich zurück. Gott kommt es nicht darauf an, wie schnell man sprintet oder wie gewaltig man schlägt – er möchte Menschen, die bis ans Ziel durchhalten und dann auch treffen.

Zum Nachdenken

Wenn Sie den Ball nicht so weit schlagen können wie der Spieler vor Ihnen, dann lassen Sie nicht den Mut sinken. Wenn der andere Läufer an Ihnen vorbeirennt, bevor Sie die erste Kurve geschafft haben, dann geben Sie nicht auf. Der Sieg geht nicht an den, der einen Blitzstart vorlegt. Der Sieg geht an den, der den Lauf beendet.

Dabei wollen wir Jesus nicht aus den Augen lassen. Er ist uns auf dem Weg des Vertrauens vorausgegangen und bringt uns auch ans Ziel. Er hat das Kreuz auf sich genommen und sich nichts aus diesem schändlichen Tod gemacht, weil eine so große Freude auf ihn wartete. Jetzt hat er seinen Platz auf dem Thron an der rechten Seite Gottes eingenommen. Denkt daran, was er ertragen musste und wie er die ganze Feindschaft der sündigen Menschen auf sich genommen hat. Das wird euch helfen, mutig zu bleiben und nicht aufzugeben.
Hebräerbrief 12,2–3

Lebendig und zum Schreien sauber

Für Traci und Taryn waren unsere Campingausflüge in der Wildnis ein wichtiger Beitrag zum Erwachsenwerden. Wir unternahmen lange Reisen, auf denen sie viel lernten und sich schöne Erinnerungen schufen.

Von Campingplätzen mit fließendem Wasser, Gemeinschaftsbädern und Läden haben wir uns fern gehalten. Wir gingen tief in die Natur, meilenweit von Straßen oder sonstigen Zivilisationsmerkmalen entfernt. Den Campingladen trugen wir auf dem Rücken. Die Mädchen hatten kleine Rucksäcke, Diane und ich aber trugen große, überladene Gepäckstücke, in die wir genug Kram für die Grundversorgung eines kleineren Landes gesteckt hatten.

Wir versuchten immer, unser Zelt an einem kristallklaren Fluss aufzuschlagen, um Trinkwasser zu haben. Das Waschen dauerte Stunden: ein paar Sekunden für die eigentliche Reinigung, davor aber musste man stundenlang Mut fassen, um mit dem eiskalten Waschlappen die Haut zu berühren. Diese Prozedur löste einen Ritualtanz aus, der die Tiere im Wald fasziniert haben muss.

Das Schwerste aber drohte danach: das Abspülen. Abspülen bedeutete, dass eiskaltes Flusswasser aus einem Topf über meinen Körper gegossen wurde, bis der ganze biologisch abbaubare Seifenschaum weg war. Dieser Akt hätte sogar einen Erzbischof zum Tanzen gebracht. Es war so schlimm, dass alle außer mir darauf verzichteten. Sie liefen lieber mit einer dicken Schicht Bioseife auf dem Leib herum. Wir wussten immer, wann jemand sich abspülte, denn dann gab es markerschütternde Schreie. Ich schrie niemals, holte aber so tief Luft,

146

dass die Atmosphäre im Gebirge tagelang unter Sauer-
stoffmangel litt.

Die Mädchen in unserer Familie (also alle außer mir)
verabscheuten diese Gebirgsbäder – teilweise deshalb,
weil sie nicht auf Nahtod-Erfahrungen standen, vor
allem aber wegen ihrer Prüderie. „Hirsch und Elch sind
nicht wie die Menschen", predigte ich. „Ihnen ist das
egal. Und wenn ein Eichhörnchen mal einen Blick auf
eure Gänsehaut wirft, wenn ihr am Flussrand rumzap-
pelt – na und? Wem soll es das verraten?"

„Vielleicht ist es genau das, worüber sie die ganze Zeit
keckern", mischte sich Diane ein.

Ich habe lange genug mit drei Frauen zusammenge-
lebt, um zu wissen, dass ich ihnen nicht mit logischen
Argumenten kommen darf. Jede Hoffnung, sie zu überzeugen, war ein paar Tage später zunichte. Die Mädchen
wollten erst dann baden, wenn ich ein Gebiet von der
Größe des Staates Texas absicherte und mit der Waffe in
der Hand aufpasste. Ich führte das Argument an, dass
wir bei allen unseren Campingurlauben absolut für uns
gewesen seien. Niemals waren Freunde oder Verwandte
beim Baden im Fluss vorbeigekommen, um Hallo zu
sagen.

Schließlich gab ich es auf. Erschöpft nach unserer
Tageswanderung und diskussionsmüde, ging ich ein paar
hundert Meter von den Zelten weg, um mich selbst zu
waschen. Ich kannte einen Platz, wo ein wunderschöner
Fluss genau an einer Gebirgswiese vorbeifloss. Der
Anblick war atemberaubend. Hier in 3.000 Meter Höhe
senkte sich die sonnenüberflutete Wiese zum Fluss und
weiter talwärts, wo sie in ein blaugrünes Panorama einging. Ich konnte mehr als 100 Kilometer weit sehen. Am
Wiesenrand entlang führte ein Wildpfad und ent-
schwand im Wald vor mir.

Ich wusch mich inmitten dieser Pracht und fasste allen Mut zum Abspülen. Außer Shampoo und Seife hatte ich nichts am Leib und stand knöcheltief im Fluss. Jetzt schloss ich meine Augen und goss eine große Schüssel eiskaltes Wasser über den Körper. Ich juchzte vor Freude, schöpfte noch eine Schüssel Wasser – und hörte unmissverständlich ein Pferd schnauben.

Ich riss die Augen auf. 10 Pferde waren aus dem Wald aufgetaucht und schritten auf dem wenige Meter entfernten Pfad an mir vorbei. Leider handelte es sich nicht um Wildpferde, sondern um Reitpferde. Mit Reitern, wohlgemerkt. Weglaufen konnte ich nicht; barfuß verträgt sich das nicht mit scharfkantigen Steinen und Stöcken. Verstecken ging auch nicht; das Wasser war zu flach. Ich konnte nur noch dümmlich zugucken, wie die Reiter talwärts schauten und so taten, als könnten sie nichts Ungewöhnliches ausmachen.

Ich wusste es besser. Sie waren nahe genug, so dass ich sah, wie die Schultern vor Lachen zuckten. Außerdem stand den Pferden die Angst in die Augen geschrieben. Als sie auf der gegenüberliegenden Seite der Wiese im Wald entschwanden, drehte sich der letzte Reiter um und winkte. Ich konnte nicht zurückwinken. Ich brauchte beide Hände, um meinen Waschlappen an strategisch wichtiger Stelle festzuhalten. Jetzt konnte ich nur noch beten, dass ich keinem dieser Leute später noch mal begegnete.

Dann machte ich den Fehler, meiner Familie alles zu erzählen. Von da an wuschen sich die Mädchen und Diane nur noch in voller Bekleidung.

Von Pferden, Reitern und dem ganzen Spaß einmal abgesehen, empfinde ich in kaum einer Situation im Leben so große Freude wie dann, wenn ich sauber und frisch in der unverdorbenen Schönheit von Gottes

Schöpfung stehe. Ich glaube, dieses Gefühl lässt sich aus einigen Gründen nachvollziehen.

Erstens fühlt es sich so gut an, sauber zu sein, sich vom Schweiß und Schmutz des Tages befreit zu wissen.

Zweitens ist es so ein tolles Gefühl, lebendig zu sein. Glauben Sie mir: Wenn Sie nicht mehr genau wissen, ob Sie überhaupt noch leben, wird ein kurzer Tauchgang im eiskalten Gletscherwasser jeden Zweifel beseitigen. Ihre weit vernehmbaren Schreie aus dem Gebirge werden auch jedes andere Lebewesen davon überzeugen.

Drittens weckt es echte Begeisterung, wenn man inmitten so vieler Beweise spürt, dass Gott lebt. Man erfährt eine Macht und unverdorbene Unschuld in der freien Natur, die Ehrfurcht gebietet. Wenn ich mich da aufhalte, wächst die Überzeugung, dass der Schöpfer uns ein Leben zugedacht hat, das genauso makellos und großartig ist. Gott wusste, was er tat, als er Gebirgsflüsse schuf. Sein Sohn sprach vom „lebendigen Wasser", als er uns seine Vergebung anbot.

Vielleicht haben Sie keine Möglichkeit, Wasser zu schmecken, das in 3.000 Meter Höhe entspringt. Vielleicht stehen Sie niemals absolut frisch und sauber in reinen, eiskalten Flüssen, wenn jeder Nerv vor Lebendigkeit vibriert und Sie beten müssen, dass niemand vorbeireitet. Vielleicht werden Sie nie sehen, wie majestätisch die Schöpfung vom Gipfel der Gebirge wirkt.

Trotzdem können Sie diese Erfahrungen in viel größerem Maßstab machen. Wenn Sie aus der Vergebung trinken, die Gott uns bietet, dann erfahren Sie die Frische absoluter Sauberkeit. Das schafft kein Gebirgsbach. Wenn Sie die Entdeckung machen, was Hoffnung und Sinn im Leben bewirken, dann wird jeder einzelne Nerv in Ihrem Körper lebendig. Kein Erlebnis kann so spannend sein wie die Erfahrung, dass unser Leben einen Sinn hat. Wenn Ihre Augen für diese Wunder offen sind, die Gott im menschlichen Herzen geschehen lässt, dann verspüren Sie Freude, weil er lebt.

Zum Nachdenken

Tauchen Sie ein und lassen sich reinwaschen. Trinken Sie sich satt und werden lebendig.

Das Lamm in der Mitte des Thrones wird ihr Hirt sein und sie an die Quellen führen, deren Wasser Leben spendet. Und Gott wird alle ihre Tränen abwischen. Offenbarung 7,17

Nicht aufgeben

„Eltern sein ist nicht schwer." Das verkündete ein wohlbekannter Autor einigen Tausend Müttern von Vorschulkindern. Ich hörte ihm zu, wie er die „Drei einfachen Schritte" zur erfolgreichen Elternschaft darlegte. Zu jedem Schritt gehörte eine beispielhafte Geschichte aus seinem eigenen Leben, mit der er ausführte, wie er als erfolgreicher Vater das Verkündete selbst anwandte.

Öffentlich reden zu dürfen ist ein Privileg. Hand in Hand damit geht die Verpflichtung zur Ehrlichkeit. Unser Redner hat zwar nicht bewusst gelogen – aber gelogen hat er trotzdem. Er unterstellte, dass diese Mütter durch Anwendung der „Einfachen Schritte" problemlos durch das sumpfige Gelände der Erziehung gelangen könnten.

Na ja.

Wenn Eltern mit ihren Problemen von solchen Methoden hören oder lesen, betrachten sie sich als Versager. An jenem Tag habe ich die müden, aber hoffnungsvollen Gesichter beobachtet und fragte mich, wie viele davon am Ende nur noch mutloser sein würden. Wer mochte wohl zu der Tatsache zurückfinden, dass es keine einfachen Maßnahmen zur Erziehung gibt? Ich hätte gern gewusst, ob sich nicht manche als schlechte Mütter gebrandmarkt fühlen würden, weil das Erziehen ihnen nicht so leicht fiel wie dem perfekten Vater auf der Bühne. Genauso betrogen fühlen sich viele Teilnehmer an Eheseminaren und „Jüngerschaftsschulen".

Bei der Elternschaft geht es um Beziehungen, und nichts an der Kunst der Beziehungen ist einfach. Beziehungen erfordern beständige Arbeit; dass man daran versagt, gehört zur Natur der Sache. Kinder ändern sich zum Beispiel seelisch und körperlich andauernd. Ganz schön schwierig, damit Schritt zu halten. Heute brauchen sie eine frische Windel, morgen wollen sie den Autoschlüssel. An einem Tag sind sie von uns abhängig, am nächsten Tag sind ihnen die Eltern peinlich. Kinder können uns sogar kurze Einblicke in die Hölle vermitteln, wenn sie ins gefährliche Fahrwasser der Pubertät geraten.

Nein, es ist nicht einfach, gute Eltern zu sein. Eigentlich ist es manchmal unmöglich. Warum sich etwas vormachen?

Ich war total schockiert, als ein Paar, das für mich die perfekte Ehe verkörperte, plötzlich in einen erbitterten Scheidungskrieg geriet. Sie schienen keine Probleme gehabt zu haben – was sich hinterher als das eigentliche Problem erwies. Probleme gab es allerdings reichlich. Statt sich damit zu befassen, entschlossen sie sich, nach außen hin Perfektion vorzuspielen. Sie ignorierten die Fakten so lange, bis die Masken sich unmöglich länger halten konnten. Die Ehe ging daran kaputt, dass die beiden sich nicht mit den echten Themen des Lebens auseinandersetzen wollten.

Nach einem Vortrag von mir in Orlando kamen zwei alte Freunde auf mich zu. Doug und Donna hatten mit mir vor 25 Jahren eine Sonntagsschulklasse geleitet. Beim Austauschen von Erinnerungen kamen viele schöne Erlebnisse zur Sprache – und auch die Ehestreitigkeiten, die die beiden damals hatten. Sie hatten Kämpfe ausgefochten, die ihren Bekannten nicht verborgen bleiben konnten. Auch bei den Besprechungen stritten sie sich und offenbarten ihre Eheprobleme.

Jetzt, Jahre später, schaute mir Doug in die Augen und sagte: „Weißt du noch, wie schlecht es mit unserer Ehe stand? Wir haben ein paar Mal im Jahr gedacht, jetzt sei Schluss. Aber Gott hat geholfen, unsere Beziehung zu heilen. Perfekt ist es noch nicht, aber besser als je zuvor." Er legte seinen Arm um Donna und strahlte: „Wir schaffen das schon."

Ich wäre vor Freude gern an die Decke gesprungen. Da sagt mal jemand die Wahrheit! Endlich ein ehrliches Wort, das ich glauben konnte, mit dem man Paaren in der Krise einen Hoffnungsschimmer liefern kann. Richtig erfrischend, mal echte Menschen zu hören, die mit einem realen Gott etwas erlebt hatten.

Berühmte Autoren und Vortragskünstler – sogar verdrehte Typen wie ich – können ab und zu einen guten Rat geben. Bei aller Berühmtheit aber sollten Sie einen großen Bogen machen, wenn die Worte „Drei einfache Schritte" ertönen. Blättern Sie ruhig weiter, oder nehmen Sie wenigstens einen Stift und streichen das Wort „einfach" weg.

Wenn Sie wieder einmal das Gefühl haben sollten, angesichts so großer Weisheit und Vollkommenheit von Experten ein Versager zu sein, dann bleiben Sie erst mal ruhig. Schreiben Sie jedes einzelne Problem auf, das Sie haben, und bringen Sie es dem Guru mit. Wenn der Guru ehrlich ist, wird er zugeben, dass er manche von den Problemen selbst hat und es nicht schafft, damit fertig zu werden.

Ich lerne nicht besonders viel von Leuten, die immer und überall klarkommen, denn niemand kommt andauernd klar. Am besten kann ich von denen lernen, die zugeben, dass mit ihnen nicht alles stimmt, die den Mut haben, sich den Lebensbereichen zu stellen, in denen es nicht stimmt, und die daran arbeiten, dass sich ihre Verhältnisse ordnen. Ehrliche Menschen haben niemals die Absicht, ihre Zuhörer mit dem Gefühl stehen zu lassen: „Wenn ich doch nur so wäre wie der da!" Ehrliche Menschen möchten in ihren Zuhörern eine Hoffnung entzünden: „Wenn Gott dem da helfen kann – einem echten Menschen mit seinen Macken –, dann kann er mir bestimmt auch helfen."

Zum Nachdenken

Im Sinne unseres Themas also drei ganz einfache ... Streichen! Wie wäre es mit ein paar Vorschlägen von einem, der sich genauso abstrampelt wie Sie?

Nur nicht aufgeben. Sie sind nicht der Einzige mit diesen Problemen und Versuchungen. Ein Millionenheer hat Tag für Tag damit zu tun und vertraut Gott, dass es morgen schon etwas besser wird. Vielleicht haben Sie nicht genug Kraft, allein damit fertig zu werden, aber das muss ja gar nicht sein. Der Schöpfer des Universums möchte sich mit seiner übernatürlichen Kraft zu uns gesellen, und dadurch wird alles anders.

Die Proben, auf die euer Glaube bisher gestellt worden ist, sind über das gewöhnliche Maß noch nicht hinausgegangen. Aber Gott hält sein Versprechen und lässt nicht zu, dass die Prüfung über eure Kraft geht. Wenn er euch auf die Probe stellen lässt, sorgt er auch dafür, dass ihr bestehen könnt.
1. Korintherbrief 10,13

Nicht aufgeben. Ein Unglück kommt selten allein. Wenn wir gemerkt haben, dass alle Welt mit den gleichen Problemen zu tun hat, dann könnten wir versucht sein, einfach aufzugeben und mit dem Status Quo zufrieden zu sein. In jeder Situation haben wir zwei Möglichkeiten: zur Verbesserung der Situation beizutragen oder zuzusehen, wie alles immer schlimmer wird. Wer gar nichts tut, hat sich für die Verschlimmerung der Situation entschieden.

Was folgt daraus für uns? Sollen wir ruhig weitersündigen, damit die Liebe Gottes sich um so mächtiger erweisen kann? Nein, ganz gewiss nicht! Für die Sünde sind wir tot. Wie können wir dann weiter unter ihrer Herrschaft leben?
Römerbrief 6,1–2

Versuchen Sie es nicht allein. Ihre Mitmenschen haben die gleichen Probleme. Suchen Sie sich Freunde, die auch zu besseren Eltern, Ehepartnern und Christen werden wollen. Arbeiten Sie gemeinsam daran, dass es morgen besser wird als heute.

Macht euch also gegenseitig Mut! Einer soll dem andern weiterhelfen, wie ihr es ja schon tut.
1. Thessalonicherbrief 5,11

Teil 2

Leichter leben

Wie glücklich ist das Volk,
das dich mit Jubelrufen begrüßt!
Es lebt in deiner segensreichen Nähe.

Psalm 89,15

Airbags und Sicherheitsgurte – die Welt hat sich verändert

Der Tag konnte anfangen. Ich öffnete den Gurt, kniete mich auf den Vordersitz, beugte mich nach hinten und fing an, in dem großen Müllhaufen zu kramen, der sich auf dem Autoboden breit gemacht hatte.

Wie wild suchte ich nach meinem Tagesplaner, den ich meist lieber nach hinten werfe, statt ihn mit ins Haus zu schleppen. Ohne dieses Buch war das schiere Chaos unausweichlich. Ich hatte keine Ahnung, wohin es gehen sollte oder wen ich anrufen konnte, um das zu erfahren. Ich wusste nicht, welche Aufgaben anstanden – die Liste stand im Buch. Alles stand im Buch. Ohne Buch hätte meine ganze Existenz in Zweifel gezogen werden können.

Ich war vollständig damit beschäftigt, in den Hinterlassenschaften auf dem Boden zu wühlen. Halb aufgegessene Pizzas, Schachteln vom Imbiss und klebrige Colabecher flogen in alle Richtungen. Wussten Sie, dass ein Auto ohne Kenntnis oder Erlaubnis des Besitzers mit zunehmender Geschwindigkeit die Straße hinunter fahren kann, während man den Autoteppich absucht? Ich auch nicht.

Aus Versehen hatte ich die Handbremse nicht angezogen. Mein Kopf war mit dem Rücksitz beschäftigt, und mein verlängerter Rücken ragte in Kopfhöhe nach oben. Dieser Bereich meiner Anatomie ist sehbehindert, wie ich anmerken sollte.

Da, der Planer! Immer noch mit dem Blick nach hinten erhob ich mich und grinste siegreich. Dann bemerkte ich aus den Augenwinkeln, wie sich scheinbar verschiedenste Objekte langsam am Seitenfenster entlangbewegten. Wie ein Blitz traf mich die Wahrheit: Das Auto selbst rollte weg! Ich drehte mich schnell um, schneller aber war eine Straßenlaterne.

Hat sich Ihr Airbag schon mal aufgeblasen?

Meiner ging auf, und eins kann ich sagen: Es ist nicht so, wie man uns in der Fernsehreklame weismacht. Die Werbespots präsentieren den Airbag als Spielzeug, das sich zu Ihrem Schutz adrett aufbauscht. Als ob man mit einem riesigen, wogenden Marshmallow spielt. Die Special-Effect-Zauberer aus Hollywood verschaffen uns diese Illusion, weil die Entfaltung des Airbags in Super-Zeitlupe sichtbar gemacht wird. Die Kinder wollen, dass man es auch mal versucht. Es sieht aus wie eine neue Attraktion auf dem Jahrmarkt.

Mit meinem Airbag lief das nicht im Entferntesten so ab. Die Zeitlupe muss defekt gewesen sein. Ich habe weder gehört noch gesehen, wie er kam: Er war plötzlich da. *Bums*! Ich wusste nicht, wie mir geschah. Nur, dass mir die Nase so weh tat wie in meinem ganzen Leben noch nicht.

Wenn ich Autokonstrukteur wäre, würde ich irgend-ein Warnsystem installieren. Vielleicht so eine Com-puterstimme. „Ihr Airbag wird sich in zehn Sekunden entfalten", könnte man ohne Aufgeregtheit erfahren. „Es empfiehlt sich, das Auto zu verlassen."

Als mich der Airbag traf, ließ ich die Augen 10 Minuten lang geschlossen. Ich hatte keine Wahl: Meine Brille hatte sich in meinen Kopf gedrückt. Immer noch war mir überhaupt nicht bewusst, was passiert war. Im Auto stand eine Pulverwolke, und der Airbag war wie-der schlaff. Unter Tränen stellte ich verwundert fest, dass am Lenkrad ein riesiges Taschentuch hing.

Ein schlimmes Wort nahm in meinem Hinterkopf Formen an, erhob sich und fing an, sich den Weg durch die Gänge und Flure meines Gehirns zu bahnen bis ganz nach vorn, wo die Lippen die offiziellen Verlautbarungen bringen. Ja, es war fast offiziell, dass ich den Tag mit einem Fluch beginnen würde. Nun ja, ich weiß, was manche meiner Leser denken: „Auf gar keinen Fall! Wie könnte so ein gesegneter Autor Flüche in seinem Kopf hegen?"

Weil ich ein Mensch bin, deshalb. Ich habe noch nicht jenes Ziel meiner Pilgerschaft erreicht, wo nur noch Bibelstellen über die Lippen kommen, wenn mir das Nasenbein bricht. Ich muss doch sehr vermuten, dass Sie auch noch nicht so weit sind. Wenn ich plötzlich aus diesem Buch greifen und Ihnen eins auf die Nase geben könnte, kann ich mir nicht vorstellen, dass Sie reflexartig so reagieren: „Preist den Herrn! Ich möchte Gott einfach Dank sagen für diesen kraftvollen Faustschlag!"

Wenn es Sie tröstet, dann gestehe ich, dass dieses fragwürdige Wort nie die Schwelle meiner Lippen überschritt. Bevor es mir entweichen konnte, fing ich an zu lachen. Ich lachte, bis mir die Tränen kamen. Warum auch nicht? Sie standen mir ja sowieso in den Augen. Aus irgendeinem Grund ließ mich das Wort *Airbag* nicht mehr los: Wie lächerlich! Vor 20 Jahren gab es das Wort noch gar nicht. Wie die Welt sich verändert hat! Was es gestern noch nicht gab, ist heute in aller Munde. Ich lachte über meinen Sicherheitsgurt. Als Kind gab es auch diesen Begriff noch nicht. Meine Mutter war die Sicherheitsexpertin im Auto. Wenn ich auf dem Vordersitz stehen, auf der Kopfstütze sitzen oder mich wie unser Hund aus dem Fenster lehnen wollte – kein Problem. Im Falle eines Unfalles hätte meine Mutter mich mit ihrem Arm gesichert.

Eigentlich brauchte es bei mir gar keinen Unfall. Wenn sie hart auf die Bremse trat, dann ging gleichzeitig ihr

Arm schützend vor mich wie der freie Mast auf einem Segelboot: *Patsch!* Liebe kann auch hart sein. „Warum hast du das gemacht?", schnaubte ich mit meiner blutenden Nase.

„Sonst wärst du durch die Windschutzscheibe geknallt", erwiderte sie mit heldenhafter Zufriedenheit.

„Kann ich das nächste Mal durch die Windschutzscheibe?", bat ich in meinem Blute und im Glanze eines Veilchens, das ich meinen Freunden wohl kaum erklären konnte. Ich konnte mir nicht vorstellen, dass irgendwelche Kinder daran gestorben waren, weil sie durch die Windschutzscheibe brachen. Dagegen mussten wohl Tausende als Opfer des langen Armes ihrer Mutter geblutet haben.

Genau deshalb bin ich so gern bei meiner Oma mitgefahren. Ihre Arme waren gut gepolstert und sahen aus wie ein fleischiger Vorläufer des Airbags. Wenn Oma auf die Bremse stieg, sauste ihr Arm zu mir rüber, und ich war in wabbeliges Fleisch gehüllt. Alles wurde schwarz, und zeitweise bekam ich keine Luft mehr. Klar, ich roch tagelang nach ihrem Parfüm, aber damit konnte ich leben.

Was ich sagen will: nichts bleibt so, wie es ist, alles ist im Wandel begriffen. Oma ist nicht mehr unter uns. Wenn ich die richtige Vorstellung vom Himmel habe, dann trägt sie heute nicht mehr den natürlichen Airbag am Leib. Autos haben Airbags, einen Seitenaufprallschutz und Schalter, mit denen man den Airbag deaktivieren kann. Eltern müssen Kindersitze im Auto haben, um die Kinder darin anzuschnallen. Damals war ein Kindersitz eher etwas, wo hinein man ein Häufchen machte.

Der Wandel ist allgegenwärtig. Er wird auch immer schneller. Was einmal illegal war, sieht man jetzt auf jeder Straße. Gesetze, die einmal zum Schutz von Unschuldigen erlassen wurden, schützen jetzt die Straftäter. Was früher einmal geschätzt wurde, wird jetzt als wertlos entsorgt.

Selbst das, was uns lieb und teuer ist, ist dem Wandel unterworfen. Omas und Opas sterben. Freunde ziehen weg. Der Börsenindex fällt. Ein Autounfall rafft plötzlich einen lieben Menschen hinweg, auf den wir gezählt haben, als bleibe er ewig. Manchmal habe ich das Gefühl, als würde alles, was uns als zuverlässig gilt, langsam wie ein Schiff in den Wellen versinken, als ob ich selbst im Meer des Wandels unterwegs bin. Jedes Wrackteil, an das ich mich klammere, hat nur begrenzte Tragkraft und geht demnächst unter. Ich bin gezwungen, mich am nächsten und dann am übernächsten festzuhalten.

Wenn man so vieles vergehen sieht, kommt man zum Schluss, dass es in diesem Leben wenig gibt, auf das man auch morgen noch zählen kann. Nur der unwandelbare Gott bleibt; er versagt nie.

Zum Nachdenken

Gott ist unsere sichere Zuflucht, ein bewährter Helfer in aller Not. Darum haben wir keine Angst, auch wenn die Erde bebt und die Berge ins Meer versinken . . .
Der Herr der Welt ist bei uns, der Gott Jakobs ist unser Schutz!
Psalm 46, 2,12

Greifen Sie zu. Halten Sie sich fest. Nicht loslassen.

Ungeahnte Möglichkeiten

Mir stand der Schweiß auf der Stirn. In nur zehn Minuten sollte ich vor 500 Managern eines Großunternehmens sprechen – und meine Unterlagen waren immer noch im 9. Stock im Hotelzimmer. Ich sprintete zum Aufzug und zwängte mich wie Indiana Jones durch die Tür, als sie sich gerade schloss. Schnell umgedreht und wie ein Wilder auf den Knopf zum 9. Stock gedrückt. Dann duckte ich mich und gierte wie eine Raubkatze danach, sofort durch die Tür zu springen, wenn sie sich öffnete.

Ein Blick auf die Uhr sagte mir, dass ich noch sieben Minuten bis zum Vortrag hatte. Der Aufzug kam endlich im 9. Stock an und blieb stehen. Aber die Tür ging nicht auf. Es gab ein „Pling"-Geräusch wie beim Türöffnen und dieses Schütteln, das Aufzüge an sich haben, wenn die Tür aufgeht. Aber weiter tat sich nichts. In ein paar Augenblicken würde man mich 9 Stockwerke tiefer in einem Ballsaal als Redner vorstellen. Ich konnte mir gut den Applaus vorstellen, dann die Stille, das Murmeln und das Rätselraten, weil niemand nach vorn kam und auf die Bühne trat.

Meine Phantasie trieb wilde Blüten. Sollte ich hier wochenlang in der Falle stecken? Vielleicht entdeckten erst Archäologen in ferner Zukunft mein Skelett, in einer Ecke niedergesunken. Panisch drückte ich auf den kleinen Knopf mit der Aufschrift „Tür öffnen". Jedes Mal, wenn ich darauf drückte, machte der Aufzug „Pling" und schüttelte sich. Aber die Tür blieb zu.

Der schlimme Ausdruck, der am Tag mit dem Airbag-Vorfall meinen Lippen entfleuchen wollte, schaffte es dieses Mal bis nach draußen. Ich trat gegen die Tür. Ich wollte sie nicht kaputt machen; nach Zerstörung stand mir nicht der Sinn. Ich machte mich nur im Sinne der Instandhaltungsfirma nützlich – ein gezielter Tritt könnte ja das auslösen, was die Tür aufgehen lässt. Vielleicht noch ein zweiter Tritt, ein richtig kräftiger. Das musste doch wohl helfen.

Beim Misshandeln der Tür war mein Finger vom Knopf geglitten, und der Aufzug machte sich wieder auf den Weg nach oben.

Jetzt drehte ich fast durch. Der Aufzug kroch in den 14. Stock und hielt an. Wieder boten sich mir alle Soundeffekte und Erschütterungen wie beim Türöffnen, aber wieder blieb die Tür zu. Ich konnte mich nicht mehr beherrschen. Die Zeit lief – nur noch drei Minuten, um mir die öffentliche Demütigung vor den Wirtschaftszaren der Welt zu ersparen. Ich war ruiniert! Ich schlug gegen die Tür, hieb gegen den Knopf und fing an zu schreien: „Kann mal jemand beim Empfang anrufen? Holen Sie die Polizei! Die Aufzugtür steckt fest!"

In meinem Rücken meldete sich eine dünne Stimme: „Nein, stimmt nicht."

Es lief mir eiskalt den Rücken hinunter. Der Aufzug war leer gewesen, als ich einstieg. War das Ding verhext? Jedes einzelne Haar an meinem Körper stellte sich wie auf Kommando aufrecht.

Mit weit aufgerissenen Augen drehte ich mich um und machte mich darauf gefasst, irgendein grausiges Aufzugsphantom vor mir zu haben. Ich sah nur sieben erschrockene Hotelgäste, die gern weiterfahren wollten.

Ich hatte einen von diesen Aufzügen erwischt, die vorn und hinten Türen haben. Die Leute standen stocksteif da. Sie hatten anscheinend Vorbehalte, den kleinen, engen Raum mit mir zu teilen.

Die Konferenz hatte länger gedauert, und als ich im

Ballsaal ankam, blieb mir vor Redebeginn noch reichlich Zeit. Ich gab mein Erlebnis als Beispiel dafür wieder, wie oft wir zulassen, dass unsere täglichen Frustrationen sich auf unsere Einstellung niederschlagen. Nach dem Vortrag zog mich eine nette ältere Dame beiseite. „Ich habe am Aufzug gewartet, als er das erste Mal gehalten hat", sagte sie. Dann lächelte sie, drohte mir mit dem Finger und gluckste: „Das war aber auch ein schlimmer Ausdruck!"

Ich habe mich noch oft an diesen Ausrutscher erinnert. Ähnlich hatte ich auch vorher schon reagiert. Ich hämmerte gegen die eine Tür und schrie sie an, weil sie nicht aufging. Oft merke ich nicht, wie sich überall Türen zu den verschiedensten Möglichkeiten auftun, weil ich unbedingt etwas will, und zwar zu meinen Bedingungen und sofort. Die ganze Zeit bot sich die Gelegenheit, zu meinem Treffen zu kommen, aber ich hatte ihr den Rücken zugewandt. *Ich hämmerte gegen die falsche Tür.*

Wie oft sind wir nicht wegen unseres Tunnelblicks blind für die Möglichkeiten, die Gott uns gibt? Endlich habe ich gelernt, mich nach alternativen Türen umzuschauen. Es ist nie zu spät, die Augen aufzumachen.

Das könnte sogar davor bewahren, den einen oder anderen schlimmen Ausdruck in den Mund zu nehmen.

Zum Nachdenken

Stehen Sie auch vor einer Tür, die trotz Ihrer größten Mühe verschlossen bleibt? Haben Sie sich schon mal nach Alternativen umgeschaut? Der Weg zum Erträumten könnte an der Rück- oder Seitenwand des Aufzugs beginnen – vielleicht führt der Weg sogar direkt durch das

Dach. Es könnte anstrengender werden als gedacht. Möglicherweise müssen Sie auch Treppen steigen.

Fragen Sie Freunde Ihres Vertrauens, ob sie irgendwelche offenen Türen für Sie erblicken. Gott verhagelt uns nicht alle Chancen, nur unser enger Horizont kann uns für das blind machen, was er uns zugedacht hat. Bitten Sie Gott, Ihnen die Türen zu zeigen, die er schon geöffnet hat. Wenn Sie sich alle Möglichkeiten durch den Kopf gehen lassen, geht Ihnen nichts verloren. Kopf hoch, probieren Sie mal die Hintertür. Sie könnten staunen, was da zu sehen ist.

Der Staub und die Liebe

Ich hatte es mir in meinem üppig gepolsterten Sessel gemütlich gemacht. Man versinkt so tief darin, dass man einen Plan aufstellen muss, wie man wieder raus kommt. Hier war mein Territorium. Ich als vielbeschäftigter Weltreisender war der Unterhaltung und Inspiration von Menschen aus aller Welt verpflichtet. Ich verdiente diesen Sessel, die Zeitung, diese paar wertvollen, entspannten Augenblicke. Ich schaute von meinem Kreuzworträtsel auf und grübelte über ein Wort mit drei Buchstaben nach, das mit A anfing und mit T aufhörte. Die Bedeutung war „nicht jung".

Dabei sah ich ihn. Die Tür zur Besenkammer war leicht angelehnt. Eine einsame Gestalt stand im düsteren Innern wie der stumme Posten eines anderen Planeten und maß mich mit roboterhaftem Grinsen. Es war mein alter Feind – der Staubsauger.

Meine Gedanken eilten in die Vergangenheit, zum Tag, als ich das Gerät gekauft hatte. Verkaufsvorführungen haben mich schon immer magisch angezogen. Wenn ich auf Märkte oder Messen gehe, kann man mich immer wie in Trance bei irgendeinem Jahrmarktschreier stehen sehen. Dann kaufe ich Anzünder mit Magnesium, mit denen man auch in Sturmnächten beim Camping Feuer machen kann. Oder eine Küchenmaschine mit Handkurbel zur Zerkleinerung und Trocknung von Gemüse, mit der man aus recycelten Zucchinischalen Erdnussbutter herstellen kann. Und dann dieses Taschengerät für Angler, für das im Fernsehen geworben wurde. Hat schon jahrelang in meinen Taschen herumgefischt und noch nichts gefangen.

Als damals der Staubsaugervertreter an unsere Tür kam, muss er gedacht haben: „Jetzt bin ich im Himmel!". Ich schaute mit angehaltenem Atem zu, wie er mir die Saugkraft seines Gerätes vorführte. Es konnte eine Zeitung in Schnipsel zerreißen. Dann beugte er sich vor und sagte verschwörerisch leise: „Sie werden Ihren Augen nicht trauen." Er steckte die Schläuche um, so dass der Staubsauger die Luft ausblies, statt zu saugen.

Dann stellte er die Schlauchmündung nach oben und hielt einen Tischtennisball in die Luft, die von der Maschine aufstieg. Der Ball tanzte lustig auf und nieder und wurde vom Luftstrom gehalten. Ich fand keine Worte. Dann flüsterte er: „Sehen Sie mal!"

Aus seinem kleinen Demonstrationskoffer holte er einen Golfball, den er in die Abluft hielt. Dieser schwerere Ball ließ sich fast auf der Düsenöffnung nieder, bevor er in der Luftsäule zu hüpfen begann. Ich verstand den Verkäufer fast nicht mehr, als er mich über die Schulter ansprach, als wollte er ein Geheimnis verraten, das niemand anderes wissen dürfe. Er flüsterte: „Andere Staubsauger schaffen niemals einen Golfball!"

Ich hatte sowieso schon meine Brieftasche locker gemacht. Ich bezahlte mehr als 300 Dollar für das Ding, und bis heute schluckte es keinen Schmutz.

Jetzt fixierte es mich mit seinem metallischen Glitzern aus der Kammer. Ich habe den Staubsauger nicht mehr angefasst, seit der Verkäufer weg war. Doch, sicher, ich habe Freunde mit dem Tischtennisball-Trick unterhalten. Das aber war schon meine extremste Staubsaugererfahrung.

Eigentlich war es auch das Äußerste, was ich meiner Frau an Haushaltstätigkeiten zu bieten hatte. Zu Hause habe ich mich immer nur ausgeruht. Die ersten 15 Jahre unserer Ehe war ich als Ehemann eine Karikatur. Aus Faulheit und Egoismus hatte ich die Vorstellung gepflegt, dass Hausarbeit Frauensache sei. Diane leistete einen Fulltimejob, um mein Einkommen aus den Vorträgen aufzubessern. Sie war meine persönliche Sekretärin, eine aufmerksame Mutter für unsere beiden Töchter und bediente mich von vorn bis hinten, ohne zu verlangen, dass ich auch nur einen Finger krumm mache.

Ich liebte meine Frau sehr, hatte aber noch nicht gelernt, wie ich ihr meine Liebe zeigen konnte. Unsere Beziehung litt unter meiner unsensiblen Art. Mit dem Einfühlungsvermögen eines Neandertalers machte ich sexuelle Annäherungsversuche der gröberen Art, weil ich glaubte, ein echter Mann drücke so seine Liebe aus. Kein Wunder, dass Leidenschaft und Intimität unserer Ehe im körperlichen und geistlichen Bereich stark nachgelassen hatten.

Ich Hornochse konnte mir damals nicht vorstellen, warum sie nicht mehr auf mich einging. Ich glaubte, dass alles, was ich tat, mich sexuell attraktiv machte – warum fiel sie nicht ständig über mich her? War sie nicht dankbar? Von allen Frauen, die ich hätte heiraten können, hatte ich immerhin sie auserwählt. Immer noch sagte ich ihr: „Ich liebe dich", aber sie reagierte nicht mehr mit liebevollen Blicken und sanften Umarmungen.

Ich blickte nicht durch. Nun stand mir ein Lernschritt zum Thema Liebe bevor, und Gott sollte einen Staubsauger benutzen, um ihn mir zu vermitteln.

Wie ich also so aus den Tiefen meines Sessels auf den 300 Dollar teuren Teppichmäher starrte, überkam mich plötzlich eine unwiderstehliche Lust aufs Staubsaugen. Mit beträchtlichem Gezappel erhob ich mich aus den Polstern und schlurfte zur Kammer.

An jenem Tag erfuhr ich so einiges über das Staubsaugen. Erstens lernte ich, dass unsere Katze Angst vor dem Gerät hatte. Das sorgte eine Stunde lang für Unterhaltung.

Außerdem entdeckte ich, dass Staubsauger prinzipiell nutzlos sind. Die wichtigen Dinge schaffen sie nicht. Ich konnte ihn noch so oft über Zahnstocher oder Kletten schieben, aber er saugte sie nicht an. Das Zeug wurde nur tiefer in den Teppich gedrückt. Außerdem saugte er keine Gummibänder an. Selbst bei behutsamster Annäherung schleuderte der Bürstenaufsatz das Gummiband quer durch das Zimmer. Ich kam mir wie ein Idiot vor, als ich da durch das ganze Haus fuhr und versuchte, einem Gummiband auf die Schliche zu kommen.

Der Staubsauger nahm zwar Fussel auf, hielt sie zu Untersuchungszwecken auch fest, spuckte sie dann aber wieder aus, wenn ich es kaum mehr erwartet hatte.

Schließlich gab ich auf, nahm den Schlauch ab und ließ den Staubsauger mitten im Zimmer laufen. Ich brachte die Sachen her: Zahnstocher, Kletten und anderen Müll, mit denen ich ihn fütterte, wurden mir aus der Hand gerissen und verschwanden für immer in den Eingeweiden des Monsters. „Mehr! Meeehr!", zischte es mir zu.

Als ich keine sichtbaren Partikel mehr fand, steckte ich den Schlauch wieder auf und fing ernsthaft an zu saugen. Da fiel mir die Sache mit den Streifen auf. Als ich in die eine Richtung fuhr, entstand ein Streifen. In der Gegenrichtung schuf ich einen Streifen mit anderer Schattierung. Wie in Trance streifte ich das ganze Zimmer ein. Dann saugte ich quer dazu und kreierte ein Schachbrettmuster.

Ich ließ mich sogar dazu hinreißen, auch die Möbel zu entstauben und im ganzen Haus aufzuräumen.

Längst war ich wieder im Sessel und arbeitete an meinem Kreuzworträtsel, als Diane nach Hause kam. Sie kämpfte sich mit Lebensmitteltüten unter jedem Arm durch die Tür, trat sie mit dem Fuß wieder zu und warf einen Blick ins Haus, der die Fachfrau verriet.

Jetzt ging ihr Mund auf. Langsam entglitten die Tüten ihrem Griff und fielen zu Boden. „Wer hat das gemacht?", fragte sie.

„Na, ich", sagte ich gleichmütig.

Ohne Vorwarnung griff sie an. Mit einem Sprung war sie bei mir, bevor ich mich aus dem Sessel erheben konnte, küsste mich ab, umarmte mich und überhäufte mich mit Dankbarkeit für meine Hilfe. Ihre Küsse wurden leidenschaftlicher. Der Sessel ging kaputt.

Es war großartig!

Der Staubsauger hatte mir an diesem Tag Wichtiges beigebracht. Liebe kann man auch anders als durch Worte ausdrücken. Wenn der Mann sich darauf einlässt, die Lasten des Haushalts mitzutragen, ruft er damit seiner Frau zu: „Ich liebe dich!" Nach fast 30 Ehejahren habe ich immer noch viel zu lernen, aber so wie damals würde ich meine Frau nicht mehr behandeln.

Man muss etwas tun, um die Worte „Ich liebe dich" zum Leben zu erwecken. Eine unerwartete Karte oder ein Blumenstrauß sagen: „Ich liebe dich." Wenn ich meinen Kram wegräume, etwas koche oder wenigstens die Zahnpastatube von unten her ausdrücke, tue ich kund: „Ich liebe dich."

Diese Aktion hat meiner Frau also Freude gemacht, aber es gab noch andere wunderschöne Nebeneffekte. In unsere Ehe kehrte wieder eine körperliche Leidenschaft ein, die ich so intensiv lange Jahre nicht mehr erlebt hatte. Ich habe meine Lektion gelernt. Der Staubsauger kommt mit, egal wohin wir gehen.

Zum Nachdenken

Ist es nicht seltsam, wie wenig Zeit wir uns nehmen, diese Welt für unsere Mitmenschen angenehmer zu machen? Der Ausdruck unserer Liebe sollte weit darüber hinausgehen, für den Inhalt des Kühlschranks oder sonstige Grundbedürfnisse des Lebens zu sorgen. Liebe zeigt sich in den kleinen Dingen, die wir tun. Versuchen Sie doch, ihrem Ehepartner jeden Tag auf einfache Art Ihre Liebe zu zeigen. Blumen? Eine Grußkarte? Ein handgeschriebenes Briefchen? Eine Verabredung? Eine Aufgabe erledigen, an die Sie sonst nie denken? Frühstück im Bett?

Ich persönlich empfehle ja das Staubsaugen!

Ich gebe euch jetzt ein neues Gebot, das Gebot der Liebe. Ihr sollt einander genauso lieben, wie ich euch geliebt habe. Wenn ihr einander liebt, werden alle erkennen, dass ihr meine Jünger seid.
Johannes 13,34-35

Erste Klasse

Endlich! Das große Erlebnis stand mir bevor. Genug Vielflieger-Meilen für den Aufstieg in die Erste Klasse gesammelt. Der Platz war mir sicher, und ich hatte vor, das Beste daraus zu machen.

Erste Klasse! Wie oft hatte ich sehnsüchtig hingeschaut, wenn ich an Bord ging. Es war die Abteilung, wo einem aus dem Mantel geholfen wurde. Man bekam dort ein Getränk schon vor dem Start. Die Erste Klasse war das Wunderland mit extra viel Platz, wo man sogar so extravagante Gegenstände wie die eigenen Beine unterbringen konnte. Von den Flugbegleitern in der Ersten Klasse war niemand für die anderen zuständig. Und jetzt war ich an der Reihe, in den Extras zu schwelgen. Oft habe ich beim Passieren der Ersten Klasse gut angezogene Leute von hochwertiger Literatur und Geschäftsberichten aufblicken und lächeln sehen. Sie wussten, dass ich zur Touristenklasse unterwegs war.

Touristenklasse. Das Essen wird dort immer aus den Resten gemacht, die in der Ersten Klasse übrig bleiben. Die Beilage besteht aus Undefinierbarem. In der Touristenklasse stehen mehr Reisende vor der Toilette an, als überhaupt an Bord sind. Die Sitze stehen so eng zusammen, dass die Suche nach dem Sitzgurt auf eine Klage wegen sexueller Belästigung hinauslaufen kann.

In der Touristenklasse versteht man unter dem Wort „Snack" sechs gesalzene Erdnüsse, die hermetisch in eine Verbundfolie eingeschweißt sind. Ohne Werkzeug kommt da niemand ran. Einmal durfte ich beobachten, wie ein geistig völlig gesunder Mann beim Versuch, die Erdnusstüte zu öffnen, in sinnloses Lallen verfiel. Ich hätte ihm gern ein Messer angeboten, aber meins wurde mir beim Sicherheitscheck abgenommen. Es wäre nie angerührt worden, wenn ich zur Ersten Klasse gehört hätte, aber wir in der Touristenklasse dürfen keine scharfen Gegenstände mitführen. Es dürfte allerdings einsichtig sein, dass wir ein Messer gut gebrauchen könnten – für Amputationen, wenn nämlich die Beine wegen mangelnder Durchblutung abgestorben sind.

Heute war das gegenstandslos – ich stellte mich auf eine stilvolle Reise in der Ersten Klasse ein. Früh aufgewacht, ging ich unter die Dusche. Die Leute in der Ersten Klasse sahen immer so aus, als hätten sie gerade geduscht. Ich zog meinen besten Anzug an und fuhr früh genug los, um noch ein *Forbes*-Magazin und ein Buch mit dem Titel *Macho Management in a Micro Society* zu kaufen – erstklassiger Lesestoff, wie Sie sich denken können. Ich wollte den Eindruck vermeiden, nur auf Besuch zu sein.

Als ich an Bord ging, reichte ich der Stewardess meinen Mantel und bestellte Tomatensaft mit einem Eiswürfel. Ich machte es mir in meinem Sitz bequem und versuchte, dem Anblick eines Mannes mit wichtigen Geschäften zu entsprechen. „Haben Sie das *Wall Street Journal* von heute?", fragte ich höflich die Stewardess. Sekunden später lehnte ich mich zurück und las Statistiken, von denen ich absolut nichts verstand.

Ich merkte weder, wie das Flugzeug die Startbahn entlang rollte, noch wie es abhob. Nach einer halben Flugstunde wurde ich vom sanften Stupsen einer hübschen Stewardess geweckt. „Mr. Davis, möchten sie einen Imbiss?", fragte sie freundlich. Der bequeme Sitz hatte mich geschafft; beim Lesen von Zahlen und Fakten war ich eingeschlafen. Bei der Rückkehr in den Wachzustand stellte ich entsetzt fest, dass ich mich beim Schlafen vollgesabbert hatte.

„Nein, danke", stotterte ich, „aber könnten Sie mir einen Waschlappen oder ein paar saugfähige Papiertücher bringen?" Der Erste-Klasse-Redner vor hochkarätigem Publikum hatte die letzte halbe Stunde wie ein Penner gedöst. Ich traute mich nicht, der hübschen Dame in die Augen zu schauen, als sie mir das Reinigungstuch reichte.

Nach reichlichem Abtupfen sah ich zwar fleckig, aber vorzeigbar aus. Die Stewardess kam wieder in meine Richtung. Ich reichte ihr das Tuch. Bei dieser Aktion kippte mir der Tomatensaft in den Schoß.

Das *Fortune*-Magazin, das *Wall-Street-Journal* und alle anderen Utensilien der Ersten Klasse verteilten sich auf dem Boden, als ich aus meinem Erste-Klasse-Sitz sprang. In 20 Jahren Touristenklasse hatte ich noch nie gekleckert. Jetzt, bei meiner ersten Chance, den Großkotz zu spielen, sah ich aus wie einer, der auf der Müllkippe übernachtet hatte. Die Erste-Klasse-Toilette war besetzt. Also musste ich die ganze Strecke zum Flugzeugende laufen, um mich zu reinigen. Als ich den Vorhang durchschritt, der die Aristokratie von den zusammengepferchten Massen trennt, hatte ich das Gefühl, nach Hause zu kommen. Nur, dass das gewöhnliche Volk sich anscheinend nicht freute, mich zu sehen. Ich wurde gewahr, dass ich einen jämmerlichen Anblick bot – eine wandelnde Leinwand mit Sabberflecken und leuchtend roten Tomatensaftstreifen. Ich hatte nicht mal die Touristenklasse verdient. Ob es schon zu spät war, um Asyl im Gepäckraum zu bitten?

Als ich aus dem Flugzeug stieg, sah ich immer noch reichlich verschmiert aus. „Ist Ihnen schlecht geworden?", fragte mich mein Gastgeber, machte aber gnädigerweise keine weiteren Anspielungen.

„Nein, ich habe mich daneben benommen", murmelte ich und versenkte meine Erste-Klasse-Literatur im Papierkorb. „Ich erzähle Ihnen alles unterwegs. Darf ich hinten sitzen?"

Seit meinem Bad im Tomatensaft habe ich genug Vielflieger-Meilen gesammelt, um öfter mal Erster Klasse zu reisen. Ich versuche mich immer daran zu erinnern, dass die Platzzuweisung nichts mit meinem Wert zu tun hat. Das gleiche gilt für meine Wohngegend, meinen akademischen Grad oder mein Gehalt. Weder die Bücher, die ich lese, noch die Kleidung, die ich trage, verleihen mir meinen Wert. Ich bin ein Geschöpf des Architekten, der das Universum erbaut hat. Ich bin ängstlich und wunderbar zugleich. Meine unsterbliche Seele ist durch das Blut von Gottes Sohn erkauft. Allein das verhilft mir in die Erste Klasse.

Zum Nachdenken

Erste Klasse ist kein Lebensstandard, sondern ein Lebensstil. Ich erinnere mich an genau einen Satz aus dem Kinofilm *König der Löwen*. In dieser Szene wird der Löwe Simba von einer Stimme geleitet, die aus den Wolken donnert: „Denk daran, wer dein Vater ist." Großartig, nicht? Weil ich weiß, wer mein Vater ist, kann es keinen Raum dafür geben, vornehm zu tun. Ich muss mit Liebe und Freundlichkeit auf die Menschen in meiner Umgebung reagieren. Ich muss die gleiche Gnade walten lassen, die mir zugekommen ist. Ich muss erkennen, dass Gott mich so liebt, wie ich bin – ein sabbernder, wichtigtuerischer erstklassiger Idiot. Meine Mitmenschen so zu lieben, wie Gott mich liebt – das ist die wahre Erste Klasse.

Wer von euch arm und unterdrückt ist, soll stolz darauf sein, dass Gott ihn zur höchsten Ehre erheben wird.
Jakobusbrief 1,9

Wach auf und lebe!

Ich hasse meinen Wecker. Wenn dieser Apparat nicht direkt aus der Hölle kommt, dann wurde er mit Sicherheit im gleichen Postleitzahlenbereich hergestellt.

Klar, ich weiß, wie unschuldig und wohlwollend das eine oder andere Gerät erscheinen kann. Lassen Sie sich nicht täuschen; um so diabolischer tut es seine Wirkung. Als Kind grinste mich ein riesiger Wecker vom Nachttisch an. Große farbige Zahlen rahmten ein trügerisch freundliches Gesicht ein. Aus dem netten Gesicht ragten zwei monsterhafte Ohren, als Glocken verkleidet. Und zwischen den Ohren war der Hammer.

Wenn er loslegen konnte, schlug der Hammer auf beide Ohren ein, so dass sie schrill und klirrend ihre Unterwürfigkeit bekundeten. Ich glaube, die meisten Einwohner unseres Landkreises wachten jeden Morgen von meinem Wecker auf. Beschwert hat sich keiner; die Bauern im Umkreis von Kilometern waren der Meinung, dabei zu sparen. Wissen Sie noch, was ein Hahn ist? Mein Wecker war der Apparat, der die Hähne aus dem Geschäft drängte. Wie mancher Mensch wurde auch der einst so stolze Vogel durch eine Maschine ersetzt. Zuverlässige, hart arbeitende Hähne mit beträchtlichem Dienstalter – vom Wecker aus Brot und Lohn gedrängt.

Der Wecker reißt uns aus friedlichem Schlummer,

gleich wie ein Hai ein Robbenbaby von der Oberfläche der ruhigen See reißt. Ich finde, das Aufwachen sollte etwas freundlicher und christlicher stattfinden. Es sollte einen Ampelübergang an der Kreuzung von Schlaf und Wachzustand geben. Dadurch könnte man sich der Kreuzung langsam nähern, in beide Richtungen schauen und sich dann behutsam in den Wachzustand bringen. Übrigens, ein sanfteres Vorgehen würde auch die Möglichkeit bieten, eine Wende zurück ins Schlummerland zu machen.

Aber nein – immer wieder erzwingt der Wecker einen Zusammenstoß. Wer genießt denn nicht diesen Bereich träger Nutzlosigkeit, bevor man voll erwacht? Warum muss man den Tag mit erschrockenem Zusammenzucken und wedelnden Armen beginnen und dabei riskieren, jene zu verletzen, die man liebt? Warum unbedingt mit dem Höchststand des Blutdrucks in den Tag gehen? Wenn der Puls schon beim Aufwachen 190 beträgt, worauf soll man sich dann die nächsten 24 Stunden noch freuen?

Die Wecker mit den Segelohren und Clownsgesichtern sind ja ebenso abgeschafft worden wie die Hähne. Im großen evolutionären Vormarsch des Terrorismus vor der Dämmerung haben wir es zum Zeitalter der elektronischen Wecker gebracht. Klar, wir sind anpassungsfähig und modern, aber der Feind ist noch moderner und so boshaft wie zuvor. Er macht einen kühlen, berechnenden Eindruck. Das Wecken bleibt beleidigend laut, enthält aber eine neue heimtückische Komponente, die uns mehr Schlaf raubt als je zuvor.

Sekunden vor dem Alarm geht vom Wecker ein leises Summen aus. Man könnte es als Alarm vor dem Alarm bezeichnen, ein Vorspiel zum Terror. Es dient nur dazu, uns in einen Zustand halb bewusster Verwirrung zu versetzen, bevor das dämonische Geräusch einsetzt, das uns das Blut in den Adern gefrieren lässt. Im Lauf der Zeit lernt der Körper, sich auf den Angriff des eigentlichen Alarms vorzubereiten, wenn das Summen einsetzt. Videos von schlafenden Testpersonen beweisen, dass sich der Körper beim Summen in eine unnatürliche Position verbiegt, die fast an ein außerirdisches Wesen erinnert. Die rechte Hand tastet nach Gegenständen zum Werfen. Die linke Hand tappt in der Nähe des Nachttisches wahllos umher und sucht nach dem wundersamen, nicht existierenden Knopf.

Die linke Hand ist zum Versagen verurteilt. Falls Ehefrau oder Ehemann das Pech haben, den Voralarm zu verschlafen, setzt es im Handgemenge oft genug sinnlose Schläge. Während der Summphase geht das Gehirn daran, Worte zu formulieren, die bei vollem Bewusstsein nie gesprochen würden. Es sind jene Worte, die man im Augenblick des echten Weckgeräusches äußert.

Die Weckerhersteller haben versucht, die Wirkung ihrer Erfindung durch eine Art „Schlummer-Modus" abzumildern. Der Wert sei dahingestellt. Damit verschafft man sich nicht 15 Minuten Schlaf zusätzlich; es ist eine Viertelstunde voll gespannter Erwartung auf das Wecken. Man könnte gleich die Decke abwerfen und sich ergeben.

Eigentlich ist der Wecker eine Folge des Sündenfalls. Am Anfang hatten Adam und Eva keinen Grund, sich wecken zu lassen. Erst nach dem Vorfall mit dem Apfel war die Ruhe dahin. Schläfrige Menschen müssen alarmiert werden, denn wir neigen zu gefährlichen Gewohnheiten. Wir entwickeln Verhaltensweisen, die uns die wichtigsten Beziehungen vermiesen. Dem Gott, der uns liebt, entfremden wir uns allmählich. Nur ein Alarm kann uns für die Realität wach machen.

Wir alle haben Freunde, die etwas davon erzählen können, wie eine Krankheit, eine finanzielle Krise, das knappe Entrinnen vor dem Tod oder ein persönlicher Verlust aus dem Schlaf der Selbstzufriedenheit wachrütteln können. Durch die Krise wird der Schlaf aus den Augen gewaschen und der Blick auf die wahren Werte im Leben eröffnet. Unsere Weckerlebnisse im Leben sind selten angenehm, aber oft notwendig. Wir brauchen Schlaf, um leben zu können, aber während des Schlafs können wir nicht wirklich leben.

Zum Nachdenken

Ich beneide Menschen, die auf keinen Wecker angewiesen sind. Sie haben keine Ahnung vom Nachtprogramm im Fernsehen, wissen aber sehr viel vom Leben. Sie erleben Sonnenaufgänge, bleiben körperlich in Schwung und haben Zeit, mit Gott zu reden. Sie führen ein hellwaches Leben. Wenn wir doch nur unsere Augen offen halten könnten! Wenn wir doch nur ein waches Empfinden für die Beziehung zu ganz besonderen Menschen und unseren Gott hätten! Könnten wir doch nur schlafen, wenn es Zeit dazu ist, und voll da sein, wenn die Sonne scheint! Dann bräuchten wir vielleicht gar keinen Wecker.

Ich könnte mich noch viel ausführlicher dazu auslassen, aber jetzt höre ich ein Summen . . .

Wir sollen auch nicht schlafen wie die anderen, sondern wach und nüchtern sein. Wer schläft, tut es in der Nacht, und ebenso, wer sich betrinkt. Aber wir gehören zum Tag und wollen deshalb nüchtern sein. Wir wollen Glauben und Liebe als Panzer anlegen und die Hoffnung auf Rettung als Helm. Denn Gott hat uns

nicht dazu bestimmt, dass wir seinem Strafgericht verfallen, sondern dass wir durch Jesus Christus, unsern Herrn, gerettet werden. Christus ist für uns gestorben, damit wir zusammen mit ihm das Leben erlangen. Das gilt in jedem Fall, ob wir noch leben, wenn er kommt, oder ob wir schon vorher gestorben sind.
1. Thessalonicherbrief 5,6–10

Der Pudding bringt es an den Tag

Beten ist mir schon immer rätselhaft gewesen.

Ich weiß, dass es dabei um das Reden mit Gott geht. Ich weiß, dass er zuhört und antwortet. Manchmal aber kommt es mir so vor, als ob die Telekom für die Verbindung zuständig ist und andauernd Leitungsprobleme hat. Manchmal hält dieses Gefühl ziemlich lange an.

In solchen Phasen verliere ich den Mut. Wenn ich nur wüsste, was Gott vorhat! Wie verarbeitet er die letzten Gebetsdateien, die zu ihm aufgestiegen sind? Wir beten für Kranke, und sie sterben; wir beten um Kraft gegen die Versuchung und versagen. Wenn so etwas passiert, dann schleicht sich der Zweifel ein. Können wir wirklich glauben, dass Gott uns zuhört, sich um uns kümmert und antwortet?

Inmitten dieser knochentrockenen Tage macht Gott etwas Wunderbares: Er lässt uns eine sichtbare Antwort zukommen. Seine Bestätigung überfällt uns wie ein erfrischender Regen. Wir nehmen einfach hin, dass wir nicht immer seine Hand sehen oder seine Methoden verstehen – Tatsache aber ist, dass er auf Gebete antwortet.

Ein Freund von mir, der Pastor Joel Morgan, hatte vor, Missionare in Osteuropa zu besuchen. Er fragte seine Freunde, die sich in dieser Gegend auskannten, was er mit ins Gepäck nehmen sollte. Es gab viele hilfreiche Vorschläge, aber vor allem waren sich alle einig, dass er auch Lebensmittel mitnehmen sollte. Auf dem Land, wo es weder Elektrizität noch fließendes Wasser gebe, könne man nicht immer auf eine Mahlzeit zählen. Deshalb sei es klug, ein paar Snacks bereit zu haben, wenn man überleben wolle.

Ein Missionar riet Joel, mehr mitzunehmen, als er eigentlich brauchte. Ein Teil der Vorräte könnte vom Zoll beschlagnahmt werden. Als Joel durch die Lebensmittelabteilung ging, fragte er sich: *Was fällt den Zollbeamten nicht gleich auf, wenn ich es im Gepäck habe? Was kann nicht schlecht werden? Was bringt dem Körper schnelle Energie?* Außerdem flüsterte er folgendes Gebet: *Herr, du weißt, was ich brauche und was ich durch den Zoll kriegen kann. Ich gehe einfach die Gänge entlang und vertraue darauf, dass du mich auf die richtigen Sachen hinweist.*

Sofort fiel sein Blick auf einen Verkaufsstand mit Erdnusskaramellpralinen. Er legte eine Familienpackung in den Einkaufswagen. Ein Stück weiter im Gang erregte ein Stapel Puddingbecher seine Aufmerksamkeit. (Aus meiner Sicht ist es schon ein wundersames Zeichen, wenn man sich zu einem Pudding hingezogen fühlt.) Schließlich brachte er noch ein paar kleine Dosen Obstcocktail, Kaugummis und Bonbons im Wagen unter, wobei er dachte: „Hm, nicht gerade die optimale Versorgung, wenn der große Hunger kommt." Aber er fühlte sich von Gott wirklich zu genau diesen Dingen geführt.

Am vierten Tag der Reise traf Joel in der rumänischen

Stadt Temesvar ein. Er sollte ein paar Tage bei einem Ehepaar zu Gast sein, das dort seit 14 Monaten tätig war. Die Familie war von einer Missionsorganisation nach Rumänien geschickt worden, war aber dann da drüben praktisch vergessen worden.

Sie hatten mit einigen Härten zu kämpfen. Heizung und Elektrizität wurden oft tagelang abgestellt. Joel und sein Team waren seit einem halben Jahr die ersten englischsprachigen Menschen, die die Missionare zu Gesicht bekamen. Die bloße Möglichkeit, mit jemandem zu reden, musste gefeiert werden. Und die beiden Töchter im Teenageralter sehnten sich nach allem, was amerikanisch war. Joel plauderte eine Weile mit der Familie und betete mit ihnen. Als der Abschied kam, dachte er plötzlich an die Überlebensration in seinem Gepäck.

Da hatte er eine gute Idee. Es war erst Oktober, aber könnte man die Sachen nicht zur Bescherung für eine vorzeitige Weihnachtsfeier einsetzen? Wenn er jetzt seine Vorräte verschenkte, müsste er sich für den Rest der Reise darauf verlassen, dass Gott ihn versorgte. Aber irgendwie war ihm klar, dass Gott genau das von ihm erwartete. Er griff nach dem Rucksack, in dem die ganzen Süßigkeiten gut versteckt waren (der Zoll war an den Puddingbechern nicht interessiert gewesen). Dann nahm er mit der Familie im Wohnzimmer Platz.

Joel übernahm die Rolle des Weihnachtsmanns und ging ganz darin auf. Er fragte die beiden Mädchen: „Was würdet ihr euch wünschen, wenn ihr irgendetwas aus Amerika bekommen könntet?"

Einstimmig kam die Antwort: „Süßigkeiten!"

„Was für welche?", fragte Joel, der sich vorstellen konnte, dass nicht alles aus seinem Angebot auf Gegenliebe stoßen würde.

Die Mutter sagte: „Die Mädchen mögen ganz besonders Erdnusskaramell-Pralinen", sagte sie, „aber in diesem Erdteil bekommt man so was nicht."

Mit einem Kloß im Hals griff Joel in den Rucksack und zog die Familienpackung hervor, die er ins Land geschmuggelt hatte. Die Mädchen hüpften vor Freude auf und ab und lachten, als sie ihren Schatz zwischen sich legten. Joel wischte sich eine Träne aus dem Augenwinkel und fragte die Mutter: „Was für eine Leckerei von zu Hause würde dich denn zum Strahlen bringen?"

Das Risiko war groß. Was wäre, wenn sie zum Beispiel ein Stück Rindfleisch gewollt hätte? Aber was konnte noch schief gehen, wo ein Wunder schon unter Dach und Fach war? „Ich bekomme hier kein Obst", erwiderte die Mutter, „vor allem keine Zitrusfrüchte." Mit einem Griff in die Weihnachtstasche brachte Joel eine Dose Obstcocktail und eine Dose Mandarinen ans Tageslicht.

Jetzt lachte alles und wischte sich Freudentränen aus dem Gesicht. Nach den feierlichen Augenblicken und dem ersten Staunen wandte Joel sich an den Vater. Der Rucksack war fast leer, und er erwog, die paar restlichen Sachen auszubreiten und den Vater etwas aussuchen zu lassen. Zwei von drei möglichen Wundern waren nicht schlecht; warum das „Glück" auf die Probe stellen? Irgendwie aber erklang es tief in Joels Seele: „Probier's doch!" Noch bevor er mit Gott handeln konnte, hörte er sich schon reden: „Gary, was ist dein Lieblingsnachtisch?"

Dieser großartige Diener Gottes lächelte und sagte: „Etwas, das sonst niemand in der ganzen Welt mag – Fertigpudding."

Fast hätte Joel sich dabei verletzt, als er hastig den Pudding aus dem Rucksack zog und durch das Zimmer spurtete, um ihm das Pudding-Viererpack in Sondergröße zu zeigen, auf das Gott ihn vor einer Woche und 6.000 Kilometer entfernt hingewiesen hatte.

Was jetzt losging, waren Gebete aus Freude und Dankbarkeit in ihrer echtesten Form. Neun Menschen, dicht an dicht im engen rumänischen Wohnzimmer, weinten und sangen Loblieder für Gott. An diesem Tag wussten sie ganz neu zu schätzen, was im Philipperbrief 4,19 steht: „Gott, dem ich diene, wird euch alles geben, was ihr braucht. Durch Jesus Christus beschenkt er uns mit dem Reichtum seiner Herrlichkeit."

Diese guten Menschen hatten Verwandte, Freunde und sichere Jobs hinter sich gelassen. Sie waren sogar von der Organisation vernachlässigt worden, die sie ausgesandt hatte. Gott wusste, dass sie auf neuen Mut und neue Hoffnung angewiesen waren. Gott war auf das Gebet eines Kleinstadtpastors eingegangen und setzte mit Pralinen, Obstkonserven und Puddingbechern ein Zeichen, dass er sie nicht vergessen hatte. Außerdem verlieh er ihnen einen Einblick in die geheimnisvolle Macht des Gebetes.

Zum Nachdenken

Beten Sie heute voller Zuversicht. Auch wenn Ihnen klar ist, dass das Ergebnis nicht so ausfallen muss, wie Sie es sich vorstellen, hat das Gebet eine Wirkung. Joel dachte beim Beten an das, was er brauchte. Gott antwortete so, dass eine Familie mit dem versorgt wurde, was sie nötig hatte. Dadurch gab er Joel eine Dosis des Wirkstoffes, den er viel dringender brauchte als einen Becher mit schleimigem Pudding: Joel erkannte die Hand Gottes. Ihm wurde das Privileg gewährt, zum Überbringer eines Wunders zu werden.

Beten Sie heute voller Zuversicht, weil Sie wissen, dass Gott genau so für Sie sorgt wie für die Missionarsfamilie in Rumänien. Auch wenn Sie wissen, dass Sie vielleicht nur ab und zu Gottes Handlungen erkennen, ist er doch ständig am Werk. Er hat Sie nicht vergessen.

Ich schreibe euch dies, damit ihr wisst, dass ihr das ewige Leben habt. Ihr verlasst euch ja auf den Sohn Gottes. Wir vertrauen ganz fest darauf, dass Gott uns hört, wenn wir ihn um etwas bitten, das seinem Willen entspricht. Wir wissen, dass er uns hört. Darum wissen wir auch, dass er uns gibt, worum wir ihn bitten.
1. Johannesbrief 5,13–15

Fünfzig Dollar auf das Vaterunser

John Cassis, einer der bekanntesten Motivationstrainer Amerikas, hat bei einer Talkshow eine großartige Geschichte erzählt. Als die Chicago Bears im Zenit ihres Erfolges standen, war er als einer der Vereinsgeistlichen bei ihnen tätig. Am Spieltag hielt er den Sportlern oft eine kurze Anfeuerungsrede.

John erzählt, dass eines Tages der Trainer Mike Ditka dabei war, seine in der Garderobe versammelten Spieler mit ein paar Appellen heiß zu machen. Er schaute auf und sah den Verteidiger William Perry, „Kühlschrank" genannt. Wie hätte er ihn auch übersehen können, bei seinen drei Zentnern? „Kühlschrank" fiel sogar in einer Gruppe von Profi-Footballern auf. Ditka zeigte auf Kühlschrank. „Wenn ich fertig bin", sagte er, „dann möchte ich, dass du mit einem Vaterunser schließt." Und der Trainer begann seinen Appell.

Inzwischen gab Jim McMahon, der freche und schlagfertige Quarterback, John Cassis einen Schubs. „Guck dir mal Perry an", flüsterte McMahon. „Der kennt das Vaterunser gar nicht!"

Verzweifelt hatte Perry, der Kühlschrank, den Kopf in die Hände gestützt und zeigte einen panisch erschrockenen Gesichtsausdruck. Er schwitzte erbärmlich. „Das Vaterunser kennt doch jeder", sagte Cassis ungläubig zu McMahon. Nach ein paar Minuten, in denen McMahon zuschaute, wie Kühlschrank eimerweise Schweiß verlor, stieß er Cassis noch mal an. „Ich wette 50 Dollar, dass Kühli das Vaterunser nicht auf die Reihe kriegt", sagte er herausfordernd.

Als Cassis die Geschichte erzählte, hielt er inne, um das Absurde an der Situation deutlich zu machen: „Da sitzen wir zusammen, praktisch in der Kapelle, und wetten 50 Dollar . . . auf das Vaterunser!"

Als Trainer Ditka mit seinem Appell fertig war, bat er die Männer, die Mützen abzunehmen. Dann nickte er Perry zu und beugte den Kopf. Es war ein paar Augenblicke lang still, bevor Kühlschrank mit zittriger Stimme anfing: „Müde bin ich, geh zur Ruh, schließe meine Äuglein zu . . ."

Cassis merkte, wie ihn jemand an der Schulter berührte. Es war Jim McMahon. „Hier sind die fünfzig Piepen", flüsterte er. „Ich hatte keine Ahnung, dass Perry das Vaterunser drauf hat."

Ich bin in einer Epoche groß geworden, in der anscheinend jeder das Vaterunser kannte. Einfache Gebete und biblische Geschichten gehörten zum reichen und vielfältigen amerikanischen Erbe. So etwas galt als kultureller Prüfstein. Die Lehrer unterrichteten aus der Bibel; das

Gebet war eine weitverbreitete gesellschaftliche Rahmenhandlung. Die Grundfesten unseres Landes waren auf die Religionsfreiheit gegründet. Inzwischen betrachtet man hier öffentliche Glaubensbekundungen als Verletzung der religiösen Freiheit von Außenstehenden. Das Vaterunser wird häufig nicht mehr gesprochen und gilt in bestimmten Kreisen als beleidigend, sogar gesetzwidrig.

Und was ist das Ergebnis? Die heutige Generation leidet an einer Art religiösem Analphabetismus. Es gibt Männer, Frauen und Kinder, die noch nie ein Gebet gesprochen haben. Sie kennen die Geschichten von Abraham, Mose und David nicht mehr, sogar die von Jesus nicht. Diese wunderbaren Geschichten aber haben ihr Potenzial auf keinen Fall verloren. Immer noch liegt hier das Geheimnis der Hoffnung für die ganze Welt verborgen. Selbst im Kindergebet „Müde bin ich, geh zur Ruh" steckt ein bescheidener Glaube, der sich auf Millionen von Menschen ausgewirkt hat.

Zum Nachdenken

Es ist ja immer noch nicht verboten, die Bibel zu lesen. Was könnte wohl alles passieren, wenn Sie die nächsten 30 Tage jeden Morgen mit einem bewusst gesprochenen Vaterunser anfangen würden? Wie wäre es außerdem, wenn Sie sich vier der berühmtesten biblischen Geschichten aussuchen und jede Woche eine davon lesen würden?

Ich denke an die Geschichten von Jona, Josef, Daniel oder Mose. Lassen sie sich auf die Wunder des großen Gottes ein und werden Sie vom einfachen Glauben der Männer und Frauen beeindruckt, die sich auf ihn verlassen haben. Ich wette 50 Dollar, dass Sie diese Erfahrung als bereichernd und spannend empfinden.

Falls Sie es nicht gekannt haben, hier noch mal das Vaterunser:

Unser Vater in dem Himmel! Dein Name werde geheiligt. Dein Reich komme. Dein Wille geschehe auf Erden wie im Himmel. Unser täglich Brot gib uns heute. Und vergib uns unsere Schuld, wie wir vergeben unseren Schuldigern. Und führe uns nicht in Versuchung, sondern erlöse uns von dem Übel. Denn dein ist das Reich und die Kraft und die Herrlichkeit in Ewigkeit. Amen.
Matthäus 6,9–13

Amen.

Sag zu, Dummkopf!

Mir fiel fast das Telefon aus der Hand. In meinem Kopf klingelte es wie in der Schnellkasse im Supermarkt. Der Mann am anderen Ende wollte mich als Redner bei einer Unternehmenskonferenz buchen. Ein Unternehmen hat echtes Geld zu bieten. Ich brauchte echtes Geld.

Bis zu diesem Ereignis hatte ich in meinem Leben schon viele Reden gehalten. Meistens allerdings in Kirchen. Da gab es keine richtigen Honorare – es gab „Liebesopfer". Das ist etwas anderes. Ein „Liebesopfer" besteht aus Kleingeld auf Tellern, die bestenfalls ab und zu mit kleineren Geldscheinen garniert sind. Die meisten

Liebesopfer, die mir dargereicht wurden, waren schwer mit Liebe, aber dürftig mit Opfern gefüllt. Bei einer Reise musste ich 500 Kilometer zurücklegen und an drei Abenden sprechen. Als ich abreisen wollte, drückte mir ein Mitarbeiter 50 Dollar in die Hand und teilte mir mit, es handle sich um ein kleines Zeichen der Liebe seiner Gemeinde für mich. Die Schlüsselaussage war hier „klein".

So ist das Leben: reichlich Liebe, wenig Opfer. Auf jeden Fall war ich froh, nicht gehasst zu werden – da hätte ich Schulden gemacht.

Jetzt aber winkte mir am Telefon ein Beitrag zum Lebensunterhalt von einem *richtigen* Unternehmen. Unternehmen zahlen im Voraus, bar. In meinem Kopf jagte ein Gedanke den anderen. Unsere Finanzdecke war seit Beginn meiner Rednerlaufbahn dünn gewesen. Ich durfte mir Hoffnungen machen, mit dieser einen Rede ein paar hundert Dollar zu verdienen. Der Mann gab mir das Datum seiner Konferenz an. Ich bat ihn dranzubleiben und rief Diane wegen meines Terminkalenders ins Zimmer.

Diane checkt alle meine Termine ab, weil ich die Neigung besitze, an ein und demselben Abend drei Verpflichtungen in drei entgegengesetzten Ecken des Weltalls zu übernehmen. Ich stimme einem Termin zu, lege auf und habe nach 10 Sekunden alles vergessen. Es ist nicht nur einmal passiert, dass das Telefon klingelte, wenn ich mir gerade die Sportschau im Fernsehen ansah. Meine Angst vor der Frage: „Ken, wo steckst du denn?", hatte sich bereits zur Neurose entwickelt. Es kam so oft vor, dass ich schon Angst bekam, Anrufe entgegenzunehmen. Da hatte Diane eingegriffen.

Jetzt aber wies mich Diane auf ein Problem hin. Die geplante Rede fiel dem Terminkalender nach mitten in unseren Urlaub. Warum so unflexibel sein? Ich versuchte, Diane für das verlockende Registrierkassenklingeln empfänglich zu machen, aber sie stellte sich taub. „Kein Geld der Welt kann so wichtig sein wie unsere gemeinsame Zeit als Familie", sagte sie unnachgiebig. Ich seufzte, teilte dem Mann höflich mit, ich stünde nicht zur Verfügung, und legte auf.

Ich hatte es allerdings mit einem sehr entschlossenen Menschen zu tun. Er rief andauernd zurück und versuchte mich zum Kommen zu überreden. Bei jedem Rückruf bearbeitete ich Diane. „Er will mich wirklich unbedingt haben", jammerte ich. „Vielleicht ist ihm das 300 Dollar wert." Diane blieb unerbittlich; der Familienurlaub war ihr einfach zu wichtig. Mit jedem Anruf steigerte sich die Spannung zwischen uns beiden.

Schließlich rief der Mann ein letztes Mal an. Bei seiner Beharrlichkeit hatte ich die Geduld verloren und fasste den Entschluss, ihm ein unannehmbares Angebot zu machen. Ich wollte den Preis so unverschämt hoch treiben, dass er mit den Anrufen aufhören musste.

„Ihr Konferenztermin fällt mitten in meinen Urlaub", sagte ich. „Ich kann nur unter einer Bedingung kommen." Innerlich raffte ich alles an Honorar zusammen, was für mich drin war. „Wenn Sie mir . . ." Ich hielt inne und zielte auf den Mond . . . „1.500 Dollar zahlen." Ich hatte noch nie im Leben 1.500 Dollar auf einem Haufen gesehen. Warum aber jetzt aufhören? „Sie müssten außerdem meiner Frau und meiner Tochter Tickets stellen, damit sie mich begleiten können", fuhr ich fort, wo ich schon dabei war. „Dann müssten Sie uns drei Tage lang in einem Ferienhaus am Strand unterbringen und alle Ausgaben übernehmen. Dann würde ich kommen." Das waren sogar drei Bedingungen, nicht nur eine. Aber egal. Ein schönes Gefühl, mal was Unmögliches zu verlangen!

Die Antwort kam sofort. „Na, wunderbar!", sagte er. „Machen wir das."

Ich ließ das Telefon fallen. Diane kam gerade ins Zimmer, als ich es aufhob – und meine Kinnlade wieder schließen wollte. Sie wusste, was gespielt worden war. Ich hielt den Hörer zu und versuchte zu lächeln. „Ich habe versucht, so einen hohen Preis rauszuholen, dass er ablehnen musste", erklärte ich und versuchte, ihr die Sache stückweise beizubringen. Ihr Gesicht färbte sich rot, und die Brauen hoben sich, als ich fortfuhr. „Ich habe gesagt, dass ich zur Konferenz komme, wenn er mir 1.500 Dollar zahlt und alle Ausgaben übernimmt, wenn du und Traci mit mir hinfliegt." Um der Wirkung willen machte ich eine Pause. „Außerdem sollte er die Kosten für drei Tage Ferienhaus am Strand bezahlen. Aber jetzt hat er ja gesagt! Was soll ich bloß machen?"

Da huschte ein Lächeln über ihre Züge. „Sag zu, Dummkopf!", lachte sie. Dann drehte sie ab und ging aus dem Zimmer. Sie ist flexibel. Dafür liebe ich sie.

Zum Nachdenken

Ich frage mich, wie oft wir blind für das Gute sind, das Gott uns gern geben würde. Wir haben einfach Angst, darum zu bitten. Ich will damit nicht sagen, dass Sie sich von den gleichen materialistischen Motiven leiten lassen sollen wie ich damals. Könnte man sich aber nicht in manchen Situationen mit Wünschen an Gott wenden, die uns größer als möglich vorkommen?

Es geht nicht unbedingt um Geld, Ruhm oder Macht, auf jeden Fall aber um die tiefsten Bedürfnisse der Seele – Frieden, Heilung, Vertrauen und das Glück einer tieferen Beziehung zu Gott.

Gott ist unendlich viel größer als jeder Konzern. Ihm gehören alle Unternehmen. Er verfügt über die gesamte emotionale und geistliche Kraft, die wir brauchen, und er stellt sie uns ganz umsonst zur Verfügung. Das sieht nicht immer so einfach aus. Ich habe nicht immer alles bekommen, worum ich gebeten habe – aber das darf uns nie vom Bitten abhalten.

Es ist überwältigend einsichtig, dass Gott sich daran freut, uns Geschenke zu machen. Er gibt wunderbare „Liebesopfer". Haben Sie schon mal darum gebeten? Sie haben nichts zu verlieren. Der Schöpfer des Universums könnte in allen möglichen Sprachen, die er für angemessen hält, die eine Antwort geben: „Ich habe dich lieb. Sag zu, Dummkopf."

Wir vertrauen ganz fest darauf, dass Gott uns hört, wenn wir ihn um etwas bitten, das seinem Willen entspricht. Wir wissen, dass er uns hört. Darum wissen wir auch, dass er uns gibt, worum wir ihn bitten.
1. Johannesbrief 5,14–15

Ich will singen!

Als wir nach Florida kamen, lagen meine Nerven blank. Hier ging es nicht um ein paar Worte auf Liebesopferbasis – hier war ein Vortrag gefragt, der mit 1.500 Dollar, Flugtickets für zwei Personen und drei Tagen Ferienhaus am Strand honoriert wurde. Ich stand unter dem Druck, eine bessere Show zu liefern als je zuvor. Mein Bestes hatte ich schon immer gegeben, ganz gleich, ob mir ein gutes oder ein eher opfermäßiges Honorar geboten wurde. Woher den Extradampf für dieses Engagement nehmen?

Am Abend des Vortrags hatte ich mit dem unaufmerksamsten Publikum meines Lebens zu tun. Die Rede war nach der „Happy Hour" angesetzt, weshalb nicht wenige Zuhörer ziemlich „happy" waren. Schlimmer noch, der Mann, von dem ich engagiert worden war, tauchte nicht auf. Er wurde vertreten von einem angesäuselten Fremden, der mich vorstellte. „Ich weiß nicht, wer heute Abend unser Redner ist", sagte er, „aber ich will, dass Sie sich alle hinsetzen, den Mund halten und ihm zuhören." Dann wandte er sich ab und setzte sein lautes Gespräch mit der Frau neben ihm fort.

Eingeschüchtert erhob ich mich zum Vortrag. Bevor ich meinen ersten Satz beendet hatte, widerfuhr mir ein Alptraum. Meine zweijährige Tochter Traci, die hinten bei Diane saß, riss sich los und kam nach vorn gedackelt. Nur Frankenstein, Kinder und Monster beherrschen diesen Gang. „Papa, Papa!", lallte sie, als sie zu mir her stolperte. Das ganze Gesicht war ein zahnloses Grinsen. Ehrlich gesagt sah sie ein paar von den Männern im Saal ziemlich ähnlich.

Ich versuchte sie mit dem berüchtigten elterlichen bösen Blick zu bremsen. Sie ließ sich davon nicht beeindrucken und schritt vorwärts. Schamrot geworden, sagte ich zu ihr: „Traci, geh zurück zu Mama." Das Ganze klang ernst genug, damit Traci mich verstand, aber immerhin so sanft, dass ich nicht mein Publikum gegen mich aufbrachte.

Sofort rief jemand aus dem Publikum: „Lass das Kind rauf! Wir wollen das Kind sehen!"

Inzwischen hatte Traci die Bühne erreicht. Ich nahm sie in den Arm, setzte ein strahlendes Lächeln auf und übte mich so gut wie möglich in der Kunst des Bauchredens. Mit zusammengebissenen Zähnen flüsterte ich ihr den Befehl zu, zum Publikum Hallo zu sagen und dann zu Mama zurückzugehen. Kinder aber spüren instinktiv die Macht, die sie aus einer versammelten Menge schöpfen können. Sie griff nach dem Mikrofon und sagte: „Ich will singen!"

Im ganzen Leben gibt es kaum etwas Schwierigeres als den Versuch, ein Kind vor angeheitertem Publikum zur Räson zu bringen. Noch hatte ich gar nichts gesagt, da rief schon ein anderer Zuhörer: „Lass das Kind singen! Wir wollen das Kind singen hören!" Noch war nicht einmal der erste Satz meiner 1.500-Dollar-Rede gesprochen, und schon war mir die Situation entglitten. Ich sehnte mich nach einem Liebesopfer.

Traci beugte sich über meinen Arm, krallte sich mit beiden Händen das Mikrofon und fing mit dem einzigen Lied an, das sie kannte. „Jesus liebt mich ganz gewiss", sang sie, „denn die Bibel sagt mir dies!" Ihre Augen tanzten vor Freude. Als sie den zweiten Vers begann, war sie in Höchstform. Beim Refrain warf sie den Kopf zurück und jodelte das Finale: „Jaaaaa, Jesus liebt miiiiiich! Die Bibel sagt mir diiiiiiiiies!"

Donnernder Applaus ließ den Saal erdröhnen, als Traci die Biege machte und bereitwillig zurück zu ihrer Mutter strebte. Sie war zufrieden. Aus einer Unternehmensveranstaltung zur Mitarbeitermotivation hatte sie eine Sonntagsschulklasse gemacht. Jetzt konnte sie nach Hause gehen.

Als ich mit meinem Vortrag begann, herrschte eine merklich andere Stimmung im Raum. Nicht wenige wischten sich die Tränen aus den Augen. Die ganze Atmosphäre hatte sich durch das simple musikalische Glaubensbekenntnis eines Kindes gewandelt. Männer wie Frauen hörten mir interessiert und respektvoll zu, als ich meine Ansprache hielt.

Danach kamen viele Teilnehmer auf mich zu. Es ging nicht um das Thema. Sie wollten mit mir über Tracis Lied reden. Wir tauschten bis in die frühen Morgenstunden Erinnerungen aus über Jugendzeit und Familie, über Kirche und Glauben. Alle waren bewegt von dieser Begeisterung eines Kindes, das ohne Scham von seinem Glauben gesungen hatte. Alle redeten von glücklicheren Zeiten als der „Happy Hour", die heute das Leben bestimmt hatte. Ob sich wohl jeder insgeheim nach mehr kindlichem Mut sehnte, statt höflich ein Leben zu pflegen, das unter politisch korrektem Vorzeichen stand?

Ich kam an diesem Tag zu dem Schluss, mich nie mehr vom Honorar oder vom Status meines Publikums so beeinflussen zu lassen, dass der Wert meiner Rede davon abhängt. Außerdem entschloss ich mich, mehr wie Traci zu werden, nämlich eine spontane und natürliche Begeisterung für die einfache, aber so gehaltvolle Wahrheit zu zeigen: Jesus liebt mich!

Zum Nachdenken

Haben wir bei unserem Bestreben, auf keinen Fall kindisch zu wirken, nicht etwas geopfert, nämlich den wunderbaren Wesenszug, im Hinblick auf Vertrauen, Glauben und Mut so frei und offen wie die Kinder zu sein?

(Jesus sagte) „Täuscht euch nicht: wer sich der Liebe Gottes nicht wie ein Kind öffnet, wird sie niemals erfahren." Dann nahm er die Kinder in die Arme, legte ihnen die Hände auf und segnete sie.
Markus 10,15–16

Mein bester Freund

Bill Letourneau war eine stattliche Erscheinung. Wenn er lachte, dann war das ein Fest, an dem der ganze Körper Anteil nahm.

Es fing immer mit den Augen an. Das Letourneau'sche Lächeln drängte die großen, rosigen Wangen so weit nach oben, dass seine Augen nur noch aus winzigen Schlitzen hervorfunkelten. Dann bebte der Körper unter einem glucksenden Lachen, das sich anhörte, als ob in voller Fahrt die Luft aus einem Michelin-Reifen entwich. Das Lachen steigerte sich, griff schnell von den Lippen auf die Schultern über und schließlich auf den Bauch. Die Wangen färbten sich sonnenuntergangsrot, und aus dem anfänglichen Glucksen hatte sich ein sattes, fulminantes homerisches Gelächter entwickelt.

Bills Lachen durchdrang mehr als einen Raum. Außerdem war es wundersam ansteckend. Die Menschen kamen aus benachbarten Räumen oder ab und zu sogar aus ihren Häusern, um nachzuschauen, was es zu bedeuten hatte. Oft haben wir vergessen, worüber wir gelacht hatten. Auch kam es vor, dass uns ein Gelächter den Anlass für das nächste gab.

Für Bill gab es kein Restaurant, das er nicht mochte, aber die besseren waren ihm am liebsten. Er ging lieber in ein billiges Hotel, um sich vom gesparten Geld ein Essen in einem Fünf-Sterne-Restaurant leisten zu können. Die gehobene Küche war seine große Liebe. Seine Leidenschaft für das Essen stieg ihm nicht zu Kopf, wirkte sich aber auf den übrigen Körper aus.

Mit seinem Gewicht hatte Bill kein Problem – das gehörte für ihn zum Leben. Er war nicht im eigentlichen Sinne fett. Er sah aus wie ein stämmiger, aber gesunder

Schwerathlet. Zweimal ließen wir uns auf die Wette ein, wer in drei Monaten mehr abnehmen könnte. Eins gehörte zu den Spielregeln: Der Verlierer musste den schlanken, fitten Gewinner zum Essen in einem guten Restaurant einladen. Was für ein Schlussstrich für das Ende der Hungerkur! Bill hat die Wette beide Male fröhlichen Herzens verloren.

Nach seiner ersten Niederlage luden er und seine Frau Julie Diane und mich ins „Fort" ein, ein wunderschönes Restaurant gleich im Westen von Denver. Diane und ich kamen vor ihnen in dem original erhaltenen Lehmziegelbau an. Als Bill und Julie eintrafen, hatte er einen schicken schwarzen Anzug mit Kordelkrawatte an. Um seinen Hals hatte er sich mit Schnur und Pappe ein Schild gehängt, auf dem mit Filzstift die kunstlose Aufschrift stand: „Ich kenne keine Selbstbeherrschung." Unser Gelächter war die erfrischende Vorspeise zu einem unvergesslichen Abend.

Drei Jahre später näherte ich mich wieder einmal den Dimensionen eines Sumo-Ringers an, während Bill sich in seiner gewohnten Gewichtsklasse „großer Teddybär" befand. Es wurde Zeit für die nächste Wette, und ein zweites Mal erduldete ich das Hungertuch in Vorfreude auf ein kostenloses Essen mit Bill und Julie. Bill freute sich gespannt auf die nächste Niederlage, und ich freute mich auf den nächsten Abend mit köstlichen Speisen und Zwerchfell erschütterndem Gelächter. Ich konnte es kaum abwarten, dass Bill seinen Teil der Abmachung erfüllte. Diesmal hatte er versprochen, ein Sandwich-Plakat mit den Worten zu tragen: „Ich kenne *immer noch* keine Selbstbeherrschung."

Am 8. April 1998 wurde ich vom klingelnden Telefon geweckt. Mein Geschäftspartner Dan Marlow teilte mir unter Tränen die traurige Nachricht mit, dass Bill

Letourneau während einer Hilfsreise für Kinder in Vietnam an einem Herzinfarkt gestorben sei.

Ich brauchte ein paar Tage, um die volle Bedeutung des Verlustes auf mich einwirken zu lassen. Als ich einen Beitrag für den Beerdigungsgottesdienst vorbereitete, fielen mir Charakterzüge an meinem Freund auf, über die ich vorher nie nachgedacht hatte. Es gibt nicht viele Menschen, denen bekannt ist, dass ich mich manchmal im kleinen, intimen Kreis unwohl fühle, aber in Bills Gegenwart habe ich immer jede Minute genossen. Bei ihm war ich gut aufgehoben. Ich mochte seinen Witz, sein weiches Herz und seine Leidenschaft für das Leben. Aber erst nach nüchterner Betrachtung fiel mir auf, was ich an Bill Letourneau am meisten schätzte.

Mit meinen 52 Jahren fühle ich mich sicher und als Herr der Lage, wenn ich auf der Bühne oder hinter einem Rednerpodium stehe. Aber immer noch zittere ich vor einer ersten persönlichen Begegnung mit einem Menschen. Bill hatte ein wunderbares Talent, diese Angst wegschmelzen zu lassen. Bei jeder Begegnung mit ihm, ob er mit anderen zusammen war oder in seinem vollgestopften kleinen Redaktionszimmer saß, sprang Bill auf, sobald ich durch die Tür kam. Es war, als ob er den ganzen Tag auf das Treffen mit mir gewartet hätte. Selbst bei großen Zusammenkünften erblickte er mich über den ganzen Raum hinweg und strahlte. Er fing an zu lachen, während er auf mich zustapfte, und breitete seine Teddybärarme aus. Ich hatte in jeder Situation das Gefühl, ein Stargast zu sein. Er ließ mich glauben, die Party sei noch nicht vollkommen gewesen, solange ich nicht da war, als sei ich der helle Lichtschein seines Tages.

Diesen Eindruck von Bill schilderte ich beim Beerdigungsgottesdienst. Ich muss damit auf Resonanz gestoßen sein, denn mehrere Gäste kamen hinterher auf mich zu. Unter Tränen erzählten sie, wie Bill ihnen genau das gleiche Gefühl vermittelt hatte. Um ganz ehrlich zu sein, brach das den einen oder anderen Zacken aus meiner Krone. Ich hatte gemeint, die Sache habe ausschließlich mir gegolten. Ich wollte ja etwas Besonderes sein.

Dann aber erkannte ich die Wahrheit: Bill begrüßte und behandelte alle Menschen mit der gleichen Begeisterung. Jeder war der Lichtstrahl, der seinen Tag erhellte.

Was für eine Begabung! So möchte ich auch sein. Ich denke so oft ängstlich darüber nach, wie andere von mir denken, dass ich häufig die Gelegenheit verpasse, meine Freude darüber zu zeigen, dass ich mit *ihnen* zusammen bin!

Zum Nachdenken

Ich möchte meinen Mitmenschen das Gefühl geben, dass die Party nicht ohne sie anfangen kann. Das ist Gottes Art von Liebe – jedes Kind ist sein Lieblingskind.

Danke, Bill, dass du so mit mir umgegangen bist.

Danke, Gott, dass du mich so liebst.

Hilf mir, meine Mitmenschen in dieser Weise zu lieben.

Man kommt nicht weiter, wenn man stehen bleibt

Im Lauf der Jahrhunderte haben sich die Theologen darüber gestritten, was eigentlich mit der Sünde gemeint sei, die „keine Vergebung" findet (siehe Matthäus 12,31). Ich weiß jetzt, worum es hier geht: Wenn man einem Menschen mit 150.000 Flugmeilen im Jahr sagt, dass Reisen etwas Herrliches sei. Das kriege ich oft zu hören. Wenn mir jemand erklärt, wie glücklich ich sein müsse, andauernd reisen zu können, muss ich mich beherrschen, um nicht zuzuschlagen.

Diese Menschen kommen nicht in den Himmel. Sie sind in Ewigkeit dazu verdammt, auf dem Mittelplatz eines Flugzeuges zu sitzen, links ein schreiendes Kind und rechts einen Sumo-Ringer auf Rente. Der Platz soll ganz hinten im Flugzeug sein, direkt neben der Toilette. Unterwegs geht es immer im Kreis, direkt in einer Regenwolke, in der Hoffnung auf eine Sichtlandung, die nie zustande kommt.

Nicht, dass ich auf Rache sinne – ich hasse nun mal das Umherreisen. Es ist alles andere als herrlich. Wenn irgendwann mal der Trick aus *Star Trek* („Du kannst mich jetzt hochbeamen, Scotty!") allgemein nutzbar wird, bin ich der erste Kunde.

Doch es ist nun mal so: Egal, wohin man will – man muss sich auf den Weg machen, um hinzukommen. Als Kind ging ich gern zur Kirche, aber selten war die kurze Fahrt zum Haus Gottes ein schönes Erlebnis. Im Lauf der Woche hatte sich zwischen meinen Schwestern und mir die Feindseligkeit langsam gesteigert. Sie entlud sich unterwegs zur Kirche auf dem Rücksitz des Autos. Wir hatten uns schon am Kragen, bevor das Auto die Einfahrt verlassen hatte, und schlugen, traten und zwickten einander heimlich.

Die verborgenen Hiebe, das Kneifen und heisere Flüstern schuf sich bald Luft durch einen Krach, gegen den eine Catcher-Show wie eine Sonntagsschulklasse aussehen musste. Mein Vater griff sich den Innenspiegel und rückte ihn so zurecht, dass wir nur noch seine Augen und die gerunzelte Stirn sehen konnten. „Wollt ihr, dass ich nach hinten komme?", drohte er.

„Klar, Papa, du fährst ja gerade mit hundert Sachen die Autobahn lang. Komm nach hinten – mal sehn, was passiert!" So meine kluge Antwort, natürlich nur innerlich. Ich war zu jung zum Sterben, also machte ich solche Bemerkungen nicht laut.

Manchmal ließ Papa seinen Arm über den Rücksitz sausen, um uns einen Klaps zu verpassen. Wir kannten seine Armlänge genau und wichen in die Ecke zurück, die er nicht erreichen konnte. Von da aus ging der Kampf mit stumm gesprochenen Beleidigungen weiter.

Wenn ich diese Geschichte vor Publikum erzähle, werde ich oft von Eltern umringt, die sich darin wiederfinden. Ein Vater hat sogar den wunderbaren Rat ausgeplaudert, wie man die Kinder aus dieser unerreichbaren Sicherheitszone hervorlockt: „Ein kleines Bremsmanöver bringt sie wieder richtig ins Spiel", verriet er mir.

Ich fand die Kirche gut, aber die Prozedur auf dem Hinweg machte blaue Flecken. Ich halte gern in allen Enden der Welt meine Vorträge, aber das Reisen macht müde. Reisen sind weder lustig, noch bringen sie Glanz ins Leben. Auch die alltägliche Lebensreise ist nicht besonders exotisch. Damit kommt die traurige Wahrheit zur Sprache, dass viele Menschen niemals ihr Potenzial ausschöpfen.

So mancher träumt von lebenswerten Zielen, ist aber

nicht willens, die lange Reise dorthin anzutreten. Man möchte den Gipfel des Sieges erleben, sich aber keine Blasen an den Füßen holen.

Ein Kirchenbesuch kann befreiend wirken . . . man muss aber die Fahrt dahin auf sich nehmen.

Wie anregend, vor ein paar Tausend Menschen eine Rede zu halten . . . man muss sich aber auf einen quälend engen Flugzeugsitz zwängen.

Wie schön, verheiratet zu sein, „bis dass der Tod uns scheidet" . . . aber man muss den Weg durch das Todestal zurücklegen, wenn man es schaffen will.

Auf dem Gipfel des Berges zu stehen ist etwas Herrliches . . . aber man muss Flüsse durchschwimmen, Sümpfe durchwaten und Felsen erklimmen, die vor das Ziel gestellt sind.

Es gibt leider allzu viele Menschen, die ohne Verwirklichung ihrer Träume sterben, weil sie keine Lust haben, etwas dafür zu tun. Jedem Traum sollte eine Warnung beigepackt sein: „Man kommt nicht weiter, wenn man stehen bleibt."

Zum Nachdenken

Der kurze, unspektakuläre Schritt, den Sie heute tun, hat Sie schon morgen Ihrem Traum einen Schritt näher gebracht.

Ein Dutzend verwelkte Rosen

Endlich brach ich nach einem langen Arbeitstag in meinem Sessel zusammen. Der Sessel hieß mich in seinen Polstern willkommen. Ich spürte, wie die Anspannung des Tages von mir abfiel. Genau in dem Moment machte Diane ihre Ankündigung: „Ich habe Karten für die Aufführung im Schultheater."

Was mich anging, hätte sie mir genauso gut Reklame für einen Billigladen vor die Nase halten können. Ich und den Abend mit Amateuren verplempern, die ein Broadway-Musical vergewaltigen? Sehr unwahrscheinlich. „Ich rühr mich nicht vom Fleck", grummelte ich.

Diane blieb hartnäckig. „Jean hat auch eine Rolle – wir *müssen* hin!"

Jean war eine lebhafte junge Dame, die zu den Treffen unseres christlichen Campus-Clubs kam. Dabei ging es ihr um Spiele und Diskussionen, durchaus nicht um das, was sie „übertriebenen Religionskram" nannte. Trotzdem war sie bei allem neugierig, was mit der Person Jesus zusammenhing. Ab und zu stellte sie ein paar tiefschürfende Fragen. Trotzdem hielt sie mich irgendwie für einen religiösen Fanatiker.

Diane bettelte, als ob Jean ohne unsere Gegenwart bei der Aufführung den Abend nicht überstehen würde. Ich merkte, dass ich ein Machtwort sprechen musste. „Ich bin kaputt, und wir gehen nicht aus dem Haus!", donnerte ich einschüchternd und entschlossen. „Jean braucht bloß zwei Sätze zu sagen. Sie würde es nicht mal merken, wenn wir nicht da sind." Damit stand mein Entschluss fest, ein für alle Mal.

Auf dem Weg zur Aufführung sah Diane an einer Straßenecke einen Blumenverkäufer. „Halt!", rief sie und verursachte beinahe einen Unfall. „Wir kaufen ein paar Rosen für Jean!"

„Ich halte nicht mehr an", sagte ich stur. „Wir sind schon spät dran – willst du noch mehr Zeit verlieren? Außerdem finde ich es nicht gut, Rosen auf der Straße zu kaufen. Man weiß nie, was die schon mitgemacht haben. Und guck dir den Typ an, der sie verkauft: Man kann nie wissen, was der schon mitgemacht hat." Ich präsentierte mein Argument mit eindrucksvoller, unanfechtbarer Logik; dann warf ich einen Blick auf Diane, um ihre Reaktion zu erforschen.

Wir fuhren noch einmal um den Block und kauften ein Dutzend halb verwelkte Straßenrosen in schmuddeligem Einwickelpapier. Beim Weiterfahren fragte ich mich, was das Papier schon alles mitgemacht haben mochte.

Das Stück gehörte zu den schlechtesten, die ich je gesehen hatte. Die Requisiten fielen um, die Schauspieler ließen sich beinahe jede Zeile soufflieren, und einmal fiel der Vorhang zu früh. Ungeübte Stimmen versuchten sich an zu hohen Tönen und scheiterten so knapp daran, dass es dem ganzen Publikum kalt über den Rücken lief. Ich beobachtete, wie sich bei dem Besucher vor mir das Nackenhaar sträubte, als die Stimmen ähnlich quiet-schende Kratzgeräusche machten wie ein Fingernagel an der Tafel. Mir war elend zumute. Auch die Rosen litten sichtbar unter der Aufführung. Angeblich stärkt es die Pflanzen, wenn man mit ihnen redet, aber bei diesen Stimmen ließen sie vollends die Köpfe hängen.

Der letzte Vorhang fiel keinen Moment zu früh. Ich versuchte, flugs zum Ausgang zu fliehen, aber Diane klammerte sich an meinen Arm. „Wir müssen Jean noch die Rosen übergeben", flüsterte sie bedrohlich.

„Wer will schon Rosen, die zu Tode gefoltert wurden?", murmelte ich, als wir uns hinter die Bühne begaben.

Wie Sie wohl schon gemerkt haben, ist Diane die eigentliche Ministerpräsidentin in unserer Familie. Sie denkt immer an andere Menschen. Das einzige, woran ich an dem Abend gedacht hatte, waren meine eigenen Bedürfnisse. Außer mir selbst hatte ich niemanden gesehen, nur mich, den Unglücklichen. Dazu war ich müde und gelangweilt. Ich wäre gern zu Hause geblieben. Beim Theaterbesuch war es aber nicht um mich, sondern um Jean gegangen.

Beim Gedränge inmitten kreischender Teenager hinter der Bühne erfuhr ich noch etwas Wichtiges. Die allerdürftigste, musikalisch schauderhafteste Aufführung ist für die Kids in der Truppe eine preisverdächtige Premiere. Diane und ich sahen zu, wie alle diese Teenager vor Begeisterung fast platzten. Plötzlich tauchte Jean auf. Als sie uns entdeckte, lief sie in höchsten Tönen quietschend den Flur entlang. „Wie fandet ihr es?", sprudelte sie hervor.

„Du warst wunderbar", schwärmte Diane. „Du hast den andern mit deinem Auftritt die ganze Show gestohlen." Jean schaute zu mir; jetzt musste ich schwärmen. Meine Begeisterung aber war mit dem hohen A in der letzten Szene gestorben. Zum Glück fielen mir die die toten Blumen ein.

„Hier, die sind für dich", stieß ich schnell hervor und hielt ihr das Bündel im schmuddeligen Einwickelpapier hin. Mit großen Augen griff sie nach den Blumen. Sie stolperte an die Wand zurück und glitt daran hinunter, bis sie auf dem Boden saß.

Sie fand ihre Stimme erst wieder, als eine Träne eine Schminkespur auf der Wange bildete. „Danke, dass ihr gekommen seid", sagte sie mit wackliger Stimme. „Ich hatte ja nur zwei Zeilen. Ich hätte nicht gedacht, dass ihr kommt." Mit süßem Lächeln überspielte Diane ihren

Tritt gegen mein Schienbein, der mir vermitteln sollte: „Hab ich's dir nicht gesagt!"

Draußen vor der Bühne sammelte die Regie führende Dame immer noch Dutzende von wunderschönen Rosen (aus richtigen Blumengeschäften) ein, die das Publikum nach oben warf. Ich bezweifle, dass alle diese Rosen zusammen sie auch nur halb so sehr berührten wie der verwelkte, musikalisch misshandelte Strauß unsere Jean.

Am Montagnachmittag klopfte es an meiner Bürotür. Sie öffnete sich gerade so weit, dass ein Auge durch den Spalt blicken konnte. „Kann ich mal reinkommen?", fragte das Auge. Jean trat ein, schnappte sich einen Stuhl und setzte sich rittlings darauf, das Kinn auf der Lehne.

Nach ein wenig Small Talk über die Aufführung kam sie auf ihr Anliegen zu sprechen. „Erzähl mir doch noch mal von dieser Sache mit Jesus", bat sie. Also erzählte ich noch einmal, was für ein Opfer er gebracht hatte. Ich erklärte, wie es kommt, dass er allen vergibt, die ihm vertrauen. Als ich fertig war, sagte sie: „Ich bin bereit dazu." Bevor ich sie dazu anleiten konnte, schloss sie die Augen. Das Kinn war immer noch auf die Lehne gestützt, und sie betete eins der einfachsten und schönsten Gebete, mit dem sie Gott ihr Leben anvertraute, das ich je gehört hatte.

Als ich die Augen aufmachte, sah sie mich ganz direkt an. Ohne Laut sagte sie mit ihren Lippen *Danke* – und dann war sie verschwunden.

In den Jahren danach bestätigte sich, dass das Erlebnis in meinem Büro echt gewesen war. Auch eine andere Wahrheit hatte sich bestätigt. Jeans letzter Schritt des Glaubens hatte wenig mit den vielen Treffen unseres Campus-Clubs zu tun, die ich geleitet hatte. Er hatte viel zu tun mit einem Dutzend Billigrosen, dem schmuddeligen Einwickelpapier und der schauderhaften Schüler-

206

aufführung. Im geistlichen Dienst kommt es auf Liebe an, die ganz intensiv in eine Richtung ausstrahlt. Ich war der Bote gewesen; meine Frau die treibende geistliche Kraft.

Zum Nachdenken

Ich bin froh, dass Gott eher so wie Diane ist und weniger wie ich. Er hat die Herrlichkeit des Himmels aufgegeben, um sich unser Stück anzusehen (und ein schlechtes dazu). Er brachte nur eine Rose mit (aber was für eine schöne). Die Rose wurde zerknickt und zerpflückt; Schuld war ein Lied, von der Sünde verstümmelt, das einmal als wunderschöne Melodie des Himmels erklang. Wegen dieser Rose bin ich zu Gott gekommen und habe gesagt: „Ich bin bereit dazu!"

Danke, Gott, dass du zu meiner Aufführung gekommen bist. Hilf mir, dass ich heute einem anderen Menschen Rosen bringen kann.

Und wenn ich vor dem Aufwachen sterbe?

Eltern sein ist nichts für Schwächlinge. Mütter und Väter stellen ganz schnell fest, dass sie innerlich zäh sein müssen.

Eine Aufgabe aber gibt es, die auch den ganz Zähen Panik einjagt. Sie wissen schon: der Versuch, das Kind zu Bett zu bringen. Kinder haben eine tiefe, instinktive Abneigung gegen den Schlaf. Sie besteigen jeden Berg und durchschwimmen jeden Fluss oder Ozean, wenn sie bloß nicht die Augen schließen müssen.

Unsere jüngste Tochter Taryn hat die Strategie ersonnen, vom Bett aus religiöse Fragen aufzuwerfen. Es ist der altbekannte Schachzug der Pharisäer. Eines Abends wurde wieder einmal der flüchtige Moment der Bettschwere verjagt durch ihr Bedürfnis, ihren unbändigen Wissensdurst zu stillen. „Papa, redet Gott mit uns?", rief sie mit sokratischer Intensität.

„Ja, Gott redet mit uns", erwiderte ich weise. „Schlaf jetzt. Wir sprechen morgen darüber." Ich Dummkopf dachte, damit sei sie zufrieden.

„Nein, wir müssen jetzt darüber sprechen!", rief sie zurück. „Gott hat gerade mit mir geredet!" Bevor ich auf die theologisch angemessene Antwort kam, fügte sie hinzu: „Er hat gesagt, ich darf aufstehen!"

Wie damit umgehen? Da haben wir ein Kind, das keine Ahnung hat, was das Wort *Psychologie* überhaupt bedeutet, und schon bin ich Wachs in ihren Händen, mental ausgetrickst.

Eines Abends bekam der Kampf zur Schlafenszeit epische Ausmaße. In diesem Kampf wurden die Waffen der Schlagfertigkeit und des kindlichen Charmes eingesetzt. Mit anderen Worten, ich hatte keine Chance. Es hatte mich bereits eine halbe Stunde gekostet, meine andere Tochter Traci zur Ruhe zu bringen. Schließlich sprach ich ein Machtwort.

„Marsch ins Bett!", kommandierte ich.

„Ich muss noch Wasser trinken", gab Traci ohne Zögern zurück.

Der verbale Schlagabtausch wurde intensiver. „Du bekommst kein Wasser."

„Warum nicht?"

„Weil du sonst ins Bett machst."

„Damit hab ich aufgehört."

(Woher kommen diese schnellen Antworten? Haben die lieben Kleinen eine Strategie? Beschaffen sie sich die Gedanken nach Belieben aus dem Nichts? Liegt hier die Wurzel der Erbsünde? Noch aber gab ich mich nicht geschlagen.)

„Du hast noch nicht aufgehört, ins Bett zu machen", konterte ich. „Erst gestern ist es dir wieder passiert."

Sie war schnell. „Das hat die Katze gemacht!" Sie ließ sich keine Bedenkzeit, sagte es, ohne mit der Wimper zu zucken. Vielleicht sollte sie Rechtsanwältin werden.

Ich verpasste die Gelegenheit zu lachen und mir die pädagogische Situation zu Nutze zu machen. Vielmehr spielte ich die Karte väterlicher Autorität aus. „Erzähl mir nichts von der Katze!", empörte ich mich. „Der Fleck auf deinem Bett war so groß wie eine Familien-pizza! Wir haben nur ein winzig kleines Kätzchen."

„Es war ja nicht *unsere* Katze", erwiderte sie, ohne aus der Fassung zu geraten. Sie machte das echt profes-sionell. Ganz klar, sie muss Rechtsanwältin werden.

Außerdem war sie schockiert – *richtig schockiert* –, dass ich ihr nicht glaubte. Ich packte sie bei den Schultern. „Schau mir in die Augen", befahl ich, „und erzähl mir die Wahrheit."

Die untere Lippe fing an zu zittern. Eine große Märtyrerträne entquoll ihrem Auge. „Es tut mir leid, Papa", schluchzte sie. „Aber ein großer, riesiger Kater hat das Fliegengitter weggemacht und ist auf mein Bett gesprungen. Er hat auf mein Bett gepinkelt und ist dann wieder aus dem Fenster gesprungen." Sie spürte meine Skepsis und fuhr fort. „Er hat hinterher das Fliegengitter wieder drangemacht; deshalb ist es auch immer noch da."

Ich war sprachlos.

„Das war ein echt großer Kater!", setzte sie nach, in mein abgrundtiefes Schweigen hinein.

So langsam geriet ich ins Kochen. „Ich kann gar nicht glauben, dass du mich so anlügst", schimpfte ich. „Ich will, dass du jetzt sofort ins Bett gehst und keinen Pieps mehr machst." (Das hatte ich von meinem Vater aufgeschnappt. Offensichtlich verlieren solche Sprüche von einer Generation auf die andere ihre Macht; ich konnte hören, wie sie in ihrem Zimmer leise Piepsgeräusche machte.)

Nach ein paar Augenblicken köstlicher, herrlicher Ruhe drang dann eine trotzige, leise Stimme aus dem Kinderzimmer: „Papa, ich will Wasser, und zwar sofort!"

Sie warf mir den Fehdehandschuh vor die Füße! Meine elterliche Autorität stand auf dem Spiel. Ich hatte nur noch eine Chance – ich berief mich auf die hehren und heiligen Worte aller Eltern, denen Raum und Zeit nichts anhaben können. „Wenn ich noch ein Wort von dir höre", brüllte ich, „dann komme ich und verpasse dir eine Tracht Prügel!"

„Wenn du kommst", zwitscherte es fröhlich zurück, „dann bring ein Glas Wasser mit."

Ich seufzte tief auf. Man muss wissen, wann man sich geschlagen geben soll. Bei dieser Denkgeschwindigkeit wäre ich schon Millionär. „Los, hol dir dein Wasser", lachte ich, „und dann ab ins Bett, oder ich komme!"

Sie war aber noch nicht mit mir fertig – nicht heute Abend, nicht Traci. Etwa 20 Minuten später fiel mir auf, dass ich das Tapp-Tapp ihrer Füßchen auf dem Rückweg ins Bett noch nicht gehört hatte. „Traci, was machst du denn?", rief ich.

„Wasser trinken", antwortete sie.

„Niemand kann zwanzig Minuten lang Wasser trinken", grummelte ich und stapfte zum Bad. Da lag ich falsch; wenn Kinder nicht ins Bett wollen, können sie grundsätzlich alles schaffen. Das sind die Zeichen und Wunder, die uns in der Bibel für die Letzten Tage verheißen werden. Ich machte die Tür auf und blickte auf ein Kind, das in aller Seelenruhe 20 Minuten lang Wasser getrunken hatte. Ihr kleiner Bauch sah wie ein Basketball aus.

„Du gehst augenblicklich ins Bett!", blaffte ich sie an.

Damit war natürlich eine neue Verhandlungsrunde eingeleitet. Ich schloss die Augen und wartete auf die Widerworte, die sie geben würde. Sie kamen auch. „Ich muss zur Toilette."

Natürlich musste ich sie gehen lassen, sonst würde der Riesenkater wiederkommen.

Sie war immer noch nicht mit mir fertig. Als ich das nächste Mal aufschaute, stand sie splitternackt im Flur. Die Hände in die Hüften gestützt, sah sie mich mit einem Blick an, der besagte: „Na, was fällt dir dazu ein?" Noch bevor ich reagieren konnte, rannte sie los. „Fang mich!", kicherte sie, als sie an mir vorbeiflitzte. Ich schoss aus dem Sessel und sprang ihr plump nach, wobei ich vergessen hatte, dass Gott seine nackten Kinder mit der Fähigkeit ausstattet, auf dem Punkt zu wenden.

Sie sprintete in die Küche und machte eine scharfe Rechtskurve. Ich hatte Wollsocken an. Auf einem glatten Fußbodenbelag kann man mit Wollsocken keine Kurve kratzen. Ich schaffte es nicht, kam ins Schleudern und knallte gegen den neuen Mixer meiner Frau.

Ich entfernte mich etwas aufgemischt vom Unfallort und klaubte mir die Glasscherben vom Körper. Dann sah ich zu meinem Entsetzen meine nackte Tochter aus der Haustür entwischen. Was als Machtkampf zwischen Vater und Kind angefangen hatte, wuchs sich gerade zu einem Skandal in der Nachbarschaft aus. So fangen Weltkriege an. Meine Tochter rannte nackt die Straße entlang und erschütterte mit ihrem Singsang die Dämmerungsstille: „Fang mich! Fang mich!"

Ich schnappte sie mir etwa an der nächsten Querstraße. Dann fiel mir auf, dass ich nur meine alten löchrigen Socken und meine alte Unterwäsche trug. Ich lud mir die kichernde Nackte auf und legte den schnellsten Hundert-Meter-Sprint meines Lebens vor. Als ich in der Sicherheit der eigenen vier Wände war, lachte ich, bis ich Seitenstechen bekam.

Eines Tages traute ich mich nachzuhaken: Wohlan, warum diese Furcht vor dem Bett? „Wegen den Monstern und den Gebeten", sagte meine Tochter, ohne von ihren Spielsachen aufzuschauen.

Das mit den Monstern verstand ich. Mehr als einmal hatte ich geheimnistuerisch „Monstergift" (Wasser in einer alten Glasreinigerflasche) in den Schrank und unter das Bett gespritzt, damit die Nachtruhe gesichert war. Aber Gebete? Was konnten die bloß mit der Angst vor der Nacht zu tun haben?

Schließlich verriet sie es mir. Ein Kindergebet, das mit „Jetzt leg ich mich zum Schlafen nieder" anfängt, war in den Jahren besonderer geistiger Empfänglichkeit nicht gerade hilfreich gewesen. Ein Satz in diesem Gebet hatte sich ihr tief eingeprägt: „Wenn ich vor dem Morgen sterbe . . ." Sie hatte einfach Angst davor, schlafen zu gehen, weil sie nicht mehr aufwachen könnte. Bei den ganzen Mätzchen ging es nur darum, jene Phase zu umgehen, in der die Monster erwachen und die Menschen sterben.

Zum Nachdenken

Die Nacht hat etwas an sich, das Angst machen kann, sogar Erwachsenen. Schon viele Nächte habe ich mich hin und her geworfen, und mein Herz fing an zu rasen, wenn ich mir Sorgen um ein Monsterproblem machte, mit dem ich am nächsten Tag zu tun bekommen sollte. In mancher Nacht, die der Seele zu dunkel war, dachte ich über meine eigene Sterblichkeit nach oder zerbrach mir über die Sicherheit meiner Familie den Kopf. In manchen Nächten quälte ich mich wegen zerbrochener Beziehungen. Kein besonders großer Unterschied zu den kindlichen Ängsten, oder?

Und trotzdem lässt das Licht des Morgens diese nächtlichen Ungeheuer auf das rechte Maß zusammenschrumpfen. Sie verschwinden nicht einfach – aber sie machen nicht mehr so einen ungeheuren Eindruck. Der Morgen bringt Hoffnung.

Außerdem gibt es Stunden der Sonnenfinsternis, wenn die Dunkelheit selbst am Tag über uns hängt. In dieser Lage ist Monsterspray sinnlos. Nur das hellste Licht kann die Schatten der Verzweiflung verjagen. Nur Gott selbst kann mit seinem Strahlen das Dunkel durchdringen und uns die Kraft für das Heute und den Hoffnungsschimmer für das Morgen geben.

Du, Herr, bist mein Licht, du, mein Gott,
machst alles Dunkel um mich hell.
2. Samuel 22,29

Machen Sie das Licht an!

Mitgenommen

Es passierte vor einer Ampel am Stadtrand. Ein Mann brachte sein Motorrad, eine riesige Harley Davidson, auf Touren, während er auf Grün wartete.

Man wäre wohl versucht gewesen, den Typ anzustarren, was er auch erreichen wollte. Ein schmutziges Tuch war um seinen Kopf gewickelt. Darunter ließ sich ein Gewirr fettiger grauer Haare erblicken, die bis auf den Rücken der abgeschabten Lederjacke herunterhingen. Auf seiner Kleidung und den nackten Unterarmen grinsten Bilder von Totenköpfen mit Knochen, und das Motorrad war mit einer Schwarzen Witwe besprüht. Während er auf Grün wartete, fuhr ein älterer Mann auf einem hellgrünem Moped neben ihn. Das Rattern des Mopeds ging im Donnergedröhn der Harley total unter.

„Mann, ist das eine Maschine, die Sie da haben", krächzte der Alte. „Was dagegen, wenn ich mir die mal näher ansehe?" Der Finsterling mit dem schmierigen Bart musterte ihn knapp. „Wenn es dich anturnt, Alterchen", knurrte er, „dann wirf mal einen Blick drauf."

Der Alte war ein bisschen sehbehindert, aber er wollte kein Detail verpassen. Also brachte er sein Gesicht dicht über das Motorrad und untersuchte jeden Zentimeter. Als er nach einer Weile aufschaute, grinste er und sagte zum Biker: „Jede Wette, die Karre ist richtig schnell!"

Kaum waren die Worte aus dem Mund, wurde es grün. Der Biker wollte dem alten Knacker mal zeigen, was eine echte Harley auf die Beine bringt. Er gab voll Stoff, und nach einer halben Minute zeigte der Tacho 300 Stundenkilometer. Selbstzufrieden kicherte er in sich hinein.

Plötzlich aber fiel ihm ein Punkt im Rückspiegel auf – ein Punkt, der immer größer wurde. Irgendetwas kam näher! Was konnte das sein? Er wurde etwas langsamer, um besser zu sehen, aber was es auch war – es flitzte so schnell an ihm vorbei, dass er es überhaupt nicht erkennen konnte. Das Ding verschwand hinter dem Horizont, machte eine blitzartige Kehre und kam wieder direkt auf ihn zu. Als es vorbeizischte, erkannte er den Fahrer. Es war der Alte auf dem hellgrünen Moped! Wie konnte das passieren?

Der Biker sah wieder in den Rückspiegel. Da kam der Punkt wieder auf ihn zu und wurde größer! Er versuchte ihm zu entkommen, schaffte es aber einfach nicht. Die Sache war nach Sekunden entschieden, denn das Moped rammte das Hinterteil der Harley Davidson. Beim Zusammenstoß blieben beide Fahrzeuge auf der Strecke. Das Krachen war meilenweit zu hören.

Der Biker befreite sich aus der zerknitterten Stahlbrezel, die einmal seine geliebte Harley Davidson war. Doch den alten Mann hatte es viel schlimmer getroffen. Er lag stöhnend unter den schwärzlichen, rauchenden Überresten seines Mopeds. Sogar der harte Biker wurde von Mitleid bewegt. Er kniete neben dem Alten nieder und fragte leise: „Kann ich irgendwas für Sie tun?"

Der alte Mann keuchte, hustete und erwiderte: „Ja. Würden Sie bitte meine Hosenträger von Ihrem Lenker lösen?"

Diese Geschichte kam mir über das Internet ins Haus. Als ich sie las, brachte mich die Pointe so aus der Fassung, dass mein Lachanfall das ganze Büro aufschreckte. Die Leute kamen gerannt, um zu sehen, ob alles in Ordnung sei. Ein paar Mal dachte ich an diesem Tag an die Geschichte und fing wieder an zu lachen. Allein schon die bildliche Vorstellung war umwerfend.

Später erzählte ich den Bikerwitz einem Mitarbeiter von mir. Er ist ein guter Freund mit wunderbar trockenem Humor, aber er lacht kaum einmal laut über irgendetwas. Die stärkste Reaktion, die ich je erlebt habe, war ein Lächeln und die Bemerkung: „Das ist extrem witzig." Diesmal grinste er und sagte: „Anscheinend darf man seine Hosenträger nicht überall anhängen."

Das zeugt von seinem trockenen Humor, aber auch von seiner Klugheit. Ich musste darüber nachdenken. Ich weiß, dass die Geschichte nicht mehr als ein Witz ist und damit als Lehrstück nicht viel hergibt. Trotzdem lässt sich eine Lehre daraus ziehen.

Sie würden genauso wenig wie ich Ihren Hosenträger an etwas Gefährliches hängen. Trotzdem aber lassen wir uns so manches Mal dazu hinreißen, uns etwas zu weit vorzubeugen, um genauer sehen zu können.

Und das macht die Sünde so heimtückisch. Sie bietet einen schönen Anblick. Sie ist ein Blickfang. Das Donnern ihrer Maschinerie birgt das Versprechen von wilden Abenteuern und spannenden Erlebnissen. Unser Moped kann uns das nicht bieten. Vielleicht hätten wir nie die Absicht, aufzusteigen und loszufahren. Man kann doch aber ruhig ein bisschen näher ran – ein Blick schadet doch nicht, oder? Mal fühlen, was für eine Kraft dahinter steckt. Mal das Leder riechen. Wem tut das schon weh?

In unserer Umgebung wimmelt es von Menschen mit kaputtem Lebenslauf. Sie hatten nie vorgehabt, sich auf etwas Schlimmes einzulassen. Sie wollten nur mal näher hinschauen, um die Farbenpracht irgendeiner verbotenen Sache zu sehen. Hier ein Ehemann, der nie die Absicht hatte, seine Familie im Stich zu lassen, dann aber meinte, gegen einen Flirt am Rande des Ehebruchs sei nichts einzuwenden. Jetzt befreit er sich aus den rauchenden Trümmern seiner Ehe.

Da haben wir den Teenager, der zwar niemals ernsthaft Drogen nehmen wollte. Damit zu experimentieren
würde nicht schaden, fand er. Jetzt hat die Sucht ihn verbogen und entstellt.

Da ist auch die Frau, die sich darauf einließ, Jahr für
Jahr einen kleinen Betrag vom Konto ihrer Firma abzu-
schöpfen. Was konnte daran so verkehrt sein? Sie hatte
es satt, einen alten Ford zu fahren, wo alle ihre Freunde
sich einen BMW leisten konnten. Sie hatte es bestimmt
nicht darauf angelegt, im Gefängnis zu landen.

Und was ist mit dem Mann, dem alle moralischen
Hemmungen wegbrachen, als er sich einen ersten
„harmlosen" Blick – nur mal ganz verstohlen – auf die
raffinierten Pornobilder im Internet leistete. „Wie weit
geht das wohl?", fragte er sich. In den folgenden
Monaten achtete er, wie der Mann auf dem Moped,
nicht auf das Ampellicht. Unversehens wurde er schneller und tiefer in die moralischen Abgründe gestürzt, als
er für möglich gehalten hatte.

Zum Nachdenken

Hier ein ziemlich eindringlicher – dabei aber lebensret-
tender – Gedanke für heute: Sünde hält nie ihre
Versprechungen. Sie schleppt uns weiter weg, als wir
wollten, hält uns länger fest, als wir zu bleiben vorhat-
ten, und kostet uns mehr, als wir uns leisten können.
Passen wir lieber auf, wo wir mit den Hosenträgern hängen bleiben.

Seid wachsam und nüchtern! Euer Feind, der Teufel,
schleicht um die Herde wie ein hungriger Löwe.
Er wartet nur darauf, dass er einen von euch

verschlingen kann. Leistet ihm Widerstand und haltet unbeirrt am Glauben fest. Denkt daran, dass eure Brüder in der ganzen Welt dasselbe durchmachen müssen wie ihr.
1. Petrusbrief 5,8–9

Ein Affe aus Messing

Haben Sie schon mal den folgenden Satz gebetet? „Ich will das nie wieder tun!"

Viele von uns sprechen dieses Gebet immer wieder. Es geht um das ewig gleiche *das*. Wir wechseln höchstens die Betonung. Ich will *das* nie wieder tun. Ich will das nie *wieder* tun. Ich will das *nie* wieder tun.

Allmählich verlieren wir den Mut und finden uns resigniert damit ab, dass wir *das* bis zum Ende unseres Lebens machen werden.

Das Problem besteht darin, sich auf das Problem statt auf die Lösung zu konzentrieren. *Das* schwingt sich zum Sklavenhalter auf. Wir lassen uns von genau dem Verhalten fesseln, das wir unbedingt vermeiden wollen. Ein Vortrag im College hat sich mir unauslöschlich eingeprägt. Der Redner sagte: „Ich bitte euch, heute Abend beim Schlafengehen nicht an einen Affen aus Messing zu denken. Wenn ihr in der Kiste liegt, dürft ihr an alles denken, wozu ihr Lust habt – aber nicht an einen Messingaffen. Und wenn ihr am Tag ans Schlafengehen denkt, dann achtet darauf, nicht an einen Messingaffen zu denken."

Als ich an diesem Abend mein Bett aufdeckte, tummelten sich Messingaffen auf dem Nachttisch, hockten auf der Lampe und kreischten und schnatterten unter dem Kissen. Sie waren überall, man entkam ihnen nicht. Den ganzen Tag lang hatte ich an nichts anderes als an Affen aus Messing gedacht.

Ich beherberge so manchen Messingaffen in meinem Leben. Von dem einen möchte ich mal erzählen.

Pro Jahr reise ich über 100.000 Meilen. Bei zwei Fluglinien genieße ich den Vielflieger-Status. Nicht wenige finden Flugreisen glanzvoll und aufregend. Ihnen möchte ich versichern, wie unglaublich frustrierend das Reisen sein kann. Inzwischen befindet sich Gepäck von mir in den größeren Städten der ganzen Welt. Man sollte den Fluggästen klarmachen, wie wörtlich man den Begriff „Gepäck*aufgabe*" zu nehmen hat. Wenn Sie ihr Gepäck aufgeben, sollten Sie es wirklich aufgeben. Wenn ich das nächste Mal zum Flughafen komme, stelle ich die Taschen ab und teile am Schalter mit: „Diese hier geht nach Burma, diese nach Alaska, und dieses Stück hier kann mich nach Denver begleiten."

Der Angestellte wird behaupten: „Das können wir nicht machen."

Dann sage ich: „Wieso nicht? Gestern haben Sie es doch auch gemacht."

Ich bin nicht stolz darauf, dass Reisepech einen nicht besonders freundlichen Zug von mir an den Tag bringt. Die Übersetzung: Ich kann richtig gemein und eklig werden. Bei meinen drei letzten Flügen hatte ich jedes Mal eine über zweistündige Verspätung. Ich habe dadurch Anschlüsse und Veranstaltungen verpasst und bin in tiefster Nacht nach Hause gekommen. In solchen Situationen werde ich oft . . . äh . . . unangenehm. Und dennoch schaue ich vor dem Aufbruch in den Spiegel, hebe meine Rechte und sage: „Ich werde mir heute keine schlechte Laune leisten. Ich werde meine Mitmenschen mit Respekt behandeln." Die Übersetzung: Ich werde nicht an den Affen aus Messing denken.

Wenn ich dann in den Schlamassel gerate, bekomme ich nicht etwa einen Wutanfall und bedenke jedermann mit Kraftausdrücken. Das wäre zu einfach. Vielmehr greife ich zu hinterlistigen, verdeckten Taktiken, um es ihnen ungemütlich zu machen.

Ich weiß nur zu gut, dass die Mitarbeiter, auf die ich es abgesehen habe, im Grunde nicht die Verursacher meiner Probleme sind. Sie haben einfach nur die traurige Aufgabe, sich mit Leuten zu befassen, deren Alltag durch solche Fehlfunktionen abgewürgt wurde.

Eines Nachts kam ich sehr spät und übermüdet in einem Hotel an, wo mir eine Reservierung garantiert worden war. Am Empfang wurde mir mitgeteilt, dass man mein Zimmer schon vergeben hatte. Ein anderes Zimmer sei nicht frei. Der Messingaffe hob bereits sein hässliches Haupt. Mit wild rollenden Augen fing ich an, übellaunige Bemerkungen über den Sinn des Wortes *Garantie* zu machen.

„Was bedeutet das Wort *Garantie*?", fragte ich das arme Mädchen hinter dem Empfangstisch. „Heißt das in Ihrem Wörterbuch, dass man das Zimmer so lange reserviert, bis es jemand anders will?" Danny, meine weniger heißblütige Reisebekanntschaft, musste mit ansehen, wie sich in meinen Mundwinkeln Schaum bildete. Er trat vor, legte mir die Hand auf die Schulter und bot freundlich an, sich um das Problem zu kümmern. Sein vernünftiges Vorgehen bewirkte, dass wir ohne Zusatzkosten hochgestuft wurden und eine Suite beziehen konnten, die so groß war, dass sie zwei Zeitzonen umfasste. Wir hatten die halbe Etage für uns. Also gab es doch Raum in der Herberge.

Sogar noch auf dem Weg in die palastartigen Zimmer grummelte ich noch ob der Zumutung, dass unsere „garantierten" Zimmer vergeben worden waren. Als wir den 65. Stock erreichten, wo die Suite war, kam ich mir wie ein kompletter Idiot vor. Trotz meiner Gebete, den Fluch des Messingaffen zu vermeiden, ließ mich das erste Schlagloch auf dem Weg der guten Vorsätze wie ein verwöhntes Kind aussehen.

Als Diane mit dem Golfspielen anfing, offenbarte sich eine seltsame Begabung an ihr. Ihre Golfbälle verwandelten sich in eine Art Geschosse zur Wassersuche. Wenn es Wasser auf dem Golfplatz gab, dann fand der Ball die Stelle. Eines Tages hatte sie schon fünf Bälle getauft. Wir kamen an einen Fairway ohne einen Tropfen Wasser in Sichtweite. Diane holte voller Zuversicht aus und machte den besten Schlag des Tages. Wir schauten der eleganten Flugbahn nach. Dann landete er – und es spritzte!

Ein schneller Blick auf den Plan bestätigte: kein Wasser in der Nähe dieses Lochs. Verblüfft brachen wir zu Dianes Ball auf. An seinem Landeplatz ließen wir unsere Taschen fallen und fingen an zu lachen. Zufällig gab es hier eine handbreite Vertiefung für den Rasensprenger mitten auf dem Fairway. Und genau hier, auf dem Boden dieser winzigen Wasserpfütze, lag Dianes Ball. Selbst Golfbälle halten sich an das Messingaffen-Prinzip.

Zum Nachdenken

Statt sich auf das zu konzentrieren, was wir vermeiden wollen, sollten wir uns lieber auf das gewünschte Verhalten und auf Gott konzentrieren, der es uns möglich macht. Wenn man beständig an die negativen Dinge denkt, die man zu lassen versucht, dann wird man von diesen Dingen geradezu verfolgt. Sogar Kinder kennen schon die Geschichte von der kleinen Lokomotive, die unterwegs pfiff: „Das schaff ich schon, das schaff ich schon." Sie puffte eben nicht bergauf mit dem Gedanken: „Hoffentlich bleib ich nicht stehn!"

Eine biblische Gestalt namens Paulus klagte darüber, dass er sich immer wieder dabei erwischte, das Falsche zu tun statt das Richtige (siehe Römerbrief 7,19). Er traf mit seiner Lösung den Nagel direkt auf den Kopf, als er schrieb:

Im Übrigen, meine Brüder: Richtet eure Gedanken auf das, was gut ist und Lob verdient, was wahr, edel, gerecht, rein, liebenswert und schön ist. Lebt so, wie ich es euch gelehrt und weitergegeben habe und wie ihr es von mir gehört und an mir gesehen habt. Gott, der Frieden schenkt, wird euch beistehen!
Philipperbrief 4,8–9

Charakterbildung

Ich stehe unter folgendem Zwang: Ich muss immer Herr der Lage sein. Im Flughafen bleibe ich so lange stehen, bis ich miterlebe, wie mein Gepäck in den Eingeweiden der Gepäckwelt verschwindet. Ich muss sicher sein, dass niemand vergisst, es auf das Förderband zu legen. Dann sprinte ich zu meinem Fensterplatz, damit ich beobachten kann, wie meine Tasche ins Flugzeug geladen wird.

Wenn ich meine Sekretärin um eine Arbeit bitte, prüfe

ich doppelt und dreifach nach, damit ich sicher bin, dass sie die Sache nicht vergisst. Ich komme zu früh zu Konferenzen, damit ich die Beleuchtung prüfen und feststellen kann, ob die Bestuhlung angemessen ist. Wenn dann während der Konferenz irgendetwas schief geht, bin ich schon wieder auf den Beinen und suche nach den richtigen Leuten, damit die Sache richtig gelöst wird.

Vor mir selbst habe ich das Gefühl, alles im Griff zu haben, aber das ist eine ausgesprochene Illusion. Ich weiß, wie ich auf andere wirke – so gestresst wie eine Henne, die ihre Küken auf einen Ausflug zur Wieselfarm mitnimmt. Als ich geheiratet hatte, merkte ich schnell, dass zumindest eines sich nicht beherrschen lässt. Als unsere Kinder auf die Welt kamen, merkte ich, dass es *mehrere* unkontrollierbare Dinge gibt.

Ich schaffte es, meine Kinder wenigstens teilweise im Griff zu haben, bis sie alt genug waren, zur Verantwortung gezogen zu werden (etwa 18 Minuten nach der Geburt). Von da an war meine Kontrolle auf das äußere Verhalten beschränkt, das in meiner Gegenwart vorgeführt wurde. Waren die Kinder außer Sichtweite, schaltete sich eine andere Kontrollinstanz ein: ihr Charakter. Unser Charakter ist der Faktor, der letzten Endes entscheidet, was wir in unserem Alltag machen.

Der wahre Charakter bleibt der menschlichen Beobachtungsgabe verborgen. Er lässt sich nämlich so definieren: Was tun wir, wenn niemand zusieht; wenn wir glauben, dass wir auf keinen Fall erwischt werden? Unser öffentliches Verhalten ist kaum mehr als eine Reflexion dessen, was unsere Mitmenschen von unserem Charakter halten sollen.

Früher habe ich ein Doppelleben geführt. Mein Leben zu Hause und in der Kirche stimmte nicht mit meinem privaten Verhalten überein, das ich unterwegs an den

Tag legte. Ich kam mit diesem Leben zurecht, weil ich mein Verhalten rationalisierte. Ich war nicht so schlecht, wie ich es an vielen Menschen beobachtete. Auf die wirklich schlimmen Dinge ließ ich mich nicht ein – das wenigstens machte ich mir vor. Tatsächlich war ich auf der Überholspur zum Zusammenbruch. Ich war das Gegenteil eines *Promise Keepers*; ich brach meine Versprechen. Ich lebte in einem geistlichen Vakuum und wusste das auch.

Ich geriet an einen Punkt, wo ich nicht mehr mit diesem Leben weitermachen und gegen alle guten und richtigen Grundsätze verstoßen konnte. Mir wurde schlecht von meinem eigenen Verhalten. Da ging ich endlich in die Seelsorge. Es zerriss mir das Herz, als ich meinen Alltag unter die Lupe nahm.

Der echte Zusammenbruch stand mir aber noch bevor. Mit schmerzhafter Ehrlichkeit schüttete ich vor dem Seelsorger, der mich zur geistlichen und moralischen Gesundheit zurückführte, mein Herz aus. Als ich meine Sünden aufzählte und dabei das Gefühl hatte, mich davon zu reinigen, brachte er mich abrupt zum Schweigen. Seine Worte trafen mich wie ein Tiefschlag.

„Hier geht es nicht um böse Taten", sagte er. „Es geht um einen schlechten Charakter."

Ich hatte es geschafft, meine einzelnen Sünden zuzugeben. Ich brachte es aber nicht fertig, mich mit der Tatsache abzufinden, dass ich im Innersten meines Wesens verseucht war. Ich hätte mich gern auf den wohlbekannten Spruch zurückgezogen: „Der Teufel hat mich dazu gezwungen."

Zu gar nichts hat er mich gezwungen. Jedes Mal, wenn ich mich falsch entschieden hatte, war es *meine* Entscheidung. Ich hätte auch das Richtige tun können, aber meine Entscheidungen waren meinem charakterlichen Zustand entsprungen – einem aus Mangel an geistlicher Herausforderung und Entwicklung stagnierenden Charakter.

Man kann seinen Charakter nicht verbessern, indem man sein Verhalten ändert; so einfach geht das nicht. Solche Leistungen bringen nur kurzfristige Ergebnisse. Was ich brauchte, war ein Wandel meines Herzens. Diese Veränderung geschah dann auch, und es war die weitaus schmerzhafteste und befreiendste meines ganzen Lebens. Ich wusste, dass ich an dem Ziel gescheitert war, das Gott mir vorgegeben hatte: ein Leben in Qualität und Reinheit. Ich war vor einem heiligen Gott bloßgestellt, eine Erfahrung der Verwundbarkeit, die mich dazu zwang, die Dunkelheit in meinem eigenen Herzen einzugestehen.

Ich wusste, dass ich eine kompromisslose Strafe verdient hätte, die Sündern wie mir zusteht. Doch Gott hat hier genau das Gegenteil getan: Er hat mich mit dem Besten beschenkt. Vergebung, Liebe und Annahme überströmten meine ausgedörrte Seele. Freude und Trauer flossen zusammen und ergaben bittersüße Gefühle: Freude über die Gnade, die mir geschenkt wurde, und Trauer, dass ich angesichts dieser Liebe so dürftig gelebt hatte.

Von Theologen weiß ich, dass diese Erfahrung Buße heißt. Meine Freunde und Angehörigen versichern mir, dass sie sich gründlich auf meinen Charakter ausgewirkt hat. Ich weiß nur, dass ich auf so eine Liebe mit einem Leben reagieren muss, das dem Gott Ehre macht, der mich damit überschüttet hat. Ich lege nicht mehr so viel Wert darauf, alles im Griff zu haben. Ich möchte, dass der, der sich in den dunkelsten Stunden meines Lebens um mich gekümmert hat, meinen Charakter und mein Leben prägt.

Zum Nachdenken

Das wichtigste Wort in der Bibel habe ich im Römerbrief 6,23 gefunden. Es ist das Wort *aber*. Hören Sie selbst:

So lange ihr Sklaven der Sünde wart, wart ihr dem Guten gegenüber frei. Aber was kam dabei heraus? Ihr schämt euch jetzt, wenn ihr daran denkt; denn am Ende stand der Tod. Aber jetzt seid ihr von der Sünde frei geworden und gehört Gott. So kommt es, dass ihr tut, was Gott gefällt, und am Ende erwartet euch ewiges Leben. Die Sünde zahlt ihren Lohn: den Tod. Gott dagegen macht uns ein unverdientes Geschenk: durch Jesus Christus, unseren Herrn, schenkt er uns ein Leben, das keinen Tod mehr kennt.
Römerbrief 6,20–23

Wenn nach dem Wort „Tod" der Text nicht mehr weiter ginge, gäbe es kein Leben mehr, keine Hoffnung für unseren Charakter. Hier geht es mit dem Wort *aber* weiter – und das, was folgt, ist ein himmelweiter Unterschied. Daraus können wir Kraft und Motivation für die Charakterbildung schöpfen. „Gott dagegen macht uns ein unverdientes Geschenk: durch Jesus Christus, unseren Herrn, schenkt er uns ein Leben, das keinen Tod mehr kennt." Da können wir alle hoffen.

Nimm dein Dreirad und fahre!

Als Vater von zwei Töchtern hat man in unserer Gesellschaft keinen leichten Stand. Am schlimmsten wird es, wenn die Jungen anfangen, sich für seine Töchter zu interessieren. Man braucht Klugheit und Urteilskraft, um mit dieser Krise fertig zu werden.

Ich erinnere mich gut an den ersten Jungen, der frech an unsere Tür kam und fragte, ob Traci mit zu ihm nach Hause kommen könne. Ich sagte ihm, meine Tochter sei nicht „so ein Mädchen". „Du hast ja Nerven", schimpfte ich. „Ich will dich hier nie wieder sehen." Er nahm es ziemlich gelassen auf, setzte sich auf sein rotes Dreirad und fuhr weg.

Weil ich mich an meine eigene Jugendzeit erinnern konnte, als die Pubertätshormone die Gehirnzellen mengenmäßig übertrafen, projizierte ich mein Misstrauen auf jedes männliche Kind, das schon laufen konnte. Wenn das betreffende Männchen ein Auto hatte, verzehnfachte sich das Misstrauen. Hatte er einen Kleinbus, versuchte ich, ihn von der Stadtgrenze fern zu halten.

Ein paar Jahre nach dem Vorfall mit dem Dreirad half ich gerade Diane, den Tisch abzuräumen, als schon wieder ein junger Mann seinen Schatten auf unsere Schwelle warf. Ich sah vom Fenster aus zu, wie er sich dem Haus näherte und zweimal wieder zurückwich. Es hätte ja sein können, dass er Angst vor meiner Tochter hatte. Andererseits hatte sich vielleicht mein Ruf herumgesprochen. Wie auch immer, er rang sichtlich um Mut, den Klingelknopf zu drücken. Als er zum dritten Mal kam, ging ich auf Zehenspitzen an die Tür und drückte langsam die Klinke herunter. Als ich den Jungen zur Klingel treten hörte, riss ich die Tür auf und donnerte: „WAS WILLST DU?"

Der Junge sprang zurück, die Augen groß und spiegelblank wie CDs. Da fiel mir auf, dass ich immer noch in jeder Hand ein großes Fleischmesser hielt. Ich gestehe ihm Mut zu – er kam trotzdem näher. „Kann Traci an die Tür kommen, oder darf ich vielleicht rein?", stotterte er.

„Besitzt du vielleicht ein rotes Dreirad, oder hast du mal eins gehabt?", grummelte ich und wetzte die beiden Messerklingen aneinander. Bevor er antworten konnte, klopfte ich mit dem einen Messer an das Fliegengitter. „Du siehst dem Typ ziemlich ähnlich, der meine Eltern umgebracht hat." Er trat ein paar Schritte zurück. „Ich mach ja bloß Spaß", sagte ich und lachte meckernd. „Ich hab meine Eltern doch selbst umgebracht – komm rein!"

Er kam. Ganz sicher aber fingen die Leute an, über den Vater von den beiden Davis-Mädchen zu reden. Viele von den Jungen, die danach zu uns kamen, blieben in einigem Abstand vor der Tür stehen und riefen stimmbrüchig: „Ist jemand zu Hause?" Manche stiegen nicht mal aus dem Auto.

Ich war nicht gar so grimmig, wie ich Ihnen weisgemacht habe, aber das geistliche und körperliche Wohlergehen meiner Kinder war mir durchaus ein Anliegen. Später im Leben habe ich gelernt, wie man durch gutes Vorbild und offene Gespräche Wirkung zeigt, statt mit schlechtem Gewissen und Einschüchterung zu arbeiten.

Ich musste lernen, das Leben meiner Töchter Gott anzuvertrauen. Meine plumpe Einflussnahme ging nicht über meine Reichweite hinaus. Letzten Endes war ich darauf angewiesen, dass Gott mit seiner liebevollen Hand sie auf dem rechten Weg hielt. Ich wünschte, ich hätte mit meinen Töchtern aktiver über die wichtigen Themen des Lebens geredet und sie bewusster zum

Glauben an Gott geführt. Für meinen aufgeplusterten Wortschwall war nicht viel Mut nötig gewesen – und besonders gewirkt hat er auch nicht. Auf jeden Fall hielt das die Jungen nicht davon ab, sich blicken zu lassen. Ich bin so dankbar, dass meine beiden Mädchen sich für Männer entschieden haben, die nicht nur sie, sondern auch den Gott lieben, der sie geschaffen hat.

Erst vor kurzem stand meine jüngste Tochter in ihrem wunderschönen weißen Kleid hinten in der Kirche neben mir. Vorne wartete der junge Mann, der ihr Mann werden sollte. Ich hätte keine bessere Wahl treffen können, wenn ich ihn selbst ausgesucht hätte. Doch trotz seines starken Charakters und bemerkenswerten Rufes war ich immer noch der Vater. So sehr ich ihn lieben gelernt hatte, betrachtete ich ihn immer noch als den Wüstling, der mir mein niedliches kleines Mädchen stehlen wollte. Hier aber war nicht mehr ich Herr der Lage. Eigentlich war ich das nie gewesen. Als wir darauf warteten, dass die Feierlichkeiten begannen, drückte sie meinen Arm und flüsterte: „Ich hab dich lieb.“

Später erfuhr ich, dass sie es nicht gesagt hatte, weil sie mich so liebte (obwohl es ganz bestimmt so ist). Sie und ihre Schwester hatten gewettet, dass sie mich während der Feier zum Weinen bringen könnten.

Ich habe nicht geweint. Trotzdem hat es mich umgehauen. Als der Pastor fragte: „Wer will diese Frau diesem Mann übergeben?“, antwortete ich: „Meine Mutter und ich.“

Nach einem wunderbaren Hochzeitsempfang brachen sie in die Flitterwochen auf. Das Auto war mit Geschenken, der Campingausrüstung und Kleidung bepackt. Als sie abfuhren, war mir so, als ob ich – ganz hinten, unter einem Rucksack – ein rotes Dreirad gesehen hätte.

Zum Nachdenken

Gott hat Ihre Kinder so sehr geliebt, dass er seinen Sohn für sie hingegeben hat. Kopf hoch. Man kann ihm vertrauen.

Die drei größten Wörter auf Erden

„Was könnte besser sein?", fragte ich mich selbstgefällig und lehnte mich an einer der schönsten Küsten der Welt in meinen bequemen Strandsessel zurück.

Vor mir lag der Golf von Mexiko. Neben mir saß die Karrierechance in Person: Ein Mann, der mich in einem seiner Filme auftreten lassen wollte. Nein, kein millionenschwerer Actionthriller, nur ein Trainingsfilm für Wirtschaftsbosse. Aber das machte mir nichts aus – hier war meine große Chance, auf die Leinwand zu kommen, der erste Schritt zum Star. Ich verschlang das packende Skript unseres Kassenschlagers. Dabei hatte ich gar nicht wahrgenommen, dass meine Tochter Taryn ihrer Mutter ausgerissen war und in einem Abwassertümpel watete.

Angesichts des atemberaubend schönen Strandes hatte Taryn das Planschen in dem sehr kleinen grünen Teich mit dem sehr starken Geruch bevorzugt. Später erklärte sie, dass der Abwassertümpel ihr wegen der Farbe besser gefallen habe als das Meer.

Während ich vom Starruhm träumte, drapierte Taryn sich Algen um den ganzen Körper. Als sie sich völlig in das Schlingkraut verstrickt hatte, kam sie mich suchen. Sie lugte über eine Sanddüne und sah mich mit dem

Filmproduzenten ins Gespräch vertieft. Und nun kam mein teures Töchterlein angaloppiert, ganz in Düfte gehüllt, die einen vollen Kinosaal in die Flucht schlagen konnten.

Ich sah und hörte sie nicht kommen. Mit mindestens 50 Stundenkilometern kam sie angeschossen. Beim Aufprall löste sich der kalte Schleim von ihrem kleinen Körper und schlang sich um meinen. Ich versuchte aufzuspringen, aber mit kalten, stinkenden Ärmchen hielt sie meinen Hals umklammert. Der Winkel des Liegestuhls verlieh ihr eine Hebelwirkung, die mir das Aufstehen unmöglich machte. Dann griff sie mir ins Haar, zerrte meinen Kopf zu sich, schaute mir tief in die Augen und verkündete: „Ich liebe dich, ich liebe dich, ich liebe dich! Ich liebe dich zu Tode, weil ich das *Liiiiebes-monster* bin!"

Danach bedachte sie mich mit nassen, geruchsintensiven Küssen. Der Filmtyp sprang erschrocken auf und bürstete sich hektisch die Algenstücke von seinem Hemd. „Können Sie nicht dafür sorgen, dass sie sich fernhält, bis unser Geschäft im Kasten ist?", schniefte er.

Bekleckert mit Schleim und immer noch im Griff des Liebesmonsters reagierte ich. „Lassen Sie mal", sagte ich, „unser Geschäft hat sich erledigt." Ich hatte keine Lust, mich auf Geschäfte mit jemand einzulassen, den es ungerührt lässt, wenn ein noch so anrüchiges, schleimiges Kind verkündet: „Ich liebe dich, ich liebe dich, ich liebe dich!"

Ich weiß nicht, wann mir das erste Mal jemand gesagt hat: „Ich liebe dich." Meine früheste Erinnerung an diese Worte stammt von einer Freundin, die sie aussprach, ohne ihre Bedeutung zu kennen. Trotzdem klangen die Worte selbst wunderbar.

Die Worte „Ich liebe dich" lassen das Universum auf

einen einzigen Augenblick zusammenschrumpfen. In diesem Augenblick hat alles andere nichts zu bedeuten, nichts anderes existiert. „Ich liebe dich" verleiht dem Leben seine Bedeutung. Wenn Menschen in eine lebensbedrohliche Situation geraten, sind die Worte „Ich liebe dich" oft die letzten, die gesprochen werden. Nichts anderes wollen wir so sehr hören. Die Stimme meiner Frau Diane klingt mir wie die schönste Musik in den Ohren, wenn sie diese drei Worte sagt.

Warum fällt es uns dann so schwer, sie auszusprechen?

Ich höre meine erwachsenen Kinder so gern sagen: „Ich liebe dich." Als sie klein waren, kamen die Worte unbefangen über ihre Lippen. Sie hüpften hinter dem Sofa hervor und kicherten fröhlich über meine Reaktion. Dann widmeten sie sich freudig spontanen Umarmungen und Küssen, die immer mit den drei Worten einhergingen. Wurden sie zu Bett gebracht, schrien sie: „Ich liebe dich", weil sie wussten, dass ihnen diese Worte noch 10 Sekunden „Wachsein" einbringen konnten. Mir waren die Motive egal; es kam mir nur auf die Worte an.

Als meine Tochter Traci 14 wurde, hörte sie damit auf. Ich wollte sie dazu drängen. Ich zwang ihr Augenkontakt auf und sagte: „Ich liebe dich", wonach ich auffällig lange auf eine Antwort wartete.

„Ich dich auch", murmelte sie.

„Dann sag's doch", verlangte ich.

„Hab ich doch gerade", antwortete sie und wollte nicht glauben, dass „Ich dich auch" nicht den gleichen Wert haben sollte wie „Ich liebe dich". Es ist wirklich nicht das Gleiche.

Jahre vergingen. Als sie 18 Jahre alt war, stand ich in ihrer winzigen Studentenbude. Ich umarmte sie eine Weile und sprach die Worte noch einmal aus. Ich hielt sie fest, schaute ihr in die Augen und sagte: „Ich liebe dich."

Mir brach beinahe das Herz, als sie erwiderte: „Ich dich auch."

Auf dem Nachhauseweg kämpfte ich gegen Kummer und Trauer an. Ich fragte mich, womit ich diese kühle Reaktion verdient hatte – und das von ihr, die ich so sehr liebte. Es spielte keine Rolle, dass vielleicht irgendetwas in ihrem Leben für Hemmungen sorgte. Ich wollte doch nur die Worte hören.

Ein paar Monate später wurde ich zum Vortrag in einen Gottesdienst an ihrer Schule eingeladen. Ich war schrecklich nervös, als ich meine Rede hielt. Schließlich wollte ich meine Tochter nicht blamieren. So hangelte ich mich durch meinen Vortrag. Hinterher lud mich der Pastor zum Essen in einem malerischen italienischen Restaurant ein. Wir hatten gerade angefangen, als er in seine Tasche griff und einen Stapel mit blauen Antwortkarten hervorholte, auf denen die Studenten Kritik an den kirchlichen Darbietungen üben konnten. Er sagte mir, noch nie habe die Studentenschaft so positiv reagiert. Dann las er mir einige sehr freundliche Kommentare von den Karten vor.

Gerade nahm ich einen Happen Spaghetti in den Mund, als er eine einzelne blaue Karte aus seiner Manteltasche zog und sagte: „Hier ist noch eine, die Sie interessieren wird." Ich legte die Gabel hin und nahm die Karte. Sauber stand vorn der Name meiner Tochter – Traci Lynn Davis. Ich hörte auf zu kauen. Auf der Rückseite hatten die Studenten Platz, ihre Kritik und Kommentare unterzubringen. Was, wenn sie meinen Vortrag nicht gut gefunden hatte?

Ich fasste mir ein Herz und drehte die Karte um. Auf der anderen Seite standen folgende Worte: „Ich liebe meinen Vater!"

Mir fielen die Spaghetti aus dem Mund. Ich entschuldigte mich, hastete auf die Toilette und schloss die Tür hinter mir. Die Tränen strömten heiß. „Oh, danke, Gott!", schluchzte ich. „Sie liebt mich! Sie liebt mich!"

Wie hätte ich wissen können, dass noch jemand im Raum war? Hinter einer Tür brummte jemand mit verächtlicher Stimme: „Mensch, reiß dich doch zusammen!"

Seit diesem spektakulären Spaghetti-Spuck-Ereignis sind jetzt 5 Jahre vergangen. Traci ist inzwischen verheiratet und wohnt nur ein paar Kilometer von uns entfernt. Während ich diesen Text schreibe, denke ich an meinen letzten Auftritt in Jacksonville, Florida, wo ich ein Publikum von 6.000 Menschen hatte. Die positive Reaktion des Publikums war umwerfend. Am Tag davor gab es zwei erfolgreiche Vorträge in Gatlinburg, Tennessee. Erst heute Morgen habe ich die Nachricht bekommen, dass eine landesweite Spitzenagentur Interesse an meiner Arbeit zeigt. Aber diese Ereignisse waren für mich durchaus nicht die Höhepunkte der letzten Woche.

Als ich das Auto für meine letzte Reise gepackt hatte, kam Traci, die inzwischen in unserem Büro arbeitet, nach draußen. Sie erstickte mich fast mit ihrer Umarmung und sagte diese drei wertvollsten Worte: *„Ich liebe dich."*

Als meine Frau Diane mich am Flughafen verabschiedete, gab sie mir einen sanften Kuss und sagte: *„Ich liebe dich."*

Als meine jüngere Tochter am Samstag nach der Hochzeitsfeier in ein neues Leben mit ihrem Mann abfuhr, waren ihre letzten Worte: *„Ich liebe dich."*

Zum Nachdenken

Als ich diese Woche in der Bibel gelesen habe, erinnerte ich mich daran, dass Gott alle unsere dunklen Stellen im Leben kennt. Er kennt meinen Egoismus, meine Angst und meine Feigheit. Er weiß, wann ich schon jämmerlich versagt habe. Und trotzdem hat er seinen Sohn für mich geopfert. Mit dieser Tat rief Gott uns zu: „Ich liebe euch!" Darin lag mehr Zärtlichkeit und Bedeutung, als die bloßen Worte je hätten vermitteln können.

Die Woche mit ihren Erfolgen war gut gewesen, aber diese Worte – „Ich liebe dich" – waren die Höhepunkte der Woche. „Ich liebe dich": Das ist die beste Nachricht überhaupt!

Immer wieder gern erzählt

Als junger Mann fühlte ich mich nie wohl dabei, ein christliches „Zeugnis abzulegen". Ich dachte, für so etwas komme ich nicht in Frage. Aus meiner Sicht waren nur Menschen aus zwei Kategorien qualifiziert, ihre Lebensgeschichte preiszugeben:

1. Berühmtheiten mit überdurchschnittlichen Leistungen
2. Menschen mit fürchterlichem Sündenregister und dramatischem Umkehrerlebnis

Die Berühmtheiten waren in der Regel Sportler, die in den letzten 10 Sekunden des Spiels noch das rettende Tor schossen. Sie berichteten, dass sie das ohne Gott nie geschafft hätten. Meine größte sportliche Leistung bestand darin, einen ganzen Tag zu überstehen, ohne mich zu verletzen. Ich kann Hand und Auge nicht besser koordinieren als ein Karpfen; wie er bin ich ein Fisch mit dicker Lippe.

Die Sünder waren die frisch gebackenen Gläubigen, die ein ausschweifendes Leben hinter sich gelassen hatten. Auch hier mangelte es mir an der richtigen Erfahrung. Bei meiner frühesten Erinnerung geht es um meine Rolle als Josef in einem Krippenspiel. Wann immer sich die Kirchentür auftat, ging auch ich hinein: Zu den Gottesdiensten am Sonntagmorgen und am Sonntagabend, zur Bibelstunde am Dienstagabend, zur Jugendstunde am Mittwochabend, zu besonderen Gebetsversammlungen und zum obligatorischen Weihnachtsstück, wo ich den Josef gab. Ich war überall dabei.

Was hätte ich also als Lebensbeichte erzählen können? Ich war Nichtraucher. Das Feuer des Alkohols hatte mir nie auf den Lippen gebrannt, und außerdem (was mir viel Kummer bereitete) hatten nie andere Lippen meine eigenen berührt. Ich lauschte den schrecklichen Sündenerfahrungen und enormen Erfolgen der christlichen Zeugen und wünschte mir, auch ich könnte vor vollen Bänken einen echten Knüller zum Besten geben.

Da gab es nun zwei Möglichkeiten: Ich musste ernsthaft anfangen zu sündigen, oder ich musste mir irgendwas ausdenken. Ich träumte davon, vor ehrfürchtig staunendem Publikum mit gefühlsgeladener Stimme zu bekennen: „Ich habe 25 Menschen mit einem feuchten Handtuch erschlagen." Keine schlechte Einführung für die nächste Sensation: „Ich war auf Drogen. Hab mir das Müsli direkt in die Vene gespritzt, das mit den dicken Rosinen. Die stecken jetzt in meinem Kopf."

Nach einer wirkungsvollen Pause hätte ich weitererzählt: „Ich brauchte täglich meinen Liter Schnaps und jede Nacht eine andere Frau." Ich konnte mir vorstellen, wie die älteren Leute missbilligend die Köpfe wiegten und mit der Zunge schnalzten. Ich hatte bildlich vor Augen, wie die Jugend sich auf den Plätzen vorbeugte und sich Details erhoffte. Es wurde Zeit, den Knüller loszulassen: „Als ich dann vier Jahre alt wurde, nahm ich den Herrn in mein Leben auf. Seitdem bin ich glücklich und habe Frieden."

So eine Geschichte hätte wohl ganz anders gewirkt als die Wahrheit, die sich etwa so anhört:

„Leute, mein Sündenleben fing an, als ich einmal nachts einen Keks stahl. Meine Eltern haben geschlafen. Ich habe bei einer Klassenarbeit abgeguckt, und einmal habe ich mir das Bild von einer nackten Frau im National Geographic Magazine angesehen. (Das war das erste Nacktfoto, das ich gesehen habe. Bis ich 14 wurde, habe ich gedacht, alle nackten Menschen hätten Knochenschmuck in der Nase.) Dann begegnete mir Jesus. Heute habe ich immer noch mit allen möglichen Versuchungen zu tun."

Was soll das für ein Zeugnis sein? Für wen wäre das schon ein Anreiz, Jesus nachzufolgen?

Vielleicht würde ein ehrlicher Mensch Wert auf so eine Lebensbeichte legen. Vielleicht fragt so mancher nach einem Gott, der vergibt und in einem Leben voller Unvollkommenheiten beständig wirksam ist. Solche Menschen würden vielleicht Zeugnissen von Typen zuhören, wie ich es bin.

Doch, Gott hat durchaus schon mit Zeichen und Wundern ins Leben von krassen Sündern eingegriffen. Solche Wunder will ich nicht herabwürdigen. Doch sogar bei diesen Zeugnissen ist eine starke Dosis Realität notwendig.

Wer dramatisch aus den Klauen der Bosheit gerettet wurde, hat auch mit einem zermürbenden Alltag zu tun. Selbst wenn die rekordverdächtigen Sünden abgelegt wurden, muss man sich immer noch mit unkrautartigen Varianten auseinander setzen.

Nebenbei, wir sollten bemerkt haben, dass Gott die Sünde nicht klassifiziert. Wenn ein netter kleiner Junge, in der Kirche aufgewachsen, das Wunder der Vergebung erfährt, dann bedeutet das Gott genauso viel wie die Bekehrung eines Drogenhändlers auf der Straße. Ich muss zugeben, dass ich nicht immer der nette Kleine aus der Kirche war. Im Verlauf meiner christlichen Pilgerreise gelang es mir, einige ansehnliche Sünden einzubauen. Als ich 40 wurde, befand ich mich auf so schiefer Bahn, dass mir davon schwindlig werden musste.

Diese dunkle Lebensphase brachte einen wichtigen Lernprozess in Gang. Ich habe mir von Hunderten Menschen angehört, wie sie in Sünde und Traurigkeit verloren waren, sich Christus zuwandten – und seitdem den Himmel auf Erden haben. Alle Probleme hatten sich verflüchtigt. Christen, die angesichts ihrer eigenen Schwierigkeiten solche Worte hören, können in lähmende Hoffnungslosigkeit verfallen.

Nach einer Bekehrung verschwinden die Probleme überhaupt nicht. Eigentlich bekommt man noch ganz andere dazu, wenn man Christ wird. Die alten Freunde kommentieren die Bekehrung mit Hohn und Spott. Man steht vor moralischen Entscheidungen in Bereichen, die man früher für unbedenklich hielt. Ich schloss Freundschaften mit einigen solchen Menschen, die nur noch „Glück und Frieden" kennen. Erst jetzt merkte ich, dass sie genau so viele Probleme hatten wie ich. Doch das wirkliche Leben war nicht deckungsgleich mit den unwirklichen Zeugnissen.

Das Christentum verheißt nirgends die Flucht vor Prüfungen und Versuchungen. Vielmehr gibt es hier die Chance, Mut und Glauben zum Widerstand dagegen zu erlangen. Der Unterschied ist gewaltig: Aus der einen Perspektive ergeben sich leere Versprechungen auf ein Leben ohne Stürme, aus der anderen echter Schutz im schlimmsten Unwetter.

Kein Jünger Jesu hatte es nötig, sein Zeugnis mit sportlichen Spitzenleistungen zu garnieren. Es waren durchschnittliche Typen, die immer wieder an dem Maßstab scheiterten, den Jesus aufgestellt hatte. Bei allen Heimsuchungen aber erlangten sie Vergebung und schließlich sogar die Kraft, für das sterben zu können, woran sie glaubten. Ich glaube, sie hätten Schwierigkeiten mit solchen Aussagen gehabt: „Als ich Jesus fand, schwanden alle Sorgen."

Selbst Paulus gab zu, dass er noch unterwegs war. Seinen höchsten Ehrgeiz sah er nicht darin, allen zu erzählen, was er im Namen Gottes vollbracht hatte. Es ging ihm darum, in die Welt zu rufen, was Gott für *ihn* getan hat. Im Kern seines Zeugnisses ging es nicht um kampflosen Frieden, sondern um die Dauerhaftigkeit des Glaubens in allen Kämpfen.

Zum Nachdenken

Nur Mut. Unabhängig davon, was Ihr persönlicher Hintergrund ist, können Sie und ich der Welt zu Recht zurufen: „Trotz aller meiner Schwächen liebt er mich!" Das beste Zeugnis war immer noch dieses: Durchhalten und ihm jeden Tag vertrauen, dass er uns genug Kraft gibt, unser volles Potential zu erlangen. Denn dazu hat er uns geschaffen.

Denn in der Welt wird man euch hart zusetzen.
Verliert nicht den Mut: Ich habe die Welt besiegt!
Johannes 16,33

Keine Nachrichten
sind schlechte Nachrichten

Es geschah 1985. Ich flog in 2.000 Meter Höhe in kalten, grauen Wolken und spürte die drohenden Probleme. Eine zentimeterdicke Eisschicht bildete sich an der Vorderkante der Tragflächen und breitete sich aus. Solches Eis hatte schon viele Piloten das Leben gekostet, aber ich dachte, ich könne damit fertig werden. Ich ließ die Maschine steigen.

Plötzlich nahm ich einen Brandgeruch wahr. Dicker, ätzender Rauch drang ins Cockpit und biss mir in die Augen. Ich wusste, dass meine Situation kritisch wurde. Nichts ist für einen Piloten gefährlicher als ein Feuer, wenn er in der Luft ist. Zusammen mit dem Eis, das sich auf den Flügeln sammelte, und der fehlenden Bodensicht nahmen meine Überlebenschancen erschreckend ab.

Hier war keine Zeit zu verlieren. Ich funkte um Hilfe und bekam auch schnell Antwort. Die Fluglotsen wussten, wie kritisch meine Situation war. Das Feuer hatte mich gezwungen, die elektrischen Instrumente abzuschalten, die ich unbedingt für den Flug in den Wolken brauchte. Ohne sie war ich blind in einem Flugzeug, das immer mehr zum Eis am Stiel wurde. Ich hatte nur eine Hoffnung zu überleben: meine Funkverbindung mit den Fluglotsen. Ich musste sie auf dem Laufenden halten, und sie mussten mich mit Informationen versorgen, wo ich eventuell landen konnte.

Wegen der schlechten Wetterbedingungen waren die meisten Flughäfen in Reichweite gesperrt worden. Minneapolis stand mir noch zur Wahl. Dort gab es Radar als Landehilfe – außerdem eine Feuerwehr, falls die Landung mir misslang. Wenn ich es bis Minneapolis schaffen sollte, würde ich keinen Treibstoff für einen zweiten Versuch haben. Es ging um Leben und Tod. Ich war aber zuversichtlich, dass die Fluglotsen und ich bei guter Zusammenarbeit einen Weg aus dieser Misere finden konnten.

Dieses gute Gefühl wurde schnell erschüttert. Um mich korrekt mit den Radardaten versorgen zu können, bat mich der Fluglotse, auf eine andere Funkfrequenz zu schalten. Er sagte mir, ich hätte es dann mit Leuten zu tun, die mich den ganzen Anflug bis zur Landebahn sicher geleiten würden. Er appellierte an mich, ruhig zu bleiben, wünschte mir Glück und gab mir die neue Frequenz. Schnell schaltete ich um und bat um Hilfe.

Totenstille.

Die fünf Minuten, in denen ich um Hilfe rief, kamen mir wie fünf Jahre vor. Ohne Anleitung war mir der Tod sicher. Der Treibstoff reichte nicht, um in eine Gegend ohne Wolken zu fliegen, und das Feuer hatte meine Instrumente vernichtet, die ich für eine Landung ohne Sicht brauchte. Nur die Kommunikation mit dem Fluglotsen konnte mich noch retten. Ich schaltete auf die alte Frequenz zurück.

Keine Reaktion.

Jetzt überkam mich blankes Entsetzen. Ich probierte andere Frequenzen und hoffte, zufällig auf eine zu stoßen, bei der ich durchkam. In meiner Panik hatte ich die ursprünglich zugewiesene Frequenz vergessen. Als ich wie ein Wilder an der Skala drehte, war auf einmal mein Kopfhörer mit dem schönsten Klang der ganzen Welt erfüllt: Da rief jemand die Nummer meines Flugzeugs auf.

Der Fluglotse geleitete mich umsichtig durch den Nebel zu einer knappen, aber sicheren Landung auf dem Flughafen von Minneapolis. Wäre damals die Funkverbindung nicht mehr zu Stande gekommen, dann hätte ich aller Wahrscheinlichkeit nach Eingang in die Statistiken gefunden. Unfallursache: tödliches Schweigen.

Zum Nachdenken

Wenn man keine Nachricht bekommt, dann steht es schlecht. Beziehungen ohne Kommunikation sind zum Absturz verurteilt.

Manchmal spürt man, dass sich Eis auf den Flügeln der Beziehung sammelt. Man riecht den Rauch, den die Katastrophe erzeugt. Aber dann zieht man sich schweigend zurück und meidet die schmerzhaften Auseinandersetzungen und das Arbeiten an der Versöhnung. Wenn sich Piloten in einem Notfall so verhalten, dann kommen sie um. Ich lebe heute noch, weil ich es immer wieder versucht hatte.

Reden Sie mit Ihrem Ehepartner. Reden Sie mit Ihren Kindern. Reden Sie mit Ihren Freunden.

Reden Sie mit Gott.

Ohne Fleiß kein Preis

„Wie sind die bloß auf mich gekommen?", dachte ich beim Anblick des Briefes. „Woher wissen die denn . . . ?"

Seit ich 48 bin, nerven mich die Grauen Panther mit dem unverschämten Vorschlag, Mitglied bei ihnen zu werden. Gemeinsam seien wir stark und sollten (zahnlos, ergraut und ächzend) dafür demonstrieren, dass der Gesetzgeber für einen möglichst genussvollen Ablauf der goldenen Jahre unseres Lebens sorgt.

Es gibt entscheidende Vor- und Nachteile des Älterwerdens. Befassen wir uns zuerst mit den Nachteilen. Bestimmt hat jeder mal diese Sprüche gehört: „Was man anfängt, muss man auch vollenden", und „Ohne Fleiß kein Preis". Ich habe für die reiferen Soldaten unserer Generation einen neuen Slogan entwickelt: „Was du auch anfängst, es bringt dir nichts als Schmerzen ein."

Als mein Vater einmal zu Besuch bei uns war, machten wir eine Spazierfahrt. Wir kamen an einer Schlagballanlage mit Wurfautomat vorbei. Nun hat man ja immer das Bedürfnis, den eigenen Vater zu beeindrucken, egal, wie alt man wird. Ich habe noch nie etwas mit einem Wurfautomaten zu tun gehabt, aber als Jugendpastor habe ich oft Softball gespielt. Hier war die große Chance, die Augen meines Vaters leuchten zu sehen, wenn er meinen lässigen Schwung und die krachenden Treffer miterlebte.

In der Schlange vor der Profi-Schnellwurfanlage (150 Stundenkilometer schnell) hätte ich eine halbe Stunde warten müssen. Ich war noch nicht gewahr, dass sich das als echter Segen herausstellen sollte – ich glaubte nur zu wissen, dass die 100 Stundenkilometer der anderen Anlage mir überhaupt keine Schwierigkeiten machen

dürften. Ich stellte meinen Vater da auf, von wo er aus-
gezeichnet beobachten konnte, wie ich die Bälle wie
Pampelmusen zerquetschen würde. Dann steckte ich
meinen Dollar in den Automaten. Damit erkauft man
sich das Recht, 12 Bälle zu schlagen.

Ich stand noch nicht mal am Abschlagpunkt, als der
erste Ball vorbeisauste. Wie unfair! Schon etwas rot
angelaufen, schwang ich den Schläger knallhart gegen
den zweiten Ball, der leider schon vor einer Weile vor-
beigeflogen war und zurück zur Anlage rollte. Ich schaute nach hinten zu meinem Vater. Freundlicherweise hatte
er sich von jemandem ablenken lassen, der die Würfe aus
der 150er-Maschine der Reihe nach erledigte. „Ich kriege bei den nächsten paar Würfen schon den Dreh raus",
dachte ich. Die krachenden Treffer würden ihn wieder
auf den wahren Helden aufmerksam machen, sein eigenes Fleisch und Blut.

12 Bälle kamen und gingen. Mein Schläger traf immer
nur die Luft. Ich war dankbar, dass der Schläger selbst
immer noch in meiner Hand war, denn jetzt konnte ich
mich eine Weile darauf stützen. Ich grub nach weiteren
Münzen in meiner Hosentasche. Dann zog ich mir das
Hemd aus – kein schöner Anblick bei einem überge-
wichtigen, ausgebutterten Fall für das Altersheim. Der
Kerl am Schnellschussstand musste meinen Körper
erblickt haben, denn er verfehlte vor Schreck die beiden
nächsten Würfe.

Ich steckte den nächsten Dollar in den Schlitz und
landete wieder 12 Fehlschläge. Ich hielt sogar den
Schläger einfach in der Hoffnung hin, der Ball würde ihn
vielleicht zufällig treffen. Das wäre nach den Regeln ja
auch gültig gewesen.

Nach vier Dollar und 48 Schlägen hatte ich nicht
einen einzigen Ball getroffen. Ein Autor darf zum Spaß

ein bisschen übertreiben, aber dies ist keine Übertreibung. Ich habe keinen einzigen Ball mit dem Schläger berührt. In Schweiß und Demut gebadet konnte ich nur beten, dass mein Vater wenigstens von meiner Entschlossenheit beeindruckt war.

Ich fragte, ob er es mal probieren wolle. Vielleicht würde er mich doch ein bisschen respektieren, wenn er selbst spürte, wie unglaublich schwierig es war. Er lächelte nur und schüttelte den Kopf. Es ist viel besser, schon eine Weile zum Club der Alten zu gehören, als gerade die Mitgliedschaft anzutreten. Er war viel zu klug, sich mit dem Baseballschläger etwas zu beweisen und damit für das nächste Vierteljahr seine Beweglichkeit zu riskieren.

Nach etwa einer Stunde Spielzeit stand es also 48 zu 0 für die Wurfanlage. Kein Treffer, aber ein großer Fehler. Als ich die Anlage sah, hätte ich gleich weiterfahren sollen.

Mein Vater und ich haben uns an diesem Abend noch stundenlang unterhalten. Allmählich wurde ich müde. Das erste Anzeichen meines Fehlers spürte ich, als ich mich zum Schlafengehen verabschiedete und versuchte, vom Sofa aufzustehen. Ich zappelte herum wie eine Schildkröte, die auf dem Rücken lag. Das Sofa war so tief, dass mein steif gewordener Körper sich nicht mehr seinem Zugriff entziehen konnte. Und wenn ich hier sterben musste? Meine Familie (die sich auf meine Kosten minutenlang der Heiterkeit hingab) zog mich vom Sofa hoch wie aus einer Venusfliegenfalle, und ich schlurfte zu Bett.

Das zweite Anzeichen, dass ich einen großen Fehler begangen hatte, kam am nächsten Morgen. Mit Unbeweglichkeit kann ich umgehen, aber nicht mit Schmerzen. Ich schlief auf einem Wasserbett. Ich hätte auf dem Sofa liegen bleiben sollen. Ein Sondereinsatzkommando war nötig, um mich aus diesem schwabbeln-den Gefängnis zu befreien. Ich stolperte zum Bad und betete, dass ich es ohne Hilfe wieder nach draußen schaf-fen könnte. Dann ging es unter die Dusche. Das Haar konnte ich mir nicht waschen. Ich bekam nicht mal die Arme über Schulterhöhe. Woher will man wissen, dass man einen Kopf hat, wenn man ihn nicht zu fassen be-kommt? Wenigstens der Spiegel bestätigte mir, dass der Kopf noch vorhanden war, auch wenn ich ihn gestern nicht eingesetzt hatte.

Bis zum Abend konnte ich meinen Kopf wieder anfas-sen, wenn auch unter großen Schmerzen. Nach weiteren 24 Stunden stellte sich die Sache als verschärfter Muskelkater heraus. Eine Woche später hatte sich der unbedingte Vorsatz herauskristallisiert, nie wieder so etwas Dummes zu machen.

Das alles ist schon ein paar Jahre her. Erst neulich fuhr ich wieder an einer Ballwurfanlage vorbei. Furchtlos parkte ich das Auto, ging zur Anlage und langte in die Tasche. Ich steckte einen Fünfdollarschein in den Wechselautomaten – und legte das ganze Kleingeld in die Hand eines Kindes, das sehnsüchtig zur Junior-Anlage mit den 100 Stundenkilometer schnellen Würfen schau-te.

Ein schönes Gefühl, dem Jungen eine halbe Stunde Frustration erkauft zu haben. Auf dem Weg zum Auto hörte ich den Treffer. Dann noch einen. Und noch einen. Ich schaute nicht zurück. Ich fuhr nur angewidert weg.

Leider geht das sorgsame Vermeiden von Schmerzen, Beschwerden oder auch nur Unbequemlichkeiten weit über den Bereich von Sportstätten hinaus. Die heute vor-herrschende Lebensphilosophie scheint zu lauten: „Hast du dabei ein gutes Gefühl, dann tu's. Wenn nicht, dann meide es wie die Pest." Das ganze Lebensgefühl stand auf einem T-Shirt gedruckt, das ich vor kurzem gesehen habe. Als Parodie auf „Ohne Fleiß kein Preis" hieß es hier: „Ohne Fleiß kein Schweiß!" Die Botschaft? Um jeden Preis jede Mühe meiden.

Für Alte und Junge gilt die gleiche einfache Regel: Was du auch anfängst, es bringt dir nichts als Schmerzen ein. Der richtige Umgang damit ist nicht immer der einfachste Ausweg.

Der einfachste Ausweg aus einer problematischen Ehe ist die Trennung. Bei der etwas schwierigeren Methode muss man etwas einsetzen, um wieder in die Gänge zu kommen. Das kostet Mühe und tut weh.

Der einfachste Ausweg angesichts einer Versuchung besteht darin, ihr nachzugeben. Die schwierigere Entscheidung besteht darin, die quälenden Wünsche auszuhalten und das Richtige zu tun. Das tut weh.

Der einfachste Ausweg bei der Entscheidung, etwas für andere aufzugeben oder für sich selbst zu beanspruchen: sich den Mitmenschen verschließen und alles auf die eigene Karte setzen. Schwieriger ist es, mit Zeit, Geld und persönlichen Chancen selbstlos umzugehen. Das tut immer weh.

Die richtige Entscheidung zieht oft Unbequemlichkeit, Opfer und Schmerzen nach sich. Doch das Ergebnis zeigt, dass die Sache es wert war. Gewichtheber müssen leiden, wenn sie sich Kraft antrainieren. Hat man der Versuchung widerstanden, bleiben vielleicht unerfüllte Wünsche, aber im Ergebnis hat man an Charakter und Kraft gewonnen. Dafür muss man zahlen. Aber dann bekommen wir auch, wofür wir gezahlt haben.

Zum Nachdenken

Hoffentlich werde ich im Hinblick auf Charakter und geistliche Reife nie so schlaff wie damals bei der Wurfanlage. Holen Sie sich eine Münze aus der Tasche und fassen Sie einen Entschluss: Wenn Gott mich heute auf eine anstehende Entscheidung aufmerksam macht, will ich mir richtig Mühe geben, das Richtige zu tun. Danach werden Sie zwar erst mal einen „Muskelkater" haben, aber allmählich werden Sie charakterlich und geistlich kräftiger.

Richtig zuschlagen!

Die Wahrheit über Katzen und Hunde

Ein Hund schaut dich an und denkt: „Du fütterst mich, du streichelst mich, du lässt mich bei dir wohnen und du liebst mich. Du musst Gott sein." Eine Katze schaut dich an und denkt: „Du fütterst mich, du streichelst mich, du lässt mich bei dir wohnen und du liebst mich. Ich muss Gott sein."

– anonym

Freundlich und beruhigend klangen die Worte des Arztes, als Diane und ich über den Tod unseres Freundes weinten. Er hatte gerade seinen letzten Atemzug getan, und schon vermisste ich ihn so sehr. Auf dem Heimweg dachten wir daran, wie er vor ein paar Stunden noch zwischen uns gesessen hatte, dankbar für jede Liebkosung und so tapfer trotz seiner großen Schmerzen.

Jetzt war Schultz, 14 Jahre lang unser lieber Freund, nicht mehr unter uns. Warum betrauerten wir den Verlust eines Hundes so tief? Wir versuchten uns einzureden, dass solche Gefühle albern seien. Trotzdem ließ sich die Echtheit unseres Kummers nicht leugnen.

Diane und ich stehen damit nicht allein. In den meisten Familien gibt es mindestens einen Mitbewohner mit Fell, der wie ein richtiger Familienangehöriger geliebt wird. Warum verehren wir diese Tiere so sehr, vor allem unsere Hunde?

Meine Vermutung: Weil sie so gern leben, so gern lieben und geliebt werden. Wir haben inzwischen einen neuen Welpen. Er heißt Cohiba, Cobi ist der Kosename. Eine *Cohiba* ist eine große Zigarre. Meine Nachbarin hat allen ihren Hunden biblische Namen gegeben, zum Beispiel Deuteronomium und Isai. Sie hat mich seltsam angeschaut, als ich ihr sagte, dass unser Hund nach einer Zigarre benannt wurde. Unser Hund sieht aber auch aus wie eine Zigarre und riecht wie ein Aschenbecher, also heißt er Cobi.

Als wir ihn ganz neu hatten, fürchtete er sich entsetzlich vor Treppen. Waren wir oben, dann saß er unten und winselte so lange, bis ihn jemand hochtrug. Gingen wir wieder nach unten, jammerte er, bis ihn jemand hinuntertrug. Gestern kniete ich mich neben ihn und half ihm, eine Stufe nach der andern die Treppe hochzusteigen. Ein paar Mal musste ich das kleine Hinterteil auf die nächste Stufe heben.

Als wir es nach oben geschafft hatten, trug ich ihn wieder zurück und setzte ihn an der Treppe ab. Wie ein pelziger Blitz raste er die Stufen hoch und kläffte mich an. Er wollte wieder hinuntergetragen werden. Also noch mal: Ich kniete mich neben ihn und half ihm diesmal vorsichtig eine Stufe nach der anderen hinunter. An diesem Tag übte er seine neu entdeckte Fertigkeit, bis er nur noch ein Wollknäuel war. Er muss an die 50 Mal rauf- und runtergerannt sein. Er liebt das Leben. So sind Hunde nun mal, und deshalb lieben wir sie.

Es spielt keine Rolle, ob man 5 Minuten oder 5 Tage weg war. Wenn wir nach Hause kommen, begrüßt uns der Hund, als seien wir von den Toten auferstanden. Er springt hoch, schnüffelt, leckt, bellt und wackelt mit dem ganzen Körper.

Deshalb bin ich ziemlich sicher, dass Katzen keine Christen sind. (Na schön, ich weiß, dass ich mir jetzt das Leben schwer gemacht habe.) Kommen wir von einem kurzen Gang zum Supermarkt zurück, zeigt der Hund uns seine überschwängliche Freude. Die Katze aber sitzt in unserem Sessel und faucht: „Weggegangen, Platz vergangen."

Wenn ich meinen Hund streichele, gerät er richtig in Ekstase. Er macht die Augen zu und schmiegt sich mit dem ganzen Körper an. Er schwelgt darin, zu lieben und geliebt zu werden. Manchmal höre ich mit dem Streicheln auf, nur um ihn zu ärgern. Seine Augen springen auf, und er drückt verzweifelt seine Nase unter meine Hand. Dann schiebt er seinen Körper daran vorbei, um die ganze Streichelwirkung zu verspüren. Meine Hand bleibt unbeweglich, aber er geht an ihr vor und zurück; dadurch werde ich zu einer Art Selbstbedienungs-Streichelautomat.

Im Gegensatz dazu *tut* unsere Katze Pepper nur so, als ob sie mich liebe. Sie streicht um meine Beine herum, reibt sich an mir und macht dieses Motorengeräusch, dass angeblich so entzückend ist. Sobald ich aber nach ihr greife, ist sie verschwunden.

Wie wäre es, wenn wir einander mit der gleichen Begeisterung und Freude begrüßen, wie wir von unseren

Tieren empfangen werden? (Na gut, vielleicht ohne Schnüffeln und Sabbern!) Wie wäre es, wenn wir genauso schnell vergeben und vergessen könnten? Wenn wir uns so sehr am Leben freuen könnten wie Cobi, als er die Treppen rauf- und runtersprang?

Wie wäre es, wenn wir genauso treu wären? Wenn wir wie unsere Tiere darin aufgehen könnten, geliebt zu werden? Wenn wir genauso enthusiastisch lieben würden? Wie wäre es, wenn wir immer wieder anfangen würden zu lieben, auch wenn man uns ganz furchtbar Unrecht tut? Ja, wie wär's?

Zum Nachdenken

Um den rechten Sinn für die eigene Wichtigkeit zu bewahren, sollte jeder einen Hund haben, der ihn verehrt, und eine Katze, die ihn mit Nichtbeachtung straft.
Derek Bruce

Wer bin ich?

Was für ein Mensch würden Sie gern sein?
Wenn ich darauf antworten dürfte, würde ich ganz im Ernst sagen: Ich möchte freundlich und geduldig und bekannt sein für meine Liebe zu allen Menschen.

Was sagt Ihr Verhalten darüber aus, was für ein Mensch Sie sind?
Schon eine ganz andere Frage. Was mich angeht, käme

eine ganz ehrliche Antwort nicht ohne die Begriffe reizbar, schnell eingeschnappt und egoistisch aus.

Vor ein paar Jahren ging ich in Vancouver an Bord eines Kreuzfahrtschiffes. Ich war mit meinen Vorträgen für die Reise nach Alaska eingeplant, und einige Wochen vorher hatte ich meine Bücher und Videos kistenweise nach Juneau transportieren lassen, um sie an Bord zu verkaufen. Das macht auf solchen Kreuzfahrten den größten Teil des Einkommens von Künstlern aus. Aber das Platzangebot auf den Ozeandampfern ist begrenzt, und die Künstler sind für ihre Konkurrenz um die besten Stellen für die Ausstellung der Ware bekannt. Man erlebt unfreiwillig komische Situationen, wenn man dieses Spektakel beobachtet.

Wir ziehen einander bei dieser Art Darbietungswettbewerb nur auf, aber ich kann mir vorstellen, wie wir auf die Passagiere wirken – wie Hyänen, die herumstreichen und ihr Revier markieren. Als ich das Schiff bestieg, fand ich eine geeignete Stelle und reservierte sie mit einem kleinen weißen Tischtuch. Ich hatte mein Claim abgesteckt.

Janet Pascal ist eine wunderbare Gospelsängerin mit freundlichem Wesen. Sie konnte nicht mit uns anderen in Vancouver an Bord gehen, sondern hatte vor, in Juneau auf das Schiff zu warten. Als wir in Juneau anlegten, hatte das gutmütige Gerangel um die Plätze längst stattgefunden. Es herrschte ein ungeschriebenes Einvernehmen darüber, wem welcher Platz gehörte. Bis dahin hatte ich beim Spiel um das Territorium ganz gut abgeschnitten. Guten Glaubens, dass mir der Platz sicher sei, ging ich an Land, um meine Kisten zu holen.

Janet wartete derweil in Juneau und hatte ihr Material dabei. Als sie an Bord kam, schenkte sie den Revierkämpfen keine Beachtung.

Ich muss noch einmal betonen, dass Janet eine der nettesten Frauen ist, die ich je kennen gelernt habe, überhaupt nicht anmaßend. Sie ist nicht draufgängerisch und wichtigtuerisch, und absichtlich würde sie niemanden übervorteilen. Sie schreibt und trägt Lieder vor, die auf Freundlichkeit und ein liebevolles Wesen schließen lassen. An diesem Tag aber machte sie an Bord einen schweren Fehler. Sie ging davon aus, dass der Platz mit dem weißen Tischtuch noch frei war. Sie verletzte mein Territorium.

Ganz unschuldig stapelte sie ihre Kassetten und Bücher auf den Platz, den ich so umsichtig markiert und geschützt hatte. Als ich – der Mann, der so gern großzügig, liebevoll und freundlich wäre – sah, dass mein Tisch besetzt worden war, reagierte ich mit dem Gegenteil von dem, was ich mir als Image ersehnt hatte. Sofort kamen Ärger, Eifersucht und Groll in mir auf.

So zu reagieren hatte ich mir nicht vorgenommen. Das hatte ich nicht gewollt. Aber ich verhielt mich so. Als ich noch vor mich hin brummelte und entrüstet gestikulierte, kam Janet in den Raum. Da entschloss ich mich ganz bewusst zur Bosheit. Ich sagte nichts zum Problem, führte aber auf verdeckte Art meine Unzufriedenheit vor. Ich zeigte Janet die kalte Schulter. Mein Ton und die kühle Begrüßung machten ihr klar, dass ich mich ärgerte. Schon als ich mich so benahm, schämte ich mich dafür. Als wir uns in die Kabine zurückzogen, wiesen meine Kinder mich darauf hin, wie grob und kindisch ich gewesen sei. Nicht schlecht, derart auf mein Fehlverhalten aufmerksam gemacht zu werden. Den Kindern war aufgefallen, wie verletzt und verwirrt Janet reagiert hatte.

Wie schnell war ich doch ärgerlich geworden und in eine Verteidigungsstellung geraten! Paulus schreibt: „Der Geist Gottes dagegen lässt als Frucht eine Fülle von

Gutem wachsen, nämlich Liebe, Freude, Frieden, Geduld, Freundlichkeit, Güte, Treue, Nachsicht und Selbstbeherrschung" (Galaterbrief 5,22-23).

Wenn das die Frucht des Geistes ist, bin ich wohl von einem anderen Baum gefallen. Eine Aufzählung meiner Verhaltensweisen des letzten Tages brachte genau das Gegenteil des Paulus-Verses an den Tag.

Bin ich in meiner eigenen Impulsivität gefangen? Gibt es noch Hoffnung für mich? Anscheinend hat auch Paulus mit solchen Problemen gekämpft. Er sagte: „Deshalb sind wir in unserem Handeln nicht frei; wir tun nämlich nicht, was wir eigentlich wollen, sondern was wir verabscheuen" (Römerbrief 7,15). Sieh mal an! Sein Verhalten war auch nicht perfekt. Er fährt fort:

Wir sehen also, dass sich alles nach folgender Regel abspielt: Ich will das Gute tun, aber es kommt nur Böses dabei heraus. In meinem Bewusstsein stimme ich dem Gesetz Gottes freudig zu. Aber ich sehe, dass mein Tun einem anderen Gesetz folgt. Dieses Gesetz liegt im Streit mit dem Gesetz, dem meine Vernunft zustimmt. Es macht mich zum Gefangenen der Sünde, deren Gesetz mein Handeln bestimmt. Wir stimmen zwar mit der Vernunft dem Gesetz Gottes zu, aber mit unserem Tun folgen wir dem Gesetz der Sünde.
Wir unglückseligen Menschen! Wer rettet uns aus dieser entsetzlichen Verstrickung? Wer entreißt uns dem sicheren Tod? Gott hat es getan! Ihm sei Dank durch Jesus Christus, unseren Herrn!
Römerbrief 7,21–25

Es gibt Hoffnung. Und hier sind Paulus' Anweisungen für den Umgang mit unserem egoistischen, unfreundlichen Wesen:

1. Erkenne die Quelle der Hoffnung. *Das gilt für alle, die zu Jesus Christus gehören; denn sie haben ihre Selbstsucht mit allen Leidenschaften und Begierden ans Kreuz genagelt.*
Galaterbrief 5,24

2. Halte dich an seiner Seite. *Wenn nun Gottes Geist von uns Besitz ergriffen hat, dann wollen wir auch aus diesem Geist unser Leben führen.*
Galaterbrief 5,25

3. Werde erwachsen. *Wir wollen nicht nach vergänglicher Ehre streben, uns nicht voreinander aufspielen und gegenseitig beneiden.*
Galaterbrief 5,26

Am gleichen Tag noch bin ich in Juneau eine Weile mit Gott spazieren gegangen. Auf dem Rückweg habe ich einen Strauß Wildblumen gepflückt und ließ sie mit einem Brief, in dem ich um Entschuldigung bat, auf Janets Zimmer bringen. Sie hat die Entschuldigung nicht nur angenommen und mir verziehen, sondern ist eine gute Freundin unserer Familie geworden. Ich darf mich oft über die Zusammenarbeit mit ihr freuen. Wir behandeln einander mit allem Respekt: Ich bin freundlich zu ihr, und sie macht einen Bogen um jeden Tisch mit einem weißen Tuch.

Zum Nachdenken

Auch wenn Paulus mit dem gleichen Problem zu kämpfen hatte wie ich, gab er nicht auf. Wir brauchen uns nicht mit diesem sündhaften Wesen abzufinden. Wenn ich mich auf den eigenen Wunsch verlasse, gut zu sein, dann mache ich mich zum Gefangenen meines eigenen unausstehlichen Wesens. Nur durch Jesus Christus ist es möglich, auf etwas Besseres zu hoffen.

Gottes Frau

Es gibt so manche kitschige Geschichte, mit der sich die Gefühle manipulieren lassen. Andererseits gibt es auch Erzählungen, die unsere Herzenssaiten wirklich anrühren. Zwischen beiden liegt eine haarscharfe Grenze.

Die folgende Geschichte hat mein Gemüt in die schönsten Schwingungen versetzt. Sie stammt aus dem Internet. Um Haaresbreite wollte ich sie in den Datenmülleimer verbannen, der für Kitsch reserviert ist, aber als ich genau hinschaute, fand ich sie verwertbar. Sie ist mehr als eine bloße Nacherzählung zum Thema „Barmherziger Samariter". Sie stellt uns die Aufgabe, unser Erbe als Kinder Gottes voll anzutreten.

Es ist ein kalter Dezembertag in der New Yorker City. Ein 10-jähriger Junge steht barfuß vor einem Schuhgeschäft am Broadway und zittert vor Kälte. Er blickt ganz gespannt ins Schaufenster. Eine Frau tritt auf den Jungen zu und fragt: „Na, Kleiner, warum guckst du denn so eifrig in das Schaufenster?"

„Ich hatte Gott gebeten, mir ein Paar Schuhe zu besorgen", erwidert der Junge.

Die Frau betrachtet ihn eine Weile und nimmt ihn dann an der Hand. Gemeinsam betreten sie den Schuhladen. Drinnen bittet sie den Verkäufer, ein halbes Dutzend Socken für den Jungen zu bringen. Dann verlangt sie eine Schüssel mit Wasser und ein Handtuch. Alles wird schnell hergebracht.

Die Frau nimmt den Kleinen mit in den hinteren Bereich des Geschäfts und zieht sich die Handschuhe aus. Dann kniet sie sich hin, wäscht seine kleinen Füße und trocknet sie sanft mit dem Handtuch ab. Jetzt kommt der Verkäufer mit den Socken. Die Frau streift dem Jungen ein Paar davon über die Füße. Dann sucht sie ein Paar Schuhe in seiner Größe aus, verpackt die übrigen Socken und überreicht ihm den Karton.

Sie tätschelt ihm den Kopf, lächelt und sagt: „Hoffentlich fühlst du dich jetzt besser, Kleiner."

Als sie sich umwendet und gehen will, greift der kleine Junge mit großen Augen noch einmal nach ihrer Hand. Er schaut in ihr Gesicht und fragte: „Sind Sie die Frau von Gott?"

Zum Nachdenken

Mit wie vielen Menschen kommen wir auf eine solche Art in Berührung, dass sie sich fragen, ob wir direkt mit Gott zu tun haben?

Und wenn der Hund hier gesessen hätte?

Ich gebe alles zu. Was Sie gleich lesen werden, entstammt einer männlichen (nämlich meiner!) Perspektive. Letzten Endes aber geht es eigentlich darum, was es heißt, erwachsen zu werden. Urteilen Sie bitte nicht zu hart über mich wegen meines rücksichtslosen Verhaltens in dieser Geschichte. Ich war erst 22 Jahre alt – noch ein Kind.

Der Apostel Paulus schrieb im 1. Korintherbrief 13, 11: „Anfangs, als ich noch ein Kind war, da redete ich wie ein Kind, ich fühlte und dachte wie ein Kind. Dann aber wurde ich ein Mann und legte die kindlichen Vorstellungen ab."

Paulus dachte an sich selbst, als er diese Worte schrieb. Deshalb vermute ich eins von beiden:

1. Er war viel reifer als ich (eine sehr realistische Vorstellung) oder
2. Ich täusche mich stark in meiner Einschätzung, ab wann man ein Erwachsener ist (auch sehr realistisch).

Bevor ich zum Mann wurde, dachte ich, man werde über das Stadium der Pubertät zum Erwachsenen. Mit 21 oder so hatte ich diese Phase hinter mich gebracht, ohne in meiner geistlichen oder emotionalen Reife große Fortschritte gemacht zu haben. Eigentlich habe ich die Gesamtheit meiner kindlichen Vorstellungen erst abgelegt, als ich längst erwachsen war. Und manche pflege ich immer noch.

Das kindische Denken hat mir oft Probleme beschert. Als zum Beispiel Diane und ich in unsere erste Wohnung eingezogen waren, schenkte mir ein Freund eine Kiste mit Riesenböllern. Im Grunde ist *Riesenböller* das falsche Wort, um diese Dinger zu beschreiben, die mit der Gewalt einer viertel Stange Dynamit explodieren. Das war, bevor das Zeug gesetzlich verboten wurde.

Erwachsen? Ein echter Erwachsener hätte es nicht so

eilig gehabt, damit zu experimentieren; er hätte auf den richtigen Augenblick gewartet, zum Beispiel auf den Nationalfeiertag. Dann wäre jede denkbare Vorsichtsmaßnahme getroffen worden, und er hätte sein Feuerwerk in sicherer Entfernung von allen bekannten Mitgliedern der Tier- oder Pflanzenwelt gezündet.

Ein Erwachsener wäre zur Besinnung gekommen, als nach der Explosion eines Riesenböllers im See drei tote Fische an die Oberfläche trieben.

Doch ich dachte eben nicht wie ein Erwachsener. Ich dachte wie ein Kind, und ich lud sogar ein ähnlich erwachsenes Kind zum Mitmachen ein. Wir stapelten ein paar Backsteine auf einen umgedrehten Zwanzig-Liter-Eimer, legten einen Riesenböller darunter, steckten die Zündschnur an – und rannten weg.

Wir waren beide hinter dem gleichen Baum versteckt, als der Böller losging. Der Blecheimer wurde total zerfetzt. In dem Baum, hinter den wir uns geduckt hatten, steckten verbogene Eisenstückchen.

Ein Erwachsener wäre mit Tränen der Dankbarkeit in die Knie gegangen, weil er noch am Leben war. Ein Erwachsener hätte mit dem Lachen aufhören können, als seine Frau aus dem Haus gerannt kam, fest überzeugt, dass jemand erschossen worden sei, und sich erkundigte, wann ihr Mann endlich erwachsen würde. Ein Erwachsener hätte die verbliebenen Geschosse lieber ausgeliefert, statt sich pubertierenden Sinnes flugs noch andere Möglichkeiten auszudenken.

Während der Predigt, die Diane mir danach hielt, fing ich an nachzudenken. Ich überlegte mir: „Wie weit würde ein Riesenböller mit seiner Explosion wohl einen Schraubenzieher fliegen lassen?"

Mein Freund und ich kicherten kindisch und rannten in den noch nicht fertig gestellten Keller des Hauses. Da holten wir uns ein altes Rohrstück. Ich entdeckte sogleich einen Schraubenzieher, der genau in das Rohr passte. Dann legte ich einen Böller unten ins Rohr und ließ den Schraubenzieher darauf rutschen. Jetzt zündete ich den Böller und hielt das Rohr auf dem Zementboden fest.

Durch irgendein Wunder kam ich nicht ums Leben. Die Explosion warf mich um, hinterließ einen kleinen Krater im Estrich und schoss den Schraubenzieher durch den Holzboden von Zollstärke, wo er bis zum Griff feststeckte.

Leider gehörte der Holzboden zur Küche direkt über uns. Der Zorn in Dianes Stimme war nicht zu überhören, als sie uns nach oben befahl. Ein Erwachsener wäre zu Tode erschrocken gewesen, wenn er die aus dem Boden ragende, immer noch vibrierende Schraubenzieherspitze gesehen hätte. „Schau dir das mal an!", donnerte Diane mir entgegen. „Wenn jetzt der Hund hier gesessen hätte!"

Ein Erwachsener hätte nie geantwortet: „Der wäre wohl weggegangen!"

Später büßten wir unsere Strafe in Form von harter Arbeit im Keller ab und schafften den Schutt weg. Da entdeckten wir die alte Kloschüssel. Der Vorbesitzer hatte den Traum gehegt, eines Tages den Keller auszubauen und eine Toilette zu installieren. Voller Spinnweben stand die Schüssel vergessen da und war nie benutzt worden.

Für das kindliche Gemüt stellte die Vorstellung, wie der Klodeckel durch eine Riesenböllerexplosion aufklappt, den Gipfel der Belustigung dar. Diesem Effekt konnten wir einfach nicht widerstehen. Wir steckten die Zündschnur an, warfen den Böller in das Becken, betätigten die Spülung und rannten in Deckung.

Wir kauerten hinter einem alten Schornstein aus Ziegeln, als der Böller sein Werk verrichtete. Es wurde schnell offenbar, dass wir eine strikte Grenze überschritten hatten. Ich sah Porzellanscherben durch den feuchten Keller wirbeln und hörte, wie das Wasser tropfte. Ein kurzer Blick zeigte, dass Porzellantrümmer von verbeulten Wasserrohren hingen, die unserem Keller nunmehr als neuer, sprudelnder Brunnen dienten.

Ein Erwachsener hätte nicht gelacht. Ein Erwachsener hätte so etwas wie Reue verspürt. Ein Erwachsener hätte es nicht nötig gehabt, wochenlang sozusagen in die Ecke gestellt zu werden, um über sein Handeln nachzudenken. Nach 22 Jahren meines Lebens war ich immer noch nicht erwachsen. Ich dachte wie ein Kind; ich redete und fühlte wie ein Kind.

Mein Verhalten an diesem Tag reichte weit in den Bereich ausgemachter Tollkühnheiten, sogar aus der Warte eines Kindes. Doch die schlimmsten Streiche gehörten bald zu meiner Vergangenheit, teils weil ich reifer wurde, teils, weil ich verheiratet bleiben wollte.

Das Kind in mir ist noch nicht ganz und gar verschwunden. Vor einigen Jahren habe ich Diane auf eine Tour in unser städtisches Einkaufszentrum begleitet, was, wenn ich mal anmerken darf, eine sehr tapfere und männliche Tat gewesen war. Shopping ist für mich ein reiner Besichtigungssport, aber an diesem einen Tag wurde ich auf eine schöne Jacke aufmerksam. Mit einem Blick auf das Preisschild erklärte Diane, die Jacke befände sich jenseits der gut bewachten Grenzen unseres Etats.

Wie vom Blitz erleuchtet, erinnerte ich mich an die bewährte Wirksamkeit übellauniger Bockigkeit. Diese Technik hatte ich im Lauf meiner Karriere als Kind schon mit 6 Jahren beherrscht. Ob ich mit 45 immer noch den Dreh raushatte? War ich der Herausforderung gewachsen? Es gab nur ein Mittel, mich zu beweisen. Ich fing an zu nörgeln: „Ich will aber die Jacke." Ich nölte und jammerte. Ich stampfte mit dem Fuß auf.

Meine Familie lachte nervös und ging mir verlegen aus dem Weg. Man kannte meine Fähigkeit, eine Szene zu machen. Als wir das Geschäft verließen und in die Passage gingen, flüsterte ich Diane leise zu, dass ich einen ausgewachsenen Wutanfall vorführen werde, gleich hier vor Hunderten von Menschen, wenn ich nicht die Jacke bekäme.

„Das traust du dich nicht", sagte sie.

Das war die schlimmste Bemerkung, die sie hätte machen können.

Sie hatte soeben einen Kampfstier mit dem roten Tuch gereizt. Es war der letzte Strohhalm auf dem Rücken des Kamels. Sie hatte mir gerade den Fehdehandschuh hingeworfen, den ich nicht ignorieren konnte. (Na los, spielen sie mit – setzen Sie ihr eigenes Klischee ein.)

Mitten in der größten Einkaufspassage von Amerika, vor Hunderten geistig gesunden Konsumenten, warf sich ein ausgewachsener Mann zu Boden und fing an zu zappeln und zu weinen, zu trampeln und mit den Fäusten auf den Boden zu schlagen: „Ich will die Jacke! Ich will die Jacke!"

Wissen Sie was? Ich habe die Jacke bekommen. Ich wette, Diane hat nie das Buch „Mut zur Strenge" gelesen.

Die Familie Davis lacht jedes Mal Tränen, wenn wir uns dieses Ereignis in Erinnerung rufen. Gleichzeitig kann ich nicht so einfach von den unreifen, kindischen Trieben lassen, die mich mein Leben lang bis in den körperlichen Zustand des Erwachsenseins bedrängt haben. Manche zehren immer noch an meiner Anwartschaft auf geistige Reife. Besonders witzig sind diese kleinen infantilen Dämonen durchaus nicht. Es macht mir große Freude, ihre Rolle in meinem Leben zu schmälern.

Kindisches Verhalten verweist auf kindisches Denken. Immerhin lassen Kinder die Bedürfnisse ihrer Mitmenschen zugunsten der eigenen außer Acht. Sie ziehen kaum in Betracht, dass es eventuell eine Alternative zur sofortigen Befriedigung gibt. Ich schäme mich bekennen zu müssen, wie lange ich gebraucht habe, bis mir die Bedürfnisse meiner Umwelt bewusst wurden, wie lange es gedauert hat, bis ich meine Frau und meine Kinder als wunderbares Geschenk Gottes zu würdigen wusste. Besonders lange dauerte es, Gottes Absichten mit meinem Leben zu berücksichtigen, statt meine eigenen egoistischen Wünsche zu befriedigen.

Ich staune, wie lange ich gebraucht habe, das kindische Wesen abzulegen – und außerdem staune ich, wie schnell ich es bei Bedarf wieder anlegen kann.

Reife als Mann und Frau – das ist kein Geschenk, das wir bei irgendeiner Geburtstagsfeier auspacken können. Das muss man sich mühsam erarbeiten. Es gibt junge Menschen, die eine großartige Reife an den Tag legen, und es gibt „Erwachsene", die täglich den emotionalen Zustand von Kleinkindern beweisen.

Jesus hat das spontane Vertrauen und die Fantasie von Kindern geschätzt, ihre Fähigkeit zu lieben und geliebt zu werden. Das sind Eigenschaften, an die man sich halten kann. Ein egoistischer Lebensstil aber ist etwas Kindisches. Paulus bringt dieses Argument im Zusammenhang seiner Beschreibung selbstloser Liebe: „Anfangs, als ich noch ein Kind war, da redete ich wie ein Kind, ich fühlte und dachte wie ein Kind. Dann aber wurde ich ein Mann und legte die kindlichen Vorstellungen ab" (1. Korintherbrief 13,11).

Das egoistische Kind in mir verschwindet nicht in

einem genau definierten Augenblick, wenn ich auf mystische Weise zum Mann werde. Vielmehr geschieht es dann, wenn das egoistische Kind in mir verschwindet, dass ich tatsächlich ein Mann geworden bin. Entnehmen wir den Worten des Paulus eine neue Richtung:

Als ich ein Kind war, redete ich wie ein Kind, fühlte und dachte wie ein Kind. Als ich aufhörte, wie ein Kind zu reden, fühlen und denken – da wurde ich zum Mann.

Wann also können Sie und ich uns auf den Zustand der Reife freuen? Wann packt das egoistische Kind in uns für immer seine Sachen? Im nächsten Vers gibt Paulus die Antwort: „Jetzt sehen wir nur ein unklares Bild wie in einem trüben Spiegel; dann aber stehen wir Gott gegenüber. Jetzt kennen wir ihn nur unvollkommen; dann aber werden wir ihn völlig kennen, so wie er uns jetzt schon kennt."

Zum Nachdenken

Wenn ich Gott gegenüberstehe, werde ich vollkommen sein. Bis dahin hoffe ich, zunehmend zur Reife zu finden – und nicht die restlichen Riesenböller zu finden, die Diane vor mir versteckt hat.

Feuer unterm Hintern

Als ich die Highschool hinter mir hatte, wollte ich in den Dienst am Reich Gottes gehen. Meine nächste Station war also eine Bibelschule. Ich landete in Oak Hills, einer konservativen, kleinen Bibelschule im schönen, ländlichen Minnesota. An dieser Schule bekam man damals keinen akademischen Abschluss, aber eine wunderbare Ausbildung. Ich verließ die Schule mit dem ganzen Rüstzeug für den Dienst und das Leben.

Heute ist meine Alma Mater ein offiziell anerkanntes College. Es ist immer noch theologisch konservativ, aber es geht dort um einiges lockerer zu als zu meiner Zeit. Längst vergessen sind Zustände, als Schlagzeug und Gitarre als teuflische Instrumente galten. Veraltete Regeln und Vorschriften für die Studenten sind durch gesunde und vernünftige Umgangsformen ersetzt worden. Ich weiß meine Erfahrungen in Oak Hills zu schätzen, aber die starren Vorschriften und Einstellungen sorgten für manche interessante Erfahrung.

Seit Beginn wurde in Oak Hills viel Wert auf Mission gelegt. Wir hatten oft Gottesdienste, die von Missionaren aus exotischen Regionen auf Heimaturlaub bestritten wurden. Einer dieser Gastredner war ein älterer Mann, der sein ganzes Leben in der Missionsarbeit verbracht hatte. Ich erinnere mich nicht mehr an seinen Namen und an seine Wahlheimat, aber die Predigt werde ich nie vergessen.

Nach den üblichen Eröffnungsfloskeln hielt dieser Mann inne und schaltete auf einen ernsten Ton um. Er lächelte nicht mehr. „Bei den meisten Christen", sagte er, „wächst am Hintern Moos."

Kollektiv und hörbar wurde im Publikum nach Luft geschnappt. Ich bin sicher, dass das Wort „Hintern" innerhalb dieser Mauern noch nie geäußert worden war. Einer der Ordner erhob sich halbwegs aus seinem Klappstuhl, setzte sich dann aber wieder hin.

Der Redner fuhr mit ernster Miene fort: „Das Moos wächst am Hintern und auf den Kirchenbänken, auf

denen sie sitzen. Es wächst dort, weil sie sich nie fortbewegen. Sie sitzen schon seit Jahren dort und rufen Gott
an: ‚Wenn du möchtest, dass ich etwas für dich tue,
wenn du willst, dass ich dir diene, dann öffne mir die
Tür, und ich richte mich nach dir.‘"

„Im Lauf der Jahre", fuhr er fort, „ist das Moos zum
Polster geworden, denn diese Leute tun nichts anderes,
als auf dem Hintern zu sitzen und darauf zu warten, dass
Gott eine Tür öffnet." Jetzt stand der Ordner auf. Der
todernste Ton, den der Mann angeschlagen hatte, und
die Worte selbst machten allen klar, dass er sich etwas
dabei gedacht hatte. Er hatte etwas zu sagen, und zwar
etwas Wichtiges.

Erst bei seinen Schlussworten erlaubte er sich ein
leichtes Funkeln in den Augen. „Mein Leben", berichtete er, „ist immer spannend und abenteuerlich gewesen.
Auch Paulus hat nicht gesagt, er wolle sich still hinsetzen
und darauf warten, dass Gott ihm einen ausgefeilten
Plan für die Zukunft offenbart. Vielmehr sagte er: ‚Ich
vergesse, was dahinten ist, und strecke mich nach dem,
das da vorne ist, und jage nachdem vorgesteckten Ziel,
nach dem Kleinod der himmlischen Berufung Gottes in
Christus Jesus.‘"

„Wenn wir hier nur herumsitzen und warten, dass sich
die Türen öffnen", fuhr er fort, „sitzen wir in zehn
Jahren immer noch hier. Mein ganzes Leben war wie eine
Fahrt mit einem fantastischen Rennboot." Jetzt sprühte
das Feuer in seinen Augen. „Ich habe darauf vertraut,
dass Gott mich in seinen Dienst gerufen hat. Ich habe
mich mit gesundem Menschenverstand und Gebet vorbereitet und nie den Fuß vom Gas genommen. Ich habe
mein Rennboot auf Vollgas gebracht und gerufen: ‚Herr,
wenn du mich nicht gehen lassen willst, dann mach die
Tür zu!‘"

Der alte Mann grinste, als er uns sein Hinterteil zukehrte und rief: „Seht selbst! Auf meinem Hintern wächst kein Moos!"

Bestimmt dachten manche Zuhörer, dieser Mann habe sich im Ton vergriffen. Manche haben seine Illustrationen wohl als unziemlichen Ausdruck eines senilen Verstandes verworfen. Bei vielen von uns aber hat er die Fantasie entzündet.

Er war kein bisschen senil. Nicht er hatte die Orientierung verloren, sondern die Menschen, die er beschrieb. Die nämlich verweigern sich dem nötigen Handeln. Sie warten darauf, dass Gott sie mit der Macht eines Wunders, einer übernatürlichen Berufung von der Kirchenbank hebt. Dieser alt gewordene Missionar hat mich überzeugt, dass die Berufung schon wirksam war. Jesus hat uns alle dazu berufen, ihm nachzufolgen. Der nächste Glaubensschritt also heißt: GEH LOS!!!

Zum Nachdenken

Schauen Sie mal nach, ob Sie schon Moos angesetzt haben.

Vertrauen Sie Gott.

Riskieren Sie etwas.

Machen Sie sich auf!

Ich vergesse, was dahinten ist, und strecke mich nach dem, das da vorne ist, und jage nach dem vorgesteckten Ziel, nach dem Kleinod der himmlischen Berufung Gottes in Christus Jesus.
Philipperbrief 3,13–14 (Luther)

„Ich habe meinen Vater verloren!"

Jeder Mensch, egal wie abgebrüht oder zynisch, reagiert freundlich auf den Anblick eines Tieres, das sein Junges liebkost. So etwas bringt eine tief verborgene Saite in uns zum Schwingen, die uns beweist, dass wir fühlende menschliche Wesen sind. Wir sind so beschaffen, uns anrühren zu lassen. Wir sind darauf angewiesen, immer wieder umarmt, bestätigt und zärtlich berührt zu werden. Unsere Seele nährt sich durch freundliche Worte der Liebe, Freundschaft und Fürsorge.

Wenn aber Liebe zu unserer Nahrung gehören muss, dann leiden heutzutage viel zu viele Menschen Hunger. Dieses Problem geht besonders die Männer an, von denen viele nie in ihrem Leben echte Intimität erfahren haben.

Im Sommer 1996 stand ich auf einer Bühne in Chicago und schwitzte. Vor mir erstreckte sich der Anblick eines Publikums von 80.000 Männern mit sonnengebräunten Gesichtern. Sie alle hatten sich zur Veranstaltung der *Promise Keepers* von Chicago versammelt. Die Temperatur auf dem Platz betrug fast 40 Grad. Ein Krankenwagen nach dem anderen brachte Männer mit Hitzschlägen in die Notaufnahme. Das Stadionpersonal war mit Wasserschläuchen ausgerüstet und sprühte zur Kühlung Fontänen in die Menge, die in allen Regenbogenfarben glitzerten.

Und ich hielt meinen Vortrag. Unter diesen Bedingungen war es nicht einfach, ein Publikum zu fesseln. Mein Thema hieß Liebe. Ich forderte Väter und Söhne dazu auf, ihre Liebe zueinander auch zu zeigen.

Jesus hatte seine Liebe weder per E-mail noch per Fax zum Ausdruck gebracht. Er entschied sich dazu, die

268

Herrlichkeit Gottes zu verlassen, weil er uns liebte. Er hat sich in den zerbrechlichen Körper eines Menschen begeben und sich in einen demütigenden Tod geschickt. Er hat die Hände zu denen ausgestreckt, die er liebte, und sie an Körper und Seele geheilt. Er hat Kinder und Leprakranke in den Arm genommen. Er hat seine Liebe zu uns immer wieder bekundet, und als er ging, sorgten die Berichte über ihn dafür, dass wir es nie vergessen. Er hat für uns gebetet. Und kurz vor seinem Tod hat er uns befohlen, einander so zu lieben, wie er uns geliebt hat.

Ich forderte die 80.000 Männer auf, einen ersten einfachen Schritt zu tun. Am Ende des Vortrags bat ich sie aufzustehen, sich an ihre Söhne oder Väter zu wenden und einander zu umarmen. Ich muss nicht betonen, dass solche Liebesbekundungen nicht jedermanns Sache sind. Nicht jeder hat die innere Freiheit, seinen Mitmenschen zu berühren oder zu umarmen. Aber wie steht es mit Vätern und Söhnen? Sollte ihnen eine Berührung nicht willkommen sein? Sollten wir unsere Arme nicht gern nach ihnen ausstrecken?

Wie gern würde ich Ihnen ein Video von diesem Ereignis zeigen. Die Kamera hielt einen Augenblick fest, der sich überall im Stadion wiederholte. Ein etwa 17-jähriger Junge stand steif da und hielt die Arme fest an den Körper gepresst, während sein Vater sich überlegte, wie er seinen Jungen umarmen sollte.

Es zerriss mir das Herz. Wir sehnen uns nach einfachen, natürlichen, vertrauten Gesten der Liebe. Warum dieses unbeholfene Widerstreben? Es war ein Anblick wie von 80.000 Siebtklässlern bei ihrem ersten Tanz. Deshalb versuchte ich helfend einzugreifen. „Fasst einander an den Schultern an", sagte ich. Ich nahm an, das sei „männlicher" und einfacher zu bewerkstelligen. „Sag deinem Sohn oder Vater: ‚Ich liebe dich.'"

Da brach der Damm. Worte können Wunder bewirken. Ach, ich wünschte, Sie könnten hören, wie es klingt, wenn 80.000 Menschen einander diese drei Worte sagen. Söhne zu Vätern und Väter zu Söhnen: „Ich liebe dich." Die Macho-Attitüde, sich nur an den Schultern anzufassen, wurde schnell abgelegt. Der stocksteife 17-jährige und sein Vater stolperten über die Stühle, als sie sich ohne Scham und Verlegenheit in die Arme fielen. Sogar die Hitze war vergessen; hier hatte eine andere Wärme die Arena eingehüllt. „Betet jetzt füreinander", fuhr ich fort.

Das gegenseitige Gebet: Es ist ein Augenblick der Intimität und Verletzlichkeit. Wir nehmen jemanden an der Hand und kommen gemeinsam vor den Thron Gottes. Gemeinsam beten heißt, auf sanfte Weise Vertrauen, Vergebung und Liebe zu zeigen. Nur fehlgeleiteter Stolz könnte uns daran hindern, uns angesichts eines Gegenübers vor Gott zu beugen.

Ich fühle mich zutiefst verletzlich, wenn ich mit meiner Frau bete. Sie kennt meine Unvollkommenheiten; sie hat mich schon bei kleinlichem Ärger und quälenden Niederlagen erlebt. Ich vergesse manchmal sogar, den Toilettendeckel wieder zu schließen – wie kann ich mit ihr gemeinsam in die Gegenwart des vollkommenen Gottes treten? Ich weiß, dass diese Männer die gleichen Bedenken hegten, aber das machte gar nichts. Die Flut war losgebrochen.

Alle fingen mutig und ohne Zögern an zu beten. Es war ein ungemein bewegendes und schönes Rauschen – die unbeschreibliche Musik von 80.000 betenden Männern, die einander vor Gott ihre Liebe zum Ausdruck brachten. Doch während ich das alles in mich aufnahm, fiel mein Blick auf eine erschreckende Szene. Ein Mann mittleren Alters rannte den Mittelgang hinunter auf die drei Meter hohe Bühne zu und blieb genau davor stehen. Er schaute mit Tränen in den Augen hoch und rief mir zu: „Ich habe meinen Vater verloren."

Ich nahm an, sein Vater sei verstorben. Ich trat vom Mikrofon weg und rief ihm mein Beileid zu: „Das tut mir sehr Leid."

„Nein, nein", erwiderte er. „Er ist nicht tot – ich habe ihn nicht gefunden!" Er wies aufgeregt in die Richtung der 80.000 Männer. „Wir sind auseinander geraten. Er ist irgendwo im Stadion, und ich will mit ihm beten."

„Das können Sie ja später machen", rief ich beruhigend hinunter. Als ich die Worte sagte, ging der Mann zu Boden und fing an zu weinen. Er hob mir sein tränenüberströmtes Gesicht entgegen und bat mich: „Bitte, ich möchte gern jetzt gleich meinem Vater sagen, dass ich ihn liebe, und mit ihm beten! Ich heiße Jeff Williams, und mein Vater heißt Henry. Rufen Sie ihn bitte her!"

Wie hätte ich ihm das abschlagen können? Wieder am Mikrofon, sagte ich: „Henry Williams, Ihr Sohn Jeff ist hier unten. Er liebt sie und will jetzt gern mit Ihnen beten."

Man könnte vermuten, dieser Mann sei irgendwie psychisch angeknackst gewesen. Stimmt nicht. Als ich die Ankündigung machte, mit der die beiden zusammengebracht wurden, kamen Männer und Jungen, vorher getrennt, aus dem ganzen Stadion nach vorn gerannt. „Ich heiße Bill, mein Sohn heißt John – können Sie ihn bitte aufrufen?" . . . „Mein Name ist Richard, fragen Sie bitte nach meinem Vater . . ." Es ging immer weiter.

Ich konnte nicht jeden Wunsch erfüllen, auf jeden Fall aber kam ich zu einem einfachen Schluss. Wenn man jemandem ein Dach über dem Kopf bietet, ist das ein Zeichen von Liebe; treu in einer Ehe zu verharren, ist auch ein Zeichen von Liebe, ebenso wie die Mühe, das

Zuhause zu einem gemütlichen und sicheren Hafen zu gestalten. Die Geschöpfe Gottes aber haben es unbedingt nötig, umarmt zu werden. Sie brauchen die beruhigende Wärme einer menschlichen Berührung. Sie sind angewiesen auf die Worte: „Ich liebe dich."

Ganz schmalzig resümiert ein alter Popsong: „What the world needs now is love, sweet love" (Was die Welt heute braucht, ist Liebe, süße Liebe). Jesus kam auf die Erde und berührte uns mit seiner Liebe. Was sein Herz für uns barg, hallt wider von einem Zeitalter zum andern: „Ich liebe dich. Ich liebe dich. Ich liebe dich." Diese Botschaft hat kein Ende. Seine Taten, seine Worte und sein Leben sind der Beweis, dass er uns liebt. Und mit dieser Botschaft hinterließ er uns eine Anleitung, wie wir handeln sollen:

Ich gebe euch jetzt ein neues Gebot, das Gebot der Liebe. Ihr sollt einander genauso lieben, wie ich euch geliebt habe ... Auch wenn alles einmal aufhört – Glaube, Hoffnung und Liebe nicht. Diese drei werden immer bleiben; doch am höchsten steht die Liebe. Johannes 13,34 und 1. Korintherbrief 13,13

Zum Nachdenken

Immer noch braucht die Welt Liebe. Sagen Sie heute zu einem Menschen die Worte: „Ich liebe dich."

Was sollen wir Gott sagen?

Das formelle Gebet ist mir noch nie leicht gefallen. Als Kind drückte ich mich davor, laut zu beten, weil ich nicht wusste, wie ich das machen soll. Ich war getadelt worden, weil ich für „triviale" Dinge gebetet habe, zum Beispiel um das Überleben einer kleinen Katze. Gebete mussten richtig gesprochen werden und waren den richtigen Themen vorbehalten.

Ich habe solche kindischen Vorstellungen abgetan, lasse mich aber immer noch von Menschen einschüchtern, die mühelos in der Öffentlichkeit beten. Ich habe Biografien berühmter Beter gelesen. Ich denke dabei an jene „Helden des Sonnenaufgangs", die stundenlang auf den Knien liegen, und mir wird schmerzlich bewusst, dass meine eigenen Knie frei von blauen Flecken sind.

Ich habe Menschen kennen gelernt, die angeblich ohne Unterlass beten. Heimlich habe ich mich gefragt, wann sie beteten und in welcher Hinsicht es sich auf ihr Leben ausgewirkt hatte. Ich fragte mich, warum einige darunter durchaus keine angenehme Gesellschaft boten, sondern eine krasse Anspruchshaltung aufwiesen. Vor allem machte mir mein eigenes Gebetsleben zu schaffen. Ich schleppte mich mit einem schlechten Gewissen ab, weil ich immer noch nicht wusste, wie man betet. Sollte ich mich als Gebetskämpfer melden, würde ich vielleicht nicht einmal den Grundkurs schaffen.

Einer von meinen Lieblingsversen in der Bibel hat mich immer verfolgt. Im Thessalonicherbrief 5,17 heißt es: „Betet ohne Unterlass" (Luther). Ich mochte diesen Vers aus dem gleichen Grund wie Johannes 11,35: Die paar Worte sind leicht auswendig zu lernen. Bestimmt nicht leicht ist es allerdings, sich danach zu richten. Wie soll man die ganze Zeit beten? Wie kann ich da meine Arbeit schaffen? Gibt es wirklich Menschen, die andauernd beten? Diese Fragen setzten sich bei mir fest, als ich noch Kind war, und auch als Erwachsener hatte ich häufig damit zu tun.

Erst bei einem von unseren berühmten Familienurlauben mit dem Zelt ging mir ein Licht auf, was es heißen könnte, ohne Unterlass zu beten. Diane, die beiden Mädchen und ich schlugen das Zelt in der abgelegenen Wildnis von Colorado auf, als wir auf eine Freilicht-Kirche stießen. Vor langer Zeit hatte jemand einen Felsen entdeckt, der wie eine Kanzel geformt war. Er hatte ein paar Baumstämme als Bänke angeordnet und damit eine reizende Szene geschaffen, die zu spontanem Gottesdienst inspirierte.

Wir fanden den Ort ganz zufällig. Es gab keinen offiziellen Weg dorthin. Die nächste Straße war meilenweit entfernt. Mir kam der Gedanke, dass wir seit Jahren die Ersten sein könnten, die diese Naturkapelle zu Gesicht bekamen, und ich verspürte so etwas wie Ehrfurcht. Ich trat hinter die Felsenkanzel und schlug vor, uns Zeit für einen Dank an Gott für die großartige Schönheit zu nehmen, die uns umgab. Ich improvisierte eine kleine Ansprache zur Andacht, als Taryn – damals etwa vier Jahre alt – verkündete: „Ich will predigen."

Ich übergab ihr die Kanzel und setzte mich zu Diane und Traci auf die Stämme. Taryn trug eine rote Jacke mit spitzer Kapuze. Als sie hinter der Kanzel stand, konnte man nur ihre Augen und die Kapuze sehen. Mit weiter Geste fing sie an. Ihre Piepsstimme verlor sich beinahe im riesigen Wald. „Gott hat das alles gemacht. Er hat die Bäume gemacht, er hat die Felsen gemacht, er hat den Himmel gemacht." Sie schaute von einer Seite zur andern und zeigte auf alles, was sie nannte.

Anscheinend ging die Predigt bereits dem Ende entgegen. Da keckerte ein Eichhörnchen. Taryn ergänzte: „Er hat Eichhörnchen und so gemacht." Ihr Blick fiel auf den Boden, der mit einem Teppich von Laub bedeckt war, und sie fügte hinzu: „Gott hat die Blätter gemacht." Wieder sah es so aus, als ob ihr Inhaltsverzeichnis der Dinge, die Gott gemacht hat, erschöpft sei. Aber da rutschte ihr die rote Kapuze über die Augen, und sie musste nach oben langen und sie gerade rücken. „Er hat diese Jacke und diese Hände gemacht!", rief sie mit neuem Entzücken.

Von den Stammplätzen aus konnten wir nur zwei kleine Hände wild gestikulieren sehen, dazu zwei Augen und eine Kapuze. Ich versuchte mich annähernd ehrfürchtig zu gebärden, aber Traci und Diane konnten nicht mehr Haltung wahren und fingen unbeherrscht an zu lachen. Hinter der Felsenkanzel wurde es plötzlich ruhig, und die kleine Predigerin trat hervor und spießte ihre Schwester mit selbstgerechtem Blick auf.

Die Kleine zeigte mit dem Finger auf sie und kanzelte sie ab: „Aber es gibt immer noch Sünder auf der Welt. Ich weiß das alles aus der Bibel. Aber du liest ja nicht mal in der Bibel. Du weißt ja nicht mal, wie Gott die Menschen gemacht hat!" Taryn wiegte ihren Finger streng und tadelnd.

Nach Luft schnappend fragte Traci: „Wie hat Gott die Menschen denn gemacht, Taryn?"

Taryn zahlte es ihrer Schwester mit voller Autorität heim: „Erstmal hat Gott Matsch genommen", erläuterte sie. „Dann knetete er ihn wie Ton und verwandelte den Matsch in Adam." Sie holte tief Atem und fuhr fort: „Dann hat er gesehen, dass Adam keine Freunde hatte. Also haute er ihn um, holte seine Lunge raus und gab sie einer Frau."

Da warf es mich vom Stamm.

Als Taryn dann merkte, dass wir sie nicht verspotteten, lachte sie mit. Sie dürfte kaum gewusst haben, dass sie ihrem Vater gezeigt hatte, wie man dauerhaft betet. Es geht ja nicht darum, sich den ganzen Tag im Kämmerlein einzuschließen. Man muss nicht einmal den ganzen Tag auf den Knien bleiben. Es geht darum, sich stets bewusst zu sein, dass der Schöpfer gegenwärtig ist, und ihm so nahe zu sein, dass wir seine Hand in allem erkennen, das uns widerfährt.

Wir sahen ein Eichhörnchen, aber Taryn hat ein Geschöpf Gottes gesehen. Sie freute sich daran und dankte Gott gleich an Ort und Stelle dafür. Als ich wieder einmal die Verse las, unter denen sich die Anweisung findet, ohne Unterlass zu beten, fand ich eine Beschreibung von Taryns Verhalten:

Seid allezeit fröhlich, betet ohne Unterlass, seid dankbar in allen Dingen; denn das ist der Wille Gottes in Christus Jesus an euch.
1. Thessalonicherbrief 5,16–18 (Luther)

Taryn hatte nicht die Floskeln eines „ordentlichen" Gebets in ihrem Repertoire – aber das spielte überhaupt keine Rolle. Ihr Herz war auf dem rechten Fleck. Gott sehnt sich nicht danach, in altem Lutherdeutsch oder überhaupt in irgendeiner „angemessenen" Sprache angeredet zu werden. Gott möchte, dass wir mit ihm reden – die ganze Zeit. Es macht ihm nichts aus, wenn die Worte nicht korrekt sind oder wenn wir um das Falsche bitten. In einem Brief an eine andere Gemeinde sagte Paulus, der uns zu ständigem Beten anhält, folgendes über unsere Gebete:

Der Geist Gottes kommt uns dabei zu Hilfe. Wir sind schwach und wissen nicht einmal, wie wir angemessen zu Gott beten sollen. Darum tritt der Geist bei Gott für uns ein mit einem Flehen, das sich nicht in Menschenworten ausdrücken lässt. Aber Gott, der unser Herz kennt, weiß auch, was der Geist ihm sagen will. Denn der Geist tritt so für das Volk Gottes ein, wie es Gott gefällt.
Römerbrief 8,26–27

Gott möchte, dass wir bitten, wenn wir etwas brauchen. Er sehnt sich danach, unseren Dank und unser Lob zu hören. Gott will uns im Hinblick auf das Gebet ganz kurz und einfach mitteilen: „Ich liebe euch. Lasst bitte von euch hören."

Der unsichtbare Pullover

Kathy lebte in einer Welt voller Traurigkeit und Zorn. Als Kind hatte sie in ihrer Gemeinde nur Gesetzlichkeit erfahren. Davon blieben ihr schmerzhafte Narben in Form von Schuldgefühlen und Selbstzweifeln – und der Hass auf Pastoren.

Kathy kannte sich mit Pastoren sehr gut aus. Für sie waren das selbstgerechte Menschen, die sich für Verbote zuständig hielten und ihr die übelsten Gewissensbisse verschafft hatten.

Inzwischen zeigten sich in ihrem ganzen Verhalten die Projektionen dieser alten Wunden. Ihr Leben, ihre Worte und ihre Gesten waren zu einem einzigen Schrei nach

Hilfe geworden. Doch nur die, die sie lieb hatten, konnten diesen Hilfeschrei vernehmen.

Ich erinnere mich an den Tag, als Kathy an einem Seminar bei uns teilnahm. Diese Seminare wirken natürlich auf klerikale Typen wie ein Magnet. Kathy wusste das. Deshalb stand sie an der Tür und begutachtete das Publikum. „Ich hasse Pastoren", sagte sie und bekräftigte das mit einem Fluch, um ihre Missbilligung zu demonstrieren. Sie fixierte einen großen, vornehm wirkenden Herrn mit schneeweißem Haar und murmelte: „Der typische Prediger! Haltet ihn bloß von mir fern – ich übernehme keine Verantwortung für mich, wenn er mir zu nah kommt." Das war kein Witz.

Ich fragte mich schon seit Jahren, wie ich den Durchbruch in Kathys Welt schaffen könnte. Mir war nicht klar, ob das überhaupt möglich war. Mein eigenes Universum ist hell erleuchtet durch einen Gott, der ein kaputtes Leben wieder heilen kann. Ich durfte freundlicherweise regelmäßig miterleben, wie sich Verzweiflung zur Hoffnung wandelte. Aber für Kathy kam echte Hoffnung anscheinend nicht in Frage, wie hoch auch der Einsatz sein mochte.

Aus Rücksicht auf Kathys Aversion gegen alles Kirchliche versuchte ich, sie getrennt von den Pastoren unterzubringen, die sie verabscheute. Ich hätte allerdings niemals genügend Stühle rücken können, um Gottes raffinierte, gnädige und wunderbare Manöver zu durchkreuzen.

Kathy kam in den Raum, der bis an den Rand seines Fassungsvermögens besetzt war. Zu dem Zeitpunkt waren zwei benachbarte Plätze noch frei. Sie hatte eine pastorenfreie Zone von wenigstens einem Sitz. Sie traf ihre Wahl und nahm Platz. Kurz darauf erschien der vornehme, weißhaarige Pastor, den sie nicht ausstehen konnte, und beanspruchte den anderen Stuhl. Für die Dauer der Veranstaltung war ihre Platzwahl besiegelt. Nun war sie mit der lebendigen Verkörperung ihrer Alpträume zusammengespannt – dem Erzpastor selbst! Ihr dämmerte der volle Horror dieser Situation. Ich sah, wie sich ihr Gesichtsausdruck verwandelte, aber an ihrer Lage konnte ich nichts ändern.

Ich blieb während der Tage ein neugieriger Beobachter. Kathy lauschte aufmerksam Dutzenden von Vorträgen, in denen die Macht Gottes verkündet wurde. Sie hörte Berichte, wie sich ganze Lebensläufe durch Vergebung für immer veränderten. Außerdem war es nicht zu vermeiden, dass sie mit den anderen Zuhörern in eine Beziehung trat. Bei solchen Gelegenheiten erlebte sie immer wieder Liebe und freundliche Behandlung. Insgesamt gipfelte diese Erfahrung in einer allmählichen Aufweichung ihrer langjährigen und lieb gewonnenen negativen Klischees von Gott und dem christlichen Glauben.

Es kann keine Rede davon sein, dass dieser Vorgang ohne Kämpfe stattfand. Im Gegenteil, sie klammerte sich zäh und trotzig an den Panzer ihrer Vorurteile. Aber ich erfuhr den Grund, warum Gott nicht zulassen wollte, dass ich Kathy von der Nachbarschaft des gefürchteten weißhaarigen Pastors befreite, der übrigens Gordon hieß. Sie musste also völlig entwaffnet neben dem freundlichsten, sanftesten Menschen sitzen, den ich jemals kennen gelernt habe. Kathy begegnete ihm mit ausdauernder Kälte; er rächte sich genauso stur mit Herzlichkeit und Freundlichkeit. Da musste etwas passieren.

Als auslösender Faktor erwies sich, dass Kathy Kettenraucherin war. Sie musste eine zusätzliche Spannung aushalten, weil das Gebäude eine Nichtraucher-Zone war. Hektisch nutzte sie jede Pause, um Richtung Ausgang zu laufen. Eines Tages ging gerade eine kurze Fitness-Pause zu Ende, als Kathy in den Raum hastete. Außer Atem und in eine Rauchwolke gehüllt lief sie direkt auf Gordon zu. „Wo sind Sie gewesen?", fragte er.

Wie man sich denken kann, ließ Kathys scharfe Erwiderung nicht auf sich warten. Die ganze Kritik und die Aburteilungen hatten sich jahrelang wie Munition in ihr aufgestaut. „Ich habe eine Zigarette geraucht", zischte sie zurück. „Was geht Sie das an?"

In Anbetracht ihrer Eile schaute der Pastor auf seine Uhr. „Sie dürften sie kaum genossen haben", sagte er, wobei er strahlend lächelte. „Sie sollten sich etwas mehr Zeit dazu nehmen."

Wer hätte das gedacht? Es war eine unauffällige Begebenheit, ein belangloses Stückchen Smalltalk. Und trotzdem reichte es, dass eine eingefleischte Barriere in Kathys Herz genau in diesem Moment zusammenbrach. Bei all ihren Grobheiten behielt Gordons einfache Güte doch die Oberhand. Ganz unbeabsichtigt hatte er sich den Weg in ihre Welt gebahnt, weil er sie so annahm, wie sie nun mal war. Er erwies ihr Liebe, auch wenn sie nicht fähig war, sich zu revanchieren.

Gordons Wohlwollen schuf ein kleines Loch in dem großen Damm, den sie sich mit ungeheurem emotionalen Aufwand jahrzehntelang erbaut hatte. Dieser Damm hielt den ganzen Strom der Fürsorge Gottes aufgestaut. Er hielt ihr das ganze Mitgefühl vom Leib, das ihr wohlgesinnte Menschen entgegenbrachten. Vor allem hatte dieser Damm ihr eigenes riesiges Potenzial erstickt, ihre Mitmenschen zu lieben. Und jetzt war dieser Damm durchbrochen, ein für alle Mal.

Das Loch im Damm wurde danach zusehends größer.

Als Kathy an der Reihe war, einen Vortrag zu einem Thema eigener Wahl zu halten, bot sie uns eine herzzerreißende Studie der Verletzlichkeit mit dem Titel: „Schlange oder Erlöser?" Sie gab uns einen Einblick in ihre Angst, auf Gott zuzugehen, weil sie nicht schon wieder gebissen werden wollte. Ihre Seele, erklärte sie, würde keine einzige Wunde mehr ertragen.

Dann brach der Damm vollends. Kathy tat etwas, das vor einem oder zwei Tagen noch undenkbar gewesen wäre: Sie schenkte ihr ganzes Vertrauen dem Einen, der ihr wundes Herz heilen konnte. Sie trat ihrem Schöpfer aufrichtig, freiwillig und ohne Vorbehalt entgegen.

Die Veränderung zeigte sich augenblicklich und dramatisch. Als sie wieder an ihrem Arbeitsplatz war, erkannten die Mitarbeiter sie kaum wieder. Sie sah jünger aus und hatte eine ganz andere Körperhaltung. Zorn und Verbitterung ließen sich nicht mehr von ihrem Gesicht ablesen. Kathy hatte Frieden gefunden, aber das war nur der Anfang. Sie blühte richtig auf und ihre Ehe erlebte einen zweiten Frühling.

Heute ist Kathy selbst genau das, wovor sie früher Angst hatte. Sie ist die Pastorin einer kleinen Kirche an der Ostküste. Sie leistet einen Beitrag an genau dem Seminar, an dem Gottes Liebe schließlich und spektakulär in ihr Leben eingebrochen war. Wer das Glück hat, in ihren Wirkungsbereich zu gelangen, erfährt ihre ungemeine Begabung, hinter die Festungen von Menschen zu dringen, denen das Leben Wunden geschlagen hat. Die verbitterte Kathy, die einmal jeden Christen in Reichweite am liebsten gesteinigt hätte, gehört für immer der Vergangenheit an. Die Kathy von heute ist ein fröhlicher Mensch, der gerade für Geplagte aller Art reichlich Zeit und Liebe übrig hat. Sie hält leidenschaftliche Vorträge darüber, wie wirkungsvoll es ist, wenn man Menschen so liebt, wie sie sind. Sie erzählt, wie abenteuerlich es sein kann, wenn man sich in die Welt von Leuten wie Helen begibt. Diese Geschichte hat unser Seminarpublikum noch immer gefesselt. Hören wir ihr einmal zu:

„Ich lernte Helen kennen", fängt Kathy an zu erzählen, „als sie 101 Jahre alt war. Sie war monatelang meine Patientin im Hospiz gewesen. Sie wurde schließlich mit 102 Jahren aus der Einrichtung gewiesen, weil es ihr zu gut ging, um in dieses Haus zu passen. Das sieht Helen ganz ähnlich. Als ich das letzte Mal von ihr hörte, feierte sie ihren 103. Geburtstag.

Helen war ein so fröhlicher Mensch, wie ich kaum welche kenne. Sie war eine alte Heilige mit einer ganz sanften, freundlichen Art, aufgeweckt und gesprächig, die sich über Besuch immer sehr freute.

Aber sie lebte in einer anderen Realität, in ihrer eigenen Welt. Die Menschen, mit denen sie umging, konnte man weder sehen noch hören. Es waren Geister aus ihrer Vergangenheit, alte Erinnerungen, die für Helen wieder zum Leben erwachten.

Nun bin ich mit beiden Füßen fest in der Wirklichkeit verwurzelt. Ich fragte mich, wie ich Helen an diesem besonderen Ort begegnen könnte, wo sie sich aufhielt. Also musste ich lernen, wie ich durch das Tor zu ihrer Welt gelangen konnte.

Als ich Helen eines Tages mit meinem Sohn besuchte, hob sie ein Kleidungsstück auf, das für uns unsichtbar war. Sie richtete sich Stricknadel und Garn her, beides auch nicht zu sehen, und fing an, mit peinlich genauen Bewegungen einen Fantasiepullover zu stricken.

Sie lächelte strahlend, als wir uns mit ihr über das feine Gewebe und die sorgfältig gestrickten Maschen unterhielten. Doch anscheinend waren ihre Hände etwas ungeschickt gewesen. Sie ließ eine Stricknadel fallen. Da gingen mein Sohn und ich auf die Knie und schauten unter Tischen und Stühlen nach. Gemeinsam suchten wir nach einer Nadel, die nur in Helens Fantasie existierte.

Jetzt war Helens Welt tatsächlich auch zu unserer geworden. Deshalb trage ich heute Abend in ehrendem Andenken an sie den Pullover, den sie mir gestrickt hat . . .“

Mit diesen Worten dreht Kathy sich langsam einmal um ihre Achse und zeigt uns einen Pullover, den es gar nicht gibt. Wirklich nicht? Es gibt weder Faden noch Maschen, weder Knöpfe noch einen Kragen. Kathy ist eingehüllt in ein Gewebe aus Gnade und Liebe. Es wurde aus unsichtbarer Faser gewebt, stark genug, ein Herz voller Hass so sehr zu verändern, dass sie bereit war, auf Knien nach einer unsichtbaren Nadel zu suchen, einzig und allein, um mit einer kleinen Portion göttlicher Liebe Einlass in die Welt einer alten Dame zu erlangen.

Während Kathy sich oben auf der Bühne ein ums andere Mal dreht, sehen wir zwar überhaupt keinen Pullover. Sie trägt nur ein T-Shirt. Aber die unter uns, die sie kennen, können das gute Stück leicht erkennen. Der ganze Raum wird von strahlendem Licht erhellt, wenn sie lächelt. Jede Träne, die ihr über die Wangen läuft, nimmt unser Herz für sie ein. Als sie sich noch einmal dreht, merken wir, dass es eine Hülle aus dem gleichen Gewebe ist, wie wir es tragen. Hier steht jemand, der in unsere persönliche Welt hineingelangt ist und uns mit der Liebe Jesu berührt hat, uns wie mit einem warmen Pullover bekleidet hat.

Zum Nachdenken

Es war Gordon, der schließlich Zugang zu Kathy gefunden hat. Es war Kathy, die Zutritt zu Helens Welt erlangen konnte. Wen möchten Sie heute erreichen?

Nur Entchen und Pferdchen

Ein (zu Recht) preisgekrönter Film ist *Good Will Hunting*. Die Geschichte spielt sich zwischen einem Spitzenprofessor der Mathematik und einem jungen Mann ab. Der Junge hat keine nennenswerte Ausbildung genossen, ist aber ein echtes Genie, und das in einem Maß, dass es den Professor in eine Identitätskrise treibt. In einer eindrucksvollen Szene geht der Lehrer in die Knie, weil er sich in ein mathematisches Problem verbissen hat, das er nicht lösen kann. Der Junge kommt mühelos zu einer Lösung, was dem älteren Mann auch nach aufwendigen Studien nicht gelang. So wird das gesamte Selbstbild des Professors in Frage gestellt: Er fühlt sich klein, geradezu vernichtet.

Ich kann mich in dieser Figur wiedererkennen. Oft werde ich von Minderwertigkeitsgefühlen überfallen und gelähmt. Solche Augenblicke ereignen sich unangekündigt. Sie rühren an den tiefsten Kern meines Daseins. Mir ist klar, dass ich nach allgemeiner Wertung ein erfolgreicher Mensch bin. Immerhin habe ich mehrere Bücher geschrieben, die ganze Welt bereist und bin auf Bühnen und im Fernsehen aufgetreten. In gewissen Kreisen bin ich sogar berüchtigt. Es gibt so viele Anfragen nach

Auftritten, dass ich nicht auf alle eingehen kann. Ich wohne in einem gemütlichen Haus, wo meine Grundbedürfnisse gut aufgehoben sind. Man sollte annehmen, so etwas stärke das Ego und vergrößere die Kragenweite.

Nichts könnte weniger zutreffen. In diesem ganzen Buch habe ich meine Schwächen bekannt – aber ein aufgeplustertes Ego gehört nicht zu diesen Schwachstellen. Wer öffentlich auftritt, ist nicht unbedingt eitel. Wenn unser Wert nach Leistung bemessen würde, dann ginge es uns allen wie dem berühmten Mathematikprofessor, der in die Knie gezwungen wird. Es wird immer jemanden geben, der weiter kommt und mehr leistet.

Vor ein paar Jahren wurde ich zu einer kleinen Gruppe von bekannten Persönlichkeiten eingeladen, deren Arbeit sich vor den Augen der Öffentlichkeit abspielt. Die Gruppe war gegründet worden, um den berühmten Mitgliedern Sicherheit und gegenseitige Verantwortlichkeit zu bieten. Wir trafen uns monatlich, um den Anreiz zu schaffen, eine tiefere Gemeinschaft mit Gott zu pflegen.

Seit ich dazu eingeladen wurde, fühlte ich mich wie das fünfte Rad am Wagen. Zu den Teilnehmern gehörten Bestseller-Autoren, Professoren, ein landesweit bekannter Psychologe und der Vorsitzende eines einflussreichen Radiosenders. Die Präsidentin einer großen Frauenorganisation, der Gründer eines High-Tech-Internet-Unternehmens und der Manager eines Hospizes kamen auch noch dazu.

Ach ja, und ich – ein Typ ohne akademische Ausbildung, der die Menschen zum Lachen bringt, weil er ihnen die Wahrheit ins Gesicht sagt. Bei manchen Gesprächen fühlte ich mich wie Charlie Brown in dem *Peanuts*-Comic, wo die Beteiligten auf dem Boden liegen und Wolken beobachten. „Diese Wolke sieht aus wie eine Nachbildung der ‚Nachtwache‘ von Rembrandt", findet Lucy.

„Ich erkenne den ‚David‘ von Michelangelo", sagt Linus. „Und was siehst du, Charlie Brown?"

Charlie Brown denkt nach. „Ich hätte gesagt, dass ich nur ein Entchen und ein Pferdchen sehe, aber ist ja egal."

Unsere Gruppe beherbergt brillante Persönlichkeiten mit außergewöhnlichen Begabungen. Alle sind ungeheuer erfolgreich in ihrem Beruf. Immer wieder haben diese seelenverwandten Menschen mich bestätigt und dem Wert meiner einzigartigen Talente gebührende Ehre erwiesen. Doch jedes Mal führen die Gespräche an den Rand philosophischer Abgründe; jedes Mal diskutieren sie über neue Marketingstrategien für ihre erlesenen Produkte; jedes Mal offenbaren sie ihre Bibelkenntnis oder die Unbestechlichkeit ihrer gedanklichen Prozesse – und ich ducke mich im Bewusstsein meiner tiefen Minderwertigkeit.

Nach einem solchen Gruppengespräch würdigte ein hervorragender Autor und Akademiker meine Denkweise und machte mir Mut. Er machte sich die besondere Mühe, mir für meine Einsichten zu danken. Seine Bemerkungen machten mir Hoffnung, dass ich tatsächlich ein funktionierendes Gehirn besitzen könnte. Doch als ich im Kino saß und im Film *Good Will Hunting* den Mathematiker verzweifelt auf die Knie gehen sah, kamen meine eigenen Gefühle der Unzulänglichkeit wieder zurück.

Ich sah, wie der Football-Star John Elway bei zwei Super Bowl-Spielen gewann und dann auch noch bei einem Spitzen-Golfturnier unter die ersten 10 kam. Warum hätte Gott ihn nicht mit Football-Talent und Gebrauchtwagenhändler-Qualitäten ausstatten und *mir* die Begabung für das Golfspiel überlassen können? Ach, ganz vergessen – es gibt manches, das John Elway nie so gut schaffen könnte wie ich.

Ich staune, dass ich nicht der einzige bin, der unter dieser Krankheit leidet. Es stellt sich heraus, dass jeder in unserer Gruppe unter seinen Unzulänglichkeiten leidet. Einige neiden mir sogar die Gabe des Humors. Manche meinen, ihre Fähigkeiten reichten nicht für die ganze Bandbreite ihrer Arbeit aus. Wie es scheint, stellt sich große Unsicherheit besonders dann ein, wenn man viel erreicht hat.

Warum kann ich mich nicht einfach am Erfolg der anderen freuen? Statt dessen stelle ich ihre Errungenschaften an die Wand, mache eine Bleistiftmarkierung und halte meine dagegen. Da komme ich jedes Mal zu kurz. Als Gott uns gebot, wir sollten nicht begehren, dachte er wohl nicht nur an Ehefrau und Esel unseres Nächsten, sondern auch an seine Begabungen.

Es gibt nur einen Maßstab, mit dem wir unseren Wert bemessen können. Sie und ich sind nach dem Bild Gottes geschaffen. Was er uns an Eigenschaften und Talenten in die Wiege gelegt hat, ist ein Widerschein seiner selbst. Ihre Kombination von Begabungen ist absolut einzigartig. Meine ist außergewöhnlich komisch. Es gibt keinen anderen im ganzen Universum, der uns gleicht.

Hier ist eine Aufstellung von persönlichen Denkzetteln, die für mich gelten:

- Ich werde niemals so Golf spielen wie Tiger Woods.
- Ich werde nie Football spielen und das Spiel überleben können, um davon zu erzählen.
- Ich werde nie solche Wortspiele schmieden können wie mein Freund und Bestseller-Autor XY.
- Ich werde niemals durch tiefe philosophische Beiträge die Welt verändern.

- Ich werde niemals die Hauptrolle in *Titanic* spielen.
- Ich werde nie meine Mutter beim Kartenspielen besiegen.

Und hier kommt der wichtigste aller Denkzettel:

DAS MACHT NICHTS!

Warum also, frage ich mich, häufen sich in mir alle diese negativen Gedanken und gedeihen auch noch? Denn das Wichtigste ist doch:

- Gott hat mich nach seinem Bild geschaffen.
- Gott hat mich einzigartig geschaffen.
- Gott liebt mich.

Wir haben eine Bedeutung, weil unser Schöpfer so bedeutend ist, und er hat uns vollständig dazu ausgestattet, dass wir dieser Welt unsere Prägung verleihen. Sie sind der einzige, der genau den besonderen Beitrag leisten kann, für den Gott Sie in die Welt gestellt hat.

Es spielt keine Rolle, wie viel uns für diesen Beitrag gezahlt wird. Es spielt keine Rolle, ob die Welt merkt, was wir getan haben. Es ist auch egal, wie viel Sie im Vergleich zu mir geleistet haben. Es geht nur darum, dass wir den Platz einnehmen, den Gott uns zugedacht hat. Er wollte nie, dass wir so werden wie jemand anders.

Wenn er mit seiner Schöpfung zufrieden ist, dann brauchen wir uns nicht mehr mit anderen Menschen zu vergleichen. Warum sollten wir uns zu schlecht fühlen, etwas für ihn zu tun? Ich lerne immer noch erkennen, dass Gott keinen Müll geschaffen hat. Er wünscht sich, dass wir ihm so weit vertrauen, das zu glauben. Mehr verlangt Gott wirklich nicht.

Zum Nachdenken

Dafür danke ich dir, es erfüllt mich mit Ehrfurcht. An mir selber erkenne ich: Alle deine Taten sind Wunder! Ich war dir nicht verborgen, als ich im Dunkeln Gestalt annahm, tief unten im Mutterschoß der Erde. Du sahst mich schon fertig, als ich noch ungeformt war. Im Voraus hast du alles aufgeschrieben; jeder meiner Tage war schon vorgezeichnet, noch ehe der erste begann. Wie rätselhaft sind mir deine Gedanken, Gott, und wie unermesslich ist ihre Fülle! Sie sind zahlreicher als der Sand am Meer. Nächtelang denke ich über dich nach und komme an kein Ende.
Psalm 139,14–18

Schon wieder verliebt

Dass es ein Problem gab, merkte ich zum ersten Mal, als Diane und ich am Esstisch saßen. Erst vor zwei Wochen war unsere jüngste Tochter aus dem Haus gegangen. Eine ungemütliche Stille hatte sich über unser leeres Nest gelegt.

Leise war es bei uns zu Hause nie zugegangen. Bei zwei Töchtern gibt es immer hitzigen Streit oder aufgeregtes Tratschen über Jungen. Andauernd weinte oder lachte jemand oder führte mit unterdrückter Stimme private Telefongespräche. Wenn das Reden aufhörte, wurde Musik gespielt – Schlagzeuge und Bässe, die durch Mark und Bein gingen und das Fenster zum Dröhnen brachten.

Aber jetzt war es still. Jetzt waren nur noch Diane und

ich übrig. Das einzige Geräusch machte meine Gabel, mit der ich die Erbsen auf dem Teller hin und her schob. Da stimmte doch etwas nicht. Wir hatten unser ganzes Leben gemeinsam gearbeitet. Als jetzt die Kinder aus dem Haus waren, nahmen Gespräche über die Arbeit überhand, um die Leere der Stille zu übertönen.

Doch die Stille an diesem Abend signalisierte eine unbequeme Tatsache: Diane und ich hatten es geschafft, der Verbindung miteinander zu entwachsen. Wir hatten zugelassen, dass unser vertrauter Umgang durch die Arbeit und die Geschäftigkeit bei der Kindererziehung vernachlässigt worden war. Unmerklich hatten wir irgendwo unterwegs aufgehört, uns zueinander hin zu entwickeln. Die abendliche Stille war nicht direkt unheimlich – man spürte nur eine Leere und fühlte sich dabei nicht wohl.

Ich hatte Diane auf der Bibelschule kennen gelernt. Ich fand sie schon immer nett, fühlte mich aber erst an einem Tag im Dezember 1966 besonders zu ihr hingezogen. Wir pellten gemeinsam Kartoffeln, um unser Studium zu finanzieren. An jenem schicksalsträchtigen Tag fiel Dianes Brille in den riesigen Kartoffeltopf, als sie gerade hineingriff. Sie trug die hässlichste Brille, die es auf der ganzen Welt gab. Das Gestell war wie Schmetterlingsflügel geformt, was in den frühen 1960-ern als sehr modisch galt. Warum es dieses Design gab, werde ich wohl nie erfahren. Wer so eine Brille aufhatte, sah aus, als ob sein Gesicht jeden Moment wegfliegen könnte.

Bis zu diesem Augenblick hatte ich Dianes Brille keine Aufmerksamkeit geschenkt, höchstens, dass mir der Gedanke gekommen war, was ein starker Wind mit ihrem Gesicht anrichten würde. Ohne Brille konnte Diane in dem trüben Kartoffelwasser nichts sehen. „Kannst du sie mir rausholen?", fragte sie.

Wie ein transparentes prähistorisches Monster lag die Brille auf dem Topfboden. Ich fischte sie raus und überreichte sie Diane. Dann sah ich ihre Augen. Ich zog meine Hand zurück und sagte: „Schau mich an."

„Ich kann doch gar nichts sehen, wenn ich die Brille nicht aufhabe", wandte sie ein.

„Dann möchte ich dich einfach anschauen", schmeichelte ich. (Wie sanft das klingt, wenn ich es heute aufschreibe. Wie kommt es, dass uns gleich romantische Worte auf der Zunge liegen, wenn wir anfangen, jemanden zu umwerben? 30 Jahre später schiebt man im leeren Haus Erbsen auf dem Teller herum, und es fällt einem nichts zu sagen ein.)

Noch nie hatte ich so schöne Augen gesehen. Diane musste sich an diesem Tag ihre Brille erkaufen. Ich gab sie erst zurück, als sie versprach, mit mir auszugehen. Sie bekam die Brille und ich meine Verabredung. Blindheit ist ein echtes Motiv.

Im folgenden Jahr drehte sich alles um die wunderbaren Rituale der Werbung – lange Spaziergänge, tiefschürfende Gespräche und kreative Geschenke, die sagen sollten: „Ich liebe dich." Wir redeten über unsere Zukunft und entwickelten gemeinsame Träume. Es gab ein Hin und Her von leidenschaftlichen Küssen und Gebeten. Ich hatte mich in dieses süße und schöne Geschöpf verliebt, und am 4. Mai 1968 haben wir geheiratet.

Heute habe ich Diane noch mehr lieb als an dem Tag, als ich „Ja" sagte. Was aber war geschehen? Warum war es so still an unserem Tisch? Ich erwarte nicht, dass die Leidenschaft der ersten Zeit, als wir 20 waren, mit gleicher Intensität fortgesetzt werden soll. Wenn das so wäre, dann hätte ich bei meinem Cholesterinspiegel schon vor Jahren an Herzversagen sterben müssen. Trotzdem fehlte etwas an diesem Abend im Esszimmer.

Eine lebendige Verbindung. Also redeten wir bis tief in die Nacht miteinander. Wir versprachen einander, auch außerhalb des Büros wieder eine intime Gemeinschaft zu pflegen. Es war wichtig, gemeinsam zu spielen, zu beten und uns tief innerlich wieder zu verbünden.

Kurz nach dem Abend mit den Erbsen auf dem Teller, als die Stille uns die Situation bewusst gemacht hatte, sagte Diane: „Ich will eine Verabredung mit dir."

Als Mann kam mir sofort der pragmatische Gedanke: „Wieso? Wir sind doch schon verheiratet."

Bevor wir verheiratet waren, bin ich mit Diane ausgegangen, um sie besser kennen zu lernen und sie zu überzeugen, mich zu heiraten. Jetzt wollte sie sich verabreden, damit ich sie in ihrer Gesamtheit erkennen und meine Liebe vertiefen könnte. Ich sollte ihr überzeugender beweisen, dass meine Liebe noch lebendig war.

Unsere Liebe ist lebendig und wohlauf, wie sich dann erwies. Gern ging ich mit ihr aus – aber nur, weil sie versprach, die Brille zu Hause zu lassen.

Zum Nachdenken

In Kirche, Ehe und Familie kommt es allzu oft vor, dass man das Lebenstempo erhöht und in der Liebe nachlässt. Wir gehen in die Kirche, singen unsere Lieder ab, hören der Predigt zu und spenden unseren Beitrag. Beim ganzen Trubel überhören wir die Stimme von Jesus, der uns sagen will: „Denkt ihr noch an mich? Ich liebe euch. Ich vermisse euch. In der Kirche geht es darum, dass ihr mich besser kennen lernt." Jesus kommt in den Terminplänen gar nicht vor. Aber er ist es doch, um den es in der Kirche geht.

Mit unseren Kindern reden wir auch ständig. „Hast

du den Müll rausgebracht? Bist du mit den Hausaufgaben fertig? Wie ungeputzt deine Zähne aussehen!"
Dabei überhören wir oft die unausgesprochene Frage:
„Hast du mich eigentlich lieb? Bist du stolz auf mich?
Interessierst du dich eigentlich dafür, was mir weh tut,
wovor ich Angst habe, wovon ich träume?" Wahrscheinlich stehen die Namen der Kinder nicht in Ihrem
Terminkalender, aber eigentlich geht es doch nur darum,
dass Sie sie lieben.

Rücken Sie die Beziehung zu Ihrem Ehepartner wieder
ins rechte Licht. Verleihen Sie ihr dabei auch mehr Tiefe.
Lassen Sie nicht zu, dass sich die Leidenschaft verflüchtigt. Fachen Sie die Flammen der Liebe zu Ihrer Familie
und zu Gott an, der Sie liebt. Es geht um mehr als nur
den Betrieb am Laufen zu halten. Brechen Sie das
Schweigen. Sagen Sie: „Ich liebe dich."

Hunde sündigen nicht

In meiner Kindheit galt in unserer Kirche ein Katalog
von Sünden, die man als guter Junge lieber bleiben ließ.
Karten spielen gehörte zu den Erzsünden. Jede Karte galt
als dämonisches Symbol, das genug Macht hatte, die
Seele in die ewige Qual zu stürzen. Selbst heute noch
höre ich geradezu, wie sich mit dem Geräusch des
Kartenmischens die Tore der Unterwelt knarrend öffnen.

Mir war vermittelt worden, dass mein Ruf als Christ
durch Karten spielen unwiderruflich geschädigt werde.
Selbst so unschuldige Varianten wie Mau-Mau waren
tabu. Das wurde so begründet: Es könnte jemand durch

das Fenster schauen und annehmen, man würde um Geld spielen. Also fiel Mau-Mau unter die Kategorie: „Meide selbst den Anschein des Bösen."

Karten spielen war nur der Anfang des rutschigen Pfades ins Fegefeuer. Ein falscher Schritt, und schon war alles vorbei. („Gehe nicht über Los. Ziehe nicht viertausend Mark ein. Begib dich direkt ins Fegefeuer.") Der Tanzsaal war ganz klar und eindeutig der Vorraum zu Feuer und Schwefel. Stand nicht irgendwo in der Bibel, dass betende Knie und tanzende Füße nichts miteinander zu schaffen haben? Selbst beim Absingen von Kirchenliedern wurde jede rhythmische Bewegung gemieden. Wie war das noch: „Das Bein, das sich zum Tanze regt, wird im Himmel abgesägt . . ."?

Ich hoffe sehr, dass Sie das Buch jetzt nicht in die Ecke werfen. Weder verdamme noch empfehle ich das oben Gesagte. Ich versuche, meine Schlüsse daraus zu ziehen. Im Christentum geht es nicht um eine Sammlung von Tabus. Trotzdem legen manche Christen unglaublich viel mehr Wert auf eine kurze, eingängige Liste von erkennbaren Sünden, die es zu meiden gilt, als auf eine lebendige Beziehung mit dem Erlöser.

In unserer Gemeinde lief die Faustregel darauf hinaus: Wenn man nicht trinkt, nicht raucht, nicht ins Theater geht, keine Karten spielt und nicht tanzt, dann ist man ein guter Christ.

Jede Konfession und Unterkonfession hat ihre eigene Ausgabe dieses Sündenkatalogs. Manche sind auf extreme Gesetze verfallen, die jeder Vernunft Hohn sprechen. Als Diane noch klein war, wurde ihr erzählt, dass Lippenstifte aus Schlangenblut gemacht werden. Nylonstrümpfe seien aus der abgestreiften Haut der Schlange hergestellt. Nicht von beliebigen Schlangen, sondern von *der* Schlange selbst, Sie wissen schon.

Wo wir gerade von Schlangen reden: Jedes Spiel, bei dem man Würfel verwendete, war streng verboten. Warum wohl wurden die Punkte auf dem Würfel „Auge" genannt? Richtig, es waren Schlangenaugen. Nylonstrümpfe, Lippenstifte und Würfel entstammten einer gemeinsamen Quelle, die streng nach Schwefel roch.

Mit etwa 11 Jahren hatte ich ein einmaliges Erlebnis. Ich saß gerade auf der Veranda, röstete mit dem Brennglas Ameisen und dachte über die tieferen Aspekte der Schlangentheologie nach. Mein Hund Ralf, ein Collie, kam vorbei. Plötzlich überkam mich eine Offenbarung: Ralf rauchte nicht, trank nicht und spielte nicht Karten. Er trug weder Nylonstrümpfe noch Lippenstift. Wenn man sich durch Vermeiden solcher Attribute als Christ erwies, dann war Ralf ein besserer Christ als ich. Ich ließ mich zwar nie von der Versuchung übermannen, Lippenstift oder Nylonstrümpfe zu tragen, aber ich hatte weiß Gott hinter verschlossener Tür mit Rommee experimentiert.

Wenn das Christentum durch das definiert ist, was wir *nicht* tun, dann sind die besten Christen auf der Erde Schaufensterpuppen. Sie tun gar nichts. Sie mischen sich bei niemandem ins Leben ein. Man wird wohl kaum eine Dokumentation über den tiefgreifenden Einfluss von Schaufensterpuppen auf die Gesellschaft finden.

Ich habe Länder im Mittleren Osten besucht, wo die Sammlung von Tabus die gesamten schlangenmäßigen Sünden wie oben enthält, dazu aber noch zusätzliche Verbote. Verstößt man in diesen Ländern gegen die Sitten, kann das buchstäblich einen Arm oder ein Bein kosten. Diese Menschen sind nicht einmal bekennende Christen, können uns aber jederzeit mit ihren Verboten in den Schatten stellen.

Manche der „aufgeklärteren" Geister unter uns haben

ihre eigenen, etwas moderneren Sammlungen. Ich kenne ein paar bösartige, direkt hasserfüllte Menschen, deren ganzer Glauben darauf beschränkt ist, die obigen Sünden zu meiden oder in anderer Hinsicht keinen Anstoß zu geben. Weil sie so engstirnig sind, fällt ihnen nicht auf, wie wenig ihre Einstellung mit Jesus zu tun hat. Sie richten in unserer liebebedürftigen Welt genauso wenig aus wie eine Schaufensterpuppe.

Es sind die quicklebendigen Menschen, die Jesus lieb haben und manchmal auf die Nase fallen, die in dieser Welt etwas bewegen. Ja, mit Sicherheit bewirkt ein starker Glaube auch ein gutes Benehmen. Sicher gibt es vieles, das man lieber unterlässt. Aber Gottes Katalog zu unserem Tun und Lassen ist relativ kurz und in Stein gemeißelt. Sein Wort stellt eines klar: Man wird nicht automatisch zum Christen, wenn man diesen Geboten gehorcht. Der Gehorsam ist einfach nur ein Nebenprodukt des neuen Lebens, das wir in Christus bekommen. Durch unser Handeln zeigen wir uns Gott dankbar für alles, was er für uns getan hat.

Zum Nachdenken

Das echte Zeichen eines Gläubigen ist Liebe – Liebe füreinander und zum Vater. Alle anderen christlichen Verhaltensweisen ergeben sich ganz natürlich aus der Liebe, die wir von Gott empfangen, und aus der Dankbarkeit, die wir als Folge von Gottes Handeln an uns zum Ausdruck bringen.

Davon hat Ralf nicht die geringste Ahnung.

Jesus antwortete: „„Liebe den Herrn, deinen Gott, von ganzem Herzen, mit ganzem Willen und mit deinem

ganzen Verstand!' Dies ist das größte und wichtigste Gebot. Das zweite ist gleich wichtig: ‚Liebe deinen Mitmenschen wie dich selbst!' In diesen beiden Geboten ist alles zusammengefasst, was das Gesetz und die Propheten fordern."
Matthäus 22,37

Zur rechten Zeit am rechten Ort

Fragen Sie sich manchmal, ob Gott sich wirklich um Ihren Alltag kümmert? Haben Sie den Eindruck, dass Wunder und direkte Antworten auf Gebete nur bei anderen vorkommen?

Gott wirkt ständig an Ihrem und meinem Leben; nur merken wir es meist nicht. Seine Engel sind unsichtbar. Doch ab und zu, nach langer Zeit, zeigt sich ganz kurz, aber glanzvoll seine Hand. Er gewährt uns einen Blick hinter die Kulissen, gleichsam wie ein brennender Busch, um uns seiner Gegenwart zu vergewissern.

Als ich am 19. Oktober aufwachte, lag ein arbeitsreicher Tag vor mir. Ich sollte um 13:30 Uhr im Festsaal des Kongresszentrums von Indianapolis einen Vortrag halten. Der Titel lautete: „Ein zimperlicher Prophet, ein Buschfeuerwerk und keine Ausrede." Es war ein Vortrag über die Berufung Moses durch Gott und seine lahmen Ausreden, um sich aus der Affäre zu ziehen. Meistens sehen wir ja Charlton Heston vor uns, wenn wir an Mose denken – gut aussehend, mutig und kampfbereit. Die Bibel stellt uns aber einen ganz anderen Menschen vor.

Als Gott Mose im Busch erschien und ihm befahl, die Israeliten aus der Sklaverei zu führen, ließ der keine Entschuldigung unversucht, um sich der Sache zu entziehen: Er fühlte sich nicht geeignet; er wollte, dass Gott direkt eingriff. „Wer bin ich, dass ich so einer Aufgabe gewachsen wäre?", stöhnte er.

Die meisten von uns verfallen auf diese Methode, wenn Gott uns beruft. „Wer, ich? Ich bin doch ein Nichts", jammern wir.

Mose fand, Gott sollte sich einen besser qualifizierten Kandidaten aussuchen – einen Ausnahmetypen. Gott aber schaut sich nicht nach außergewöhnlichen Menschen um. Er hält Ausschau nach normalen Menschen, die einem außergewöhnlichen Gott vertrauen. Als Mose darüber klagte, dass er dazu unfähig wäre, erwiderte Gott: „Ich gehe mit dir."

Das überzeugte den Mann nicht. „Ich weiß gar nicht, was ich sagen soll", quengelte Mose.

Bis heute hat sich daran nichts geändert. Ich habe diese Ausrede unzählige Male gehört. Ich selbst habe schon darauf zurückgegriffen. Gott aber erwartet gar nicht, dass uns die richtigen Worte bereits servierfertig auf der Zunge liegen. Natürlich sollten wir vorbereitet sein. Aber wenn es darauf ankommt, wird Gott unsere Schwächen nutzen, um seinen Willen durchzusetzen. Gott hat Mose genau angegeben, was er sagen sollte. Er hat auch für Sie und mich die richtigen Worte.

Trotz Gottes erstaunlicher Versprechen hielt Mose sich weiterhin damit auf, die Verantwortung abzuwälzen. „Und wenn mir nicht geglaubt wird?", jammerte er. Charlton Heston war eindeutig nicht die richtige Besetzung für Mose in *Die zehn Gebote*. Woody Allen hätte die Rolle bekommen sollen. Er wäre perfekt gewesen.

Gott antwortete mit einer Vorführung. Hätten Sie nicht auch gern Moses Gesicht gesehen, als er seinen Hirtenstab zu Boden warf und sah, wie der sich in eine Schlange verwandelte? Können Sie sich vorstellen, wie er die Schlange aufhob und sie wieder zum Stab wurde?

Ein Denkzettel für Mose: *Du bist nicht dafür zuständig, dass die Menschen glauben – das ist Gottes Sache.*

Wofür also sind wir zuständig? Ganz einfach: treu die Wahrheit verkünden. Gott hat Mose versprochen, mit ihm zu gehen. Gott hat ihm die genauen Worte eingegeben; er führte sogar Zeichen und Wunder vor, um die Ägypter zu überzeugen – und trotzdem sperrte sich Mose: „Ich kann nicht besonders gut reden", stotterte er.

Gott antwortete: „Wer hat denn deinen Mund gemacht?" Ganz klar, was damit gesagt werden soll. Gott hatte Mose für seine Aufgabe vollkommen ausgerüstet. In seiner Hand werden aus unseren Behinderungen die besten Chancen.

Schließlich schrie Mose in seiner Verzweiflung: „Schick doch jemand anders!" In Abwandlung des neutestamentlichen Spruchs hieß das: „Hier bin ich, Herr – sende jemand anderen!" Nach dem biblischen Bericht wurde Gott nun ausgesprochen zornig über Mose. Er wollte keinen andern, sondern ihn.

„Und Sie will er auch." Das war der Appell, mit dem ich mein Publikum konfrontierte. „Hat Gott Ihnen eine Berufung oder eine Aufgabe bewusst gemacht, vor der Sie sich gedrückt haben?", fragte ich. „Welche von den Ausreden aus dem Repertoire von Mose haben Sie genannt? Etwa ‚Ich bin ein Nichts'? Gott selbst geht mit Ihnen. Sie und Gott zusammen sind ein unschlagbares Team. Oder klagen Sie, Ihnen fällt nichts ein, was sie sagen sollen? Gott hatte die richtigen Worte für Mose, und für Sie hat er sie auch. Machen Sie sich Gedanken,

dass man Ihnen nicht glauben wird? Das ist nicht Ihre
Sache. Finden Sie, Ihre geistigen Qualitäten reichen
nicht? Gott hat Sie für das, wozu er Sie berufen hat, perfekt ausgestattet. Gott braucht Sie", so mein Schluss-
wort. „Gehen Sie auf ihn ein?"

Am gleichen Morgen wurde Gary Ballard früh wach.
Der erfolgreiche Unternehmer hatte kein Auge zugetan.
Er hatte eine Berufung durch Gott verspürt, genauso eindeutig wie ein brennender Busch. Gary wurde berufen,
Pastor zu werden. Wie vor ihm schon Mose hatte Gary
alle möglichen Ausreden probiert. Trotzdem konnte er
die ganze Nacht nicht schlafen, und Gottes Stimme ließ
sich auch nicht aus seinem Kopf verbannen.

Gary stand auf, zog sich an und fuhr nach Indianapolis. Er parkte sein Auto ein paar Straßen vor der
Innenstadt und lief drauflos. Er hatte kein bestimmtes
Ziel im Sinn; er wollte nur seinen Kopf vom andauern-
den Drängen des Heiligen Geistes frei bekommen. Gary
trat durch die Drehtür des Weston-Hotels, weil er wusste, dass es drinnen ein Café gab. Er ging am Empfang
vorbei, verfehlte das Café und geriet in einen Gang, der
das Weston mit dem Kongresszentrum verbindet.

Gary ging weiter. Vielleicht bekam er ja im Kongresszentrum einen Kaffee. Als er zum Ende des Gangs kam,
hörte er das Lachen von 4.000 Menschen aus einem der
Versammlungssäle. Gary Ballard betrat den Saal genau
in dem Augenblick, als ich mit meinem Vortrag über
Mose begann.

Am Ende meines Vortrags ging ich von der Bühne, um
alle zu begrüßen, die auf ein Gespräch mit mir gewartet
hatten. Doch da traf mein Blick auf eine einsame Gestalt
weiter draußen. Er hatte gewartet, bis die anderen
gegangen waren, und fiel mir auf, weil er hemmungslos
weinte.

Um 13:35 Uhr am 19. Oktober sorgte Gott dafür, dass sich die Wege von zwei Menschen kreuzten. Die beiden kamen aus ganz unterschiedlichen Lebensbereichen. Gott hatte Gary an diesen Ort geführt, damit dieser hörte, was sein Leben verändern sollte. Er hatte mich hergebracht, damit ich nicht nur meinen Vortrag hielt, sondern auch einen Blick auf einen brennenden Busch werfen konnte.

Es war schätzungsweise 15:30 Uhr, als der Letzte ging und Gary mit Tränen im Gesicht auf mich zukam. Er kam gleich auf die Sache zu sprechen: „Vor ein paar Monaten hat Gott mir klar gemacht, dass ich Pastor werden soll", bekannte er. „Ich wollte mein Unternehmen nicht aufgeben und fühlte mich nicht geeignet für die Aufgabe. Ich habe mich an genau die gleichen Ausreden wie Mose gehalten."

Gary fuhr fort: „Heute hat Gott mich durch die ganze Stadt und ein Hotel bis ins Kongresszentrum geführt. Das Lachen lockte mich an. Dann stand ich hinten im Saal und konnte mich während Ihres Vortrags gar nicht regen. Ich hatte ja immer meine Ausreden und war vor Gott weggelaufen", sagte er unter Tränen. „Aber jetzt laufe ich nicht mehr weg."

Jetzt weinten und lachten wir gemeinsam. Wir hatten den brennenden Busch gesehen. Gott ließ uns beide seine Gegenwart verspüren. Er hatte unsere Aufmerksamkeit bekommen.

Gottes Hand ist immerzu in unserem Leben wirksam. Tag für Tag bewahrt er uns, führt uns Menschen zu, auf die wir angewiesen sind, und dirigiert Ereignisse, in denen sich seine Liebe zeigt. Es war Gottes Hand, die Gary auf seine Suche nach einem Kaffee geraten ließ. Uns beiden war die Gunst gewährt worden, sichtbare Beweise der Hand Gottes in unserem Leben zu erkennen.

Vielleicht ist uns sein Einfluss nicht immer bewusst, aber nie sollten wir sein Handeln bezweifeln.

Zum Nachdenken

Wenn Gott auf sich aufmerksam macht, sollte man genau hinschauen. Keine Ausrede hält der Gegenwart unseres allmächtigen, unendlich wirksamen Gottes stand.

Wie man einen Grizzlybären tötet

Ich war total fertig.

In den letzten 24 Stunden war ich 3.000 Kilometer geflogen, 300 Kilometer gefahren, hatte drei Stunden in Flughäfen gewartet und zwei Vorträge gehalten. Ich musste mit weniger als zwei Stunden Schlaf auskommen, und eine Ruhepause war nicht in Sicht.

Hinter mir lag wieder einmal eine endlose Nacht im Duell mit der Klimaanlage des Hotels. Siegreich blieb die Anlage. Anscheinend war der Ventilator verbogen, oder aber eine Miniversion des Großen Rennens von Indianapolis fand in der Klimaanlage statt. Bei jedem neuen Anlauf hörte man deutlich eine Massenkarambolage, gefolgt von Hubschraubergedröhn und Geräuschen, wie wenn Metall verbogen wird.

Ich kannte den Ablauf von zu vielen Nächten in zu vielen Hotels auswendig. Erst kam das Mahlen und Dröhnen der alten Anlage, die mühselig in die Gänge kam. Dann schlug und kratzte der Ventilator gegen das Metallgehäuse, bis die Zentrifugalkraft stark genug war, dass er leicht abheben konnte. Ich hatte reichlich Zeit, mir ausführlich das entsprechende physikalische Wissen aus der Schulzeit in Erinnerung zu rufen, während das kreischende Metall mich aus unterschiedlichsten Schlafphasen riss.

Nach einiger Zeit war die Temperatur hinreichend gesunken, so dass der Thermostat den Luftzustrom unterbrach. Der Ventilator klirrte und ratterte, bis er vor Erschöpfung Halt machte. Ich konnte mir ein oder zwei Augenblicke gesegneter Ruhe leisten, bis das Kratzen und Schaben einen neuen Zyklus ankündigte. Angesichts solcher Umstände kann man sich denken, wie ich reagiere. Da geht es mir nicht anders als einem Grizzlybären, wenn sein Winterschlaf unterbrochen wird.

Ich hielt am nächsten Morgen zwei Vorträge und eilte dann zum Flughafen. Wegen einer Flugplanänderung in letzter Minute landeten wir gerade, als mein nächstes Engagement schon angesetzt war – wobei vom Flughafen noch eine Stunde zu fahren war. Unnötig zu erwähnen, dass mein Gastgeber nicht gerade glücklich war.

Auch ich hatte keinen Grund zur Freude. Auf dem Weg durch den Flughafen hatte ich viel mehr Lust auf eine gesegnete Nachtruhe als auf den Bühnenauftritt mit einer energiegeladenen, witzigen und inspirierenden Rede. Ich grummelte nach Grizzlyart vor mich hin, müde und hungrig, wie ich war. Außerdem roch ich auch wie ein Bär, weil ich seit dem frühen Morgen in den gleichen Sachen steckte.

Dem Vortrag lauschen wollte eine Vereinigung, die sich dem Dienst an Behinderten widmete. Etwa 100 der 400 Teilnehmer waren in irgendeiner Weise behindert, sei es geistig oder körperlich. Kurz vor meiner Ankunft hatte eine kurze Preisverleihung begonnen. Während die Preise ausgegeben wurden, fiel mir das ständige Kommen und Gehen im Publikum auf; viele brauchten für den Weg zur Toilette Hilfe. Und während die Moderatoren ihre Anmerkungen machten, waren im ganzen Saal unkontrolliertes Stöhnen sowie andere seltsame Laute vernehmbar.

Jedermann schien hier eher beiläufig und höflich damit umzugehen – eine Sache der Gewohnheit. Nicht aber der alte Grizzly. Er nörgelte an der Beleuchtung herum. Er grummelte wegen der Lautsprecheranlage. Er quengelte, weil es zu laut und unruhig war für einen ungestörten Vortrag. Vor allem sehnte er sich nach einer bequemen, für den Winterschlaf geeigneten Höhle – in der die Klimaanlage sich angemessen zu benehmen wusste.

Während ich verbissen über die Zustände murrte, riefen die Moderatoren Andrew Roach auf die Bühne. Ich sah, wie ein hübscher 7-jähriger Junge sich nach vorn begab, um seinen Preis in Empfang zu nehmen. Was für eine Leistung hatte er gebracht? Im letzten Jahr, wurde uns kundgetan, hatte er gelernt, lange genug auf dem Stuhl sitzen zu bleiben, bis er mit einer Aufgabe fertig war. Er konnte ohne Hilfe bis 50 zählen. Mit unglaublich breitem Lächeln ergriff er den Preis und ging zurück zum Platz. Seine Eltern waren unübersehbar stolz auf ihn. Und das alles, weil er bis 50 zählen und auf dem Stuhl sitzen bleiben konnte. Schon dachte ich nicht mehr so krampfhaft über die Lichtverhältnisse nach.

Der nächste Preis war für den Heimbewohner des Jahres. Terry Moreland saß nur ein paar Meter vor der Bühne. Trotzdem brauchte er fast eine Minute nach oben. Sein ganzer Körper ist von einem Schlaganfall gelähmt, dazu kommen spastische Schübe. Er kann sich nur mit einer Krücke stockend fortbewegen. Jeder Schritt bedeutet für ihn eine übermäßige Anstrengung. Auf mich wirkte sein einminütiger Weg wie eine Ewigkeit.

Doch den Menschen im Publikum machte der Aufschub gar nichts aus. Zudem fiel mir keinerlei Ungeduld oder Gereiztheit auf, als ein Fotograf umständlich die Kamera bediente, um ein Bild zu machen. Was mir auffiel, war ein strahlendes Lächeln, das den ganzen Saal erhellte, als sich Terry mit seinem Preis der Kamera stellte. Ich hatte mir Gedanken über die Beleuchtung für meinen Vortrag gemacht. Jetzt erkannte ich, dass sie nicht nötig war. Auf jeden Fall brauchte ich keine computergesteuerten Designer-spotlights. Das strahlende Lächeln von Andrews oder Terrys Art war hell genug gewesen, meinen Widerstand zu brechen und die Dunkelheit zu verscheuchen, die ich seit dem Morgen in meiner Seele hegte.

Nach dem Foto steckten die Verantwortlichen die Köpfe zusammen. Terry hatte darum gebeten, ein paar Worte sagen zu dürfen. Er brauchte weitere 25 Sekunden für die 5 Meter zum Mikrofon. Aber warum die Zeit messen? Niemand störte es. Terrys schöne und kräftige Stimme bildete einen Kontrast zum gebeugten und ver-krüppelten Zustand des Körpers, dem sie entstammte. Ich hätte die Augen schließen und mir einen gewandten, gut aussehenden Athleten vorstellen können, als er ins Mikrofon sprach. Er lächelte und sagte nur ein paar ein-fache Worte, die den Grizzly tödlich trafen – mitten ins Herz.

„Ich möchte Ihnen für diesen Preis danken", sagte er. „Und ich möchte Gott danken, dass er mich diesen Tag erleben lässt."

Die Zuhörer standen auf und applaudierten stürmisch, als Terry sich mühselig auf den Rückweg zu seinem Platz machte. Ich zählte nicht mehr die Sekunden, die er diesmal brauchte. Ich stand ebenfalls und klatschte wie wild. Dabei dachte ich gründlich nach.

Mr. Rosenberg bekam den nächsten Preis. Er hatte 46 Jahre lang ein Bekleidungsgeschäft geleitet. Er und seine Frau bekamen eine Anerkennungsmedaille, weil sie das Geschäftsgebäude der Behindertenorganisation gespendet hatten. Marshall, sein erwachsener behinderter Sohn, begleitete ihn nach vorn. Wie war es zu der großzügigen Spende gekommen? Mit einer Stimme, der man die Rührung anhörte, teilte Mr. Rosenberg mit, Marshall habe ihm vor kurzem eins der wertvollsten Geschenke gemacht, die sich ein Vater nur wünschen könne. Kurz nach der Aufnahme als Bewohner des Behindertenheims habe Marshall seinen Vater mit den einfachen, aber inhaltsschweren Worten erfreut: „Ich bin glücklich!"

Jetzt war der Grizzlybär in mir ganz tot. Ein kuscheliger Teddy rückte an seine Stelle. Ich fing an mich zu fragen, wer hier eigentlich behindert sei. Ich bin gesund. Ich habe eine wunderbare Arbeit, die ich liebe. Ich verdiene nicht schlecht und entbehre keine materiellen Güter. Meine Familie ist gesund und heil. An diesem Tag aber überkam mich die schlechte Laune aus keinem anderen Grund als dem hektischen und erschöpfenden Tagesablauf. Ich hatte mich auf Nebensächliches wie Beleuchtung und Akustik konzentriert. In der gleichen Welt aber lebte jemand wie Terry, ein Mensch, der die Würde besaß, Gott für den heutigen Tag zu danken.

Mir konnte es passieren, dass ich beim Aufwachen den Regen hörte und schlechte Laune bekam, weil das Golfspiel ins Wasser fiel. Gleichzeitig fühlte sich ein pensionierter Ladenbesitzer wie Mr. Rosenberg dankbar und freute sich einfach darüber, seinen Sohn sagen zu hören: „Ich bin glücklich."

Kurz bevor ich mit meinem Vortrag an der Reihe war, beugte ich mich zu meinem Gastgeber und flüsterte ihm zu: „Keine Worte aus meinem Mund könnten mehr Inspiration bieten als das, was ich gerade gehört habe."

Zum Nachdenken

Als ich am nächsten Morgen aufwachte, handelte ich nach meiner Einsicht, die ich am Abend zuvor gewonnen hatte. Die ersten Worte aus meinem Mund lauteten: „Danke, Gott, für diesen neuen Tag. Ich bin glücklich."

Zeig mir ein Wunder!

Als Kind betete ich darum, dass Gott sich mir durch ein Wunder offenbart. Einmal habe ich sogar gebetet, er solle unser Haus verschieben – um einen Meter nach links. Er tat es nicht. Ich sprach mit meiner Mutter darüber, und sie schimpfte mich aus: „Du hättest ein Erdbeben auslösen können!" Seit damals habe ich mich oft gefragt, ob ich zufrieden gewesen wäre, wenn Gott es nach links geschoben hätte.

Ein anderes Mal bat ich ihn, den Mond ganz kurz mal in die Sonne zu verwandeln, lang genug, dass ich es sehen könnte. Von meinem heutigen Wissensstand aus ergibt sich die erschreckende Vorstellung, dass ich die

Verantwortung für eine angebratene Erde hätte tragen müssen.

Haben Sie sich schon mal gewünscht, ein echtes Wunder zu erleben – eins, dass einem den Atem stocken lässt? Ich meine nicht die Sorte, die man durch andere Sachen erklären kann. Zum Beispiel solche, bei denen unklar ist, ob ein Leben durch die Medizin oder durch göttliches Eingreifen gerettet wurde, oder ob die Stadt durch einen zufälligen Windwechsel oder durch Gottes Hand von dem Feuer verschont blieb.

Manche reden von Wundern, die eher nach Zauberkunststücken aussehen. Eine Frau hat behauptet, Gott habe ihre Windschutzscheibe „geheilt", die durch Steinschlag gesprungen war. Ich bin bei solchen Behauptungen eher misstrauisch. Mir fällt auf, dass es nie Zeugen dafür gibt. Außerdem frage ich mich, ob hier wirklich die *Windschutzscheibe* einen Sprung hatte. Ich mache mir Gedanken über die banale Heilung einer Scheibe, während Millionen von Menschen sich mit herzzerreißenden Problemen quälen.

Manche werfen mir vor, mein Mangel an Glauben halte mich davon ab, ein Wunder zu erleben. Dabei hatte ich doch mehr als genug Glauben, als ich Gott um eine Verschiebung des Hauses bat.

Vielleicht sehen wir an der falschen Stelle nach. Noch während ich auf Gott harre, dass er den Boden bewegt oder meinen platten Reifen flickt, geschehen die Wunder im Grunde überall in meiner Umgebung. Sie fallen nicht so spontan oder dramatisch aus, wie ich erwarte, aber sie sind viel spektakulärer.

Einmal rief mich ein junger Mann an, der sich erst vor einem Jahr Gott zugewandt hatte. Er kämpfte mit einem bestimmten Problem in seinem Leben und bekam „keinen Sieg darüber", wie er es ausdrückte. Ein Jahr nach seinem Glaubensbekenntnis war er also enttäuscht. Er fragte sich, ob Gott überhaupt existierte. Wo blieben eigentlich die Zeichen dafür, dass Gott an seinem Leben tätig war?

Ich versuchte ihm deutlich zu machen, was er nicht wahrnehmen konnte. Er starrte auf den Fußboden seines Lebens und wartete darauf, dass das Fundament sich um einen Meter nach links verschob. Er wollte spüren, wie sich die Erde unter seinen Füßen hob; er wollte den Himmel herabstürzen sehen. Die ganze Zeit entging ihm das Wunder, das Gott in seinem eigenen Lebensbereich bewirkte.

„Warum rufst du mich denn an?", fragte ich.

„Weil ich mit meinen Fortschritten als gläubiger Christ unzufrieden bin", antwortete er. Vor einem Jahr hätte er nicht mal das Wort „gläubig" buchstabieren können. Da waren ihm Fortschritte im Leben ganz egal. Vor einem Jahr hätte er über das Problem keinen Gedanken verschwendet; er hätte nicht mal geglaubt, es gebe überhaupt ein Problem. Der Anruf an sich war schon ein Wunder. Hier war der deutliche Beweis, dass Gott ihn von weit her zu sich gebracht hatte. Klar, dass er noch nicht fertig mit ihm war.

An einem dunklen Tag, am Ende eines langen Kampfes mit Depressionen, war ich selbst im Zweifel, ob das Leben sich lohnt. Meine Niederlagen widerten mich an. Was an mir hätte Gott schon liebenswert finden können? Damals schloss ich die Tür meines kleinen Zimmers und hatte nicht die Absicht, jemals wieder herauszukommen. Gott durchströmte meine Dunkelheit mit Licht und löste ein Wunder aus, für das er nur einen Vers auf einem Stück Zeichenpapier brauchte: „Wir lieben, weil Gott uns zuerst geliebt hat" (1. Johannesbrief 4,19).

Plötzlich kam der Durchblick. Mir wurde Liebe und

Vergebung geschenkt, und das Leben war ausgesprochen lebenswert.

Das größte Wunder auf Erden ist ein verwandeltes Leben. Und diese Wahrheit lässt sich nicht auf die radikalen, hochdramatischen Lebensberichte beschränken, von denen wir hören. Sie bezieht sich auch auf Menschen, die nur einen Meter von ihrem Fundament abrücken konnten.

Ich kenne mich nur zu gut, um die Macht zu begreifen, die nötig war, eine ganz kleine Veränderung in meinem Leben zu bewirken. Im Lauf der Jahre hat Gott mich durch manche Niederlage und durch einen lebensbedrohlichen depressiven Schub geführt. Er kann auch Sie weit genug führen, so dass Sie Mut schöpfen können. Dieses Wunder ist viel bedeutender als das Verschieben ganzer Häuserreihen bis zur nächsten Querstraße.

Zum Nachdenken

Ich gönne Ihnen Ihre geheilte Windschutzscheibe und die geheimnisvoll verplombten Zähne. Das größte Wunder auf Erden aber ist ein verwandeltes Leben. Lassen Sie zu, dass Gott sich heute bei Ihnen an dieses Wunder macht.

Liegen lassen

Kathy Colebank ist die engagierte Pastorin einer großartigen Presbyterianergemeinde. Diese Kirche ist ihre erste Stelle. Sie arbeitet hier allein, und es hat Situationen gegeben, in denen sie von ihren Aufgaben schier überfordert wurde.

Kathy ist zufällig auch meine Schwester. Vor nicht allzu langer Zeit telefonierten wir, wobei ich ihr mein Herz ausschüttete. Ich erzählte, wie ich nachts wach lag und selbstquälerisch über meine Arbeit nachgrübelte. Meine liebe Schwester steht auch unter starkem Druck, aber ich brauchte eine Aufmunterung, und zwar sofort.

Wollen Sie wissen, wie großmütig sie ist? Als ich mit meinem Gejammer über die ungerechten Belastungen fertig war, die man mir auferlegte, hatte sie nicht etwa gleich einen Rat, Tadel oder Worte des Mitleids für mich. „Ich habe dich lieb", sagte sie. „Wir sind uns so ähnlich. Darf ich dir etwas vorlesen?"

Das Folgende hatte sie geschrieben, als sie sich gegen die unablässigen Ansprüche wehrte, mit denen sie sich konfrontiert sah. An diesem Tag ärgerte sie sich wegen ihres Arbeitszimmers – des Ortes, wo sie vorbereiten konnte, wozu Gott sie berufen hatte. Denken Sie darüber nach, ob nicht auch in Ihnen eine Saite zum Schwingen kommt:

Ich habe hier in der Stadt einen wunderschönen Raum. Hierhin gehe ich für intensive Studien, Planungen und zum Gebet.

Einmal kam ich mir bei der Ankunft dort wie ein Packesel vor. An jedem Vorsprung meines Oberkörpers hing eine Tasche; Taschen mit Büchern und meinem Notebook, meine Handtasche, eine Tüte mit Essen und Kaffee. Ich kämpfte mich die Stufen zu meinem Lieblingsarbeitszimmer hoch und stieß mit meinen Lasten an Wände und Tische.

Die Tür war zu. Das hieß, der Raum war schon besetzt. Da stand ich mit der reichhaltigen Ausrüstung beruflicher

Produktivität, und mir stand der Mund vor Verblüffung offen. Wie konnte mein Lieblingszimmer nur für mich verschlossen sein? Vorsichtig schob ich die Tür auf. Der Tisch, an dem ich so gern arbeitete, war tief und chaotisch unter den Papieren eines anderen begraben. Ich blieb ein paar Sekunden stehen. Mir taten alle Knochen weh. Dann machte ich mich zur Kapelle im Haus auf.

Ich dachte darüber nach, meine Arbeitsutensilien in die Kapelle mitzunehmen. Ich sagte mir: „Bring die Sachen doch einfach rein und segne sie. Bitte Gott, dass alles richtig funktioniert." Nach einiger Überlegung fand ich es am besten, meine Sachen direkt vor der Tür zu lassen – drin, aber nicht richtig drin. Ich konnte mich nicht allzu sehr von ihnen losreißen. Eins nach dem anderen legte ich ab: Bücher, Computer, Handtasche, Butterbrot und Kaffee.

Dann ging ich in die Kapelle. Ich setzte mich zum Beten hin. Der Schmerz in Schultern und Rücken war deutlich spürbar – meine Sachen sind ganz schön schwer. Ich neigte zum Beten den Kopf. Aber meine Schultern wollten nicht aufhören weh zu tun, und meine Gedanken beschäftigten sich immer wieder mit den schmerzenden Muskeln. Als ich anfing, vor Gott auszupacken, was mir auf dem Herzen lag, zeichnete sich in meinem Innern ein Bild ab.

Ich trug die Ausrüstung zu meinem Dienst wie ein Joch um Hals und Schultern. Und diese Schultern meines Dienstes schmerzten ebenso wie die aus Fleisch und Knochen. Ich hatte mir das Gewicht einer ganzen Welt auf die Schultern gepackt. Nun suchte ich nach jenem Lieblingsraum, wo ich alles ablegen und daran arbeiten konnte. Ich kam zu einer neuen Erkenntnis: Ich hatte ganz tief die Überzeugung verinnerlicht, dass es meine Aufgabe sei, die schweren Lasten meiner Umwelt zu tra-

312

gen, dass ich dafür verantwortlich sei, die gesamten Verhältnisse zu ordnen.

Ich beugte mich tiefer und überwand mich, jede einzelne Last ihrem rechtmäßigen Eigentümer zu übergeben: Gott.

„Hier ist die Predigt, Gott. Was fangen wir damit an?

Hier ist das Leid des Menschen, den du gestern zu mir geschickt hast. Wie gehen wir damit um?

Hier ist . . ."

Ein Anliegen nach dem andern fiel mir ein.

Hinterher stand ich auf und ging zum Ausgang der Kapelle. Ich schaute mir den großen Stapel Sachen, der auf meine Schultern geladen werden wollte, einen Augenblick lang an. „Na schön", dachte ich. „Dann mal los." Ich packte eine nach der anderen und zog los auf der Suche nach einem neuen Raum zum Arbeiten. Immer noch konnte ich mir gar nicht vorstellen, dass jemand meinen Lieblingsraum besetzt hielt. Ich würde gern berichten können, dass ich die Kapelle frei wie ein Vogel verlassen habe. Das stimmt nicht. Ich gebe nicht so leicht etwas auf.

Es war aber eine Erleichterung zu wissen, dass ich nicht allein ging. Ich glaube, es wird eine Weile dauern, Gott alles zu überreichen – ihn um Rat zu bitten, wie ich das schaffen kann, und die Dinge wirklich loszulassen.

Ich komme immer wieder auf Kathys Worte zurück: „Ich gebe nicht so leicht etwas auf." Wie perfekt sie ihren Bruder beschrieben hat. Vielleicht finden Sie sich auch in dieser Beschreibung wieder. Das, was ich so ungern aufgebe, ist das gleiche, was ich satt habe zu tragen. Es sind Sorgen und Ängste, die sich so zäh an mir festklammern, dass sie mir die Energie rauben und mich zu Boden zwingen. Was bewegt mich, sie trotzdem weiter zu tragen?

Meine Besorgnis trägt nichts dazu bei, die Probleme leichter zu lösen; sie raubt mir nur die Fähigkeit, energisch dagegen anzugehen. Im Grunde handelt es sich um einen Mangel an Vertrauen. *Ich vertraue dir, Gott. Ich glaube wirklich, dass du Herr der Lage bist. Sorgen mache ich mir allerdings trotzdem.* Die Übersetzung: *Ich vertraue dir nicht, Gott.*

Im Feriencamp haben wir immer ein Lied mit diesem Refrain gesungen:

> *Gib sie ab, gib sie ab.*
> *Bring die Bürden deinem Herrn*
> *und gib sie ab.*
> *Vertraue ihm und zweifle nicht*
> *denn er kümmert sich um dich.*
> *Bring die Bürden deinem Herrn*
> *und gib sie ab.*

Falls die Wiederholung auffällt, dann deshalb, weil es beabsichtigt ist. Ich lebe oft nach diesem Refrain:

> *Hol sie ab, hol sie ab.*
> *Sind die Bürden bei dem Herrn*
> *hol ich sie ab.*

Mit meinen Geschichten verbindet sich nur ein einziger Wunsch. Ich wollte Ihnen Hoffnung machen und damit die Lasten Ihres Lebens leichter werden lassen. Wenn Sie gelacht und geweint haben, dann hilft das nur vorübergehend. Es ist die Wahrheit hinter diesen Geschichten, die den Gefühlen an die Oberfläche helfen. Eben diese Wahrheit ist die Quelle der Hoffnung für Sie und mich. Die Wahrheit ist das Licht am Ende des Tunnels.

Ich meine diese Wahrheit:

*Darum sage ich euch: Macht euch keine Sorgen um
Essen und Trinken und um eure Kleidung. Das Leben
ist mehr als Essen und Trinken, und der Körper ist
mehr als die Kleidung. Seht euch die Vögel an! Sie säen
nicht, sie ernten nicht, sie sammeln keine Vorräte –
aber euer Vater im Himmel sorgt für sie. Und ihr seid
ihm doch viel mehr wert als alle Vögel! Wer von euch
kann durch Sorgen sein Leben auch nur um einen Tag
verlängern?*

*Und warum macht ihr euch Sorgen um das, was ihr
anziehen sollt? Seht, wie die Blumen auf den Feldern
wachsen! Sie arbeiten nicht und machen sich keine
Kleider; doch ich sage euch: Nicht einmal Salomo bei
all seinem Reichtum war so prächtig gekleidet wie
irgendeine von ihnen. Wenn Gott sogar die Feldblumen
so ausstattet, die heute blühen und morgen verbrannt
werden, wird er sich dann nicht erst recht um euch
kümmern? Habt doch mehr Vertrauen!*

*Macht euch also keine Sorgen! Fragt nicht: „Was sol-
len wir essen?" „Was sollen wir trinken?" „Was sollen
wir anziehen?" Damit plagen sich Menschen, die Gott
nicht kennen. Euer Vater im Himmel weiß, dass ihr all
das braucht. Sorgt euch zuerst darum, dass ihr euch
seiner Herrschaft unterstellt und tut, was er verlangt,
dann wird er euch schon mit all dem anderen versorgen. Quält euch nicht mit Gedanken an morgen;
der morgige Tag wird für sich selber sorgen.
Ihr habt genug zu tragen an der Last von heute.*
Matthäus 6,25–34

Warum nicht heute anfangen? Kommen Sie zu Gott und
geben alle Lasten ab. Na gut, geben Sie die *meisten*
davon ab. In Ordnung, wenigstens *etwas.*

Machen Sie es zumindest so wie Kathy: Bitten Sie

Gott, dass er Ihnen zeigt, wie das Leben leichter werden kann. Er ist dieser Aufgabe gewachsen.

Zum Nachdenken

Gott ist Ihren Lasten gewachsen.

Gott kann unendlich viel mehr an uns tun, als wir jemals von ihm erbitten oder auch nur ausdenken können. So mächtig ist die Kraft, mit der er in uns wirkt. Gepriesen sei er in der Gemeinde und durch Jesus Christus in alle Ewigkeit! Amen.
Epheserbrief 3,20–21

Über den Autor

Ken Davis gehört zu den gefragtesten Rednern in den USA. Er war 15 Jahre lang für „Jugend für Christus" tätig; in den letzten 25 Jahren reiste er als Meister seines Fachs mit motivierenden und inspirierenden Vorträgen durch die Vereinigten Staaten. Er ist auch außerhalb der USA im Fernsehen und vor Publikum aufgetreten. Zusätzlich arbeitet er als Moderator der beliebten Radiosendung „Lighten up!", die von mehr als 500 Sendern in ganz Amerika ausgestrahlt wird. Was ihn auszeichnet, ist die einmalige Mischung aus Zwerchfell erschütterndem Humor und einer Inspiration, die mitten ins Herz geht. Damit wird ein Publikum aller Altersklassen unweigerlich angesprochen und bereichert.

Als Präsident von *Dynamic Communications* bietet Ken Davis Seminare und eine Videoserie an, in denen es um die Kunst des Vortrags geht. Zielgruppe sind Mitarbeiter und Manager aus Kirche und Unternehmen. Er selbst hat vor vielen Gruppen aus amerikanischen Unternehmen und christlichen Organisationen gesprochen, unter anderem IBM, Focus on the Family, AT&T und The Kellogg Corporation.

Ken wurde im kalten Norden von Minnesota geboren und ist dort auch aufgewachsen. Er hat eine Ausbildung auf dem Oak Hills Bible Institute abgeschlossen. Ken und seine Frau Diane wohnen heute in Colorado. Sie haben zwei Töchter. Traci, die ältere, ist verheiratet und lebt auch in Colorado. Taryn hat vor kurzem geheiratet und besucht die Belmont University in Tennessee. Die ganze Familie hat mit Kens Arbeit zu tun und trägt dazu bei, dass Menschen in aller Welt lachen können und durch die Wahrheit befreit werden.

Ken hat acht Bücher geschrieben, von denen einige in den ganzen USA von der Buchkritik mit Beifall bedacht wurden. Er hat so namhafte Preise wie „Book of the Year" von Campus Life sowie die Goldmedaille der Christian Booksellers Association gewonnen.

EIN SURVIVAL-GUIDE FÜR TEENS:

Ken Davis:

BARFUSS IM DSCHUNGEL

Überlebenstraining für Teens in einer Welt voller Bananenschalen und Schlingpflanzen

Ken Davis erfüllt die wichtigste Voraussetzung, um ein Buch zu schreiben, das Teens beim Überlebenskampf auf dem Gewaltmarsch durch den Dschungel der Pubertät helfen will: Er hat diesen Trip selbst schon er- und überlebt!
Dabei hat er zum Beispiel die Erfahrung gemacht,
- daß man einen Hockey-Puck in voller Fahrt mit dem Mund auffangen kann (wenn man es wirklich will),
- daß man Gefahr läuft, seine Badehose zu verlieren, wenn man den Haltegriff beim Wasserskifahren nicht rechtzeitig losläßt und
- daß man Küssen nur bis zu einem gewissen Grad vor einem Spiegel üben kann.

Solche und andere Herausforderungen des täglichen Teenagerlebens machen eins ganz klar: Du brauchst alle Hilfe, die du kriegen kannst!
Ken Davis geht es aber um weit mehr als nur das nackte Überleben. Er will dir helfen, daß du deine Teenie-Jahre ruhmreich hinter dich bringst und dabei auch noch so richtig auf deine Kosten kommst. Aber Vorsicht – in diesem Buch geht es knackfromm zur Sache!

Taschenbuch. 192 Seiten. Bestell-Nr. 815 494

STARKSTROM-ANDACHTEN

Ken Davis & Dave Lambert:

NEUER SAFT FÜR MÜDE BIRNEN

Wenn dich normalerweise schon bei dem Wort „Andacht" das große Gähnen packt, solltest du diesem Buch eine Chance geben. Denn so knackfrisch, wie Ken Davis und Dave Lambert hier den „neuen Saft für deine müde Birne" rüberbringen, hast du das Ganze bestimmt noch nie betrachtet!

Wußtest du zum Beispiel, daß wir mit Schafen und Chamäleons verwandt sind? Oder kennst du den ultimativen Unterschied zwischen einer toten Ratte und einem Stück Brot?

Witzige, traurige und abgedrehte Geschichten zu den verschiedensten Themen bilden den Einstieg für jede der „Starkstrom-Andachten", von denen du dir bald mit Freuden täglich eine reinziehen wirst. Denn plötzlich bekommen die angegebenen Bibelstellen einen ganz neuen, logischen Zusammenhang mit deinem Leben. Und auf einmal merkst du, wie topaktuell und lebenswichtig der Glaube an Gott ist, und daß er dir zu einem prallvollen, spannenden Leben verhelfen will . . .

Taschenbuch, 240 Seiten, Bestell-Nr. 815 380